남명 조식, 내암 정인홍의 레토릭 사상

南冥 曺植

來庵 鄭仁弘

남명 조식,
내암 정인홍의

레토릭 사상

rhetoric

조맹기·조은숙

도서출판 시간의물레

머리말

　조선의 성리학이 지배하는 신분사회에서 다른 형태의 레토릭(rhetoric, 최근 커뮤니케이션) 학문세계가 긴장을 일으키기에 충분했다. 이를 수용하는 지식인 사회는 긴장했고, 사회는 변동의 도가니 속으로 들어가기 시작했다. 신분의 패거리 사회에서 개인주의 사회로 급속히 전진하고 있었다.

　개인의 극기(克己)로 개인의 시장 자유와 독립을 구가할 수 있었다. 이 사회는 공론(언론자유)을 말할 수 있었고, 자유주의 시장경제의 원류(源流)를 말할 수 있었다. 패거리 언론, 나팔수 언론과는 전혀 다른 양상이다. '경(敬)', '의(義)', '성(誠)'을 통해 개인과 국가는 과거, 현재, 미래를 엮게 된다.

　조식(曺植), 정인홍(鄭仁弘), 이이(李珥), 정약용(丁若鏞), 서재필(徐載弼), 장지연(張志淵), 안재홍(安在鴻), 천관우(千寬宇) 그리고 현대 언론인의 경세학(經世學), 즉 커뮤니케이션으로 엮게 된다. 좀 더 설명을 덧붙이면 내적 커뮤니케이션[마음공부, intrapersonal communication]과 매스 커뮤니케이션(mass communication)이 하나의 흐름으로 연계가 된다. 내적 커뮤니케이션은 '마음'을 연구하는 것이고, 매스 커뮤니케이션은 신문, 방송 등 기술을 매개로 마음에서 분출되는 콘텐츠를 증폭시킨다.

　인터넷을 통한 지구촌의 형성은 융합적 미디어의 경향을 더욱 두드러지게 표출시킨다. 다른 말로 ≪독립신문≫ 연구만으로 현대 언론이 시작되었다고 할 수 없게 된다. 그 원류는 더욱 오래 전에 발아했다는 측면이다. 이 현상들은 외세에 의한 역사의 단절된 삶을 영위함으로써 어떤 연관성도 없는 것처럼 따로따로 삶을 영위했으나, 실제 그렇지 않은 것이 역사의 흐름이다.

지금까지 민본주의(民本主義)는 이론적 민주주의였고, 실천을 결하고 있었다. 현장에서의 관찰과 실험정신이 약해, 명증성과 일관성이 허약한 지식인 세계였다. 현장의 합리성 결핍이 고질병으로 고착화되었다.

대신 지성은 권력기구로 작동했고, 경험에 의한 직관의 힘은 기득권에 눌려 발아하지 못했다. 조선 중기 즉, 명종, 선조, 광해군 당시 사대부는 민중의 '먹고 사는 문제', 즉 이론이 아닌, 실제 경세론(經世論)에 크게 관심을 가지지 않았다. 설령 민본주의가 있으나, 수용자 측면이 부각되지 않았다. 백성과 노비 등 평민들에게 대한 이념적 논의는 제외되었다.

초심으로 돌아가면 '경(經)'은 유교의 경전을 이야기하고, 세(世)는 세상에서의 삶을 이야기한다. 합쳐서 조선시대 경세학은 사회정책론이다. 이성규는 "경(經)[이념]을 역사(史)에 붙여 경사(經史)이다."라고 했다(이성규, 2014, 28쪽). 사(史)는 계속 바뀌는 삶의 현장이고, 경(經)은 별로 바뀌지 않는다. 이 둘이 합치면 국가운영원리, 즉 사회정책론이 된다.

천관우(千寬宇, 1925~1991)는 역사학에서 시작해서, 언론인이 되었다. 그는 '언론은 현재의 정치를 논하고, 역사는 과거의 정치를 논한다.'라고 늘 이야기했다. 그는 저널리즘을 일종의 경세학으로 간주한 것이다. 전통사회에서 "경세를 정권에 참여하여 정책을 구현하거나, 아니면 야(野)에서 상소 형식으로 정책론을 개진하거나, 서양 문물이 유입되면서 저널리즘이 그 경세론의 역할을 담당할 수 있게 되었다."라고 했다(정진석, 2011, 38쪽).

경세학은 주로 실학에서 이야기했다. 사회의 변동을 정책적으로 다루는 실학은 레토릭의 도움을 받는다. 즉, 레토릭은 인간의 마음이든, 인간 사이의 관계든, 인간과 사회와의 관계든, 자연과 인간과의 관계든, 우주의 운행 원리든 혼돈의 상태로부터 탈출하여, 질서의 개념으로 이전시킨다. 이처럼 레토릭은 질서를 주기 위한 설득과정을 연구함으로써, 퍽 목적론적 의미를 지닌다.

이런 맥락이라면 교육을 통한 신분사회, 즉 공동체 유지 중심의 농업사회로부터, 경제적 이익의 계급사회(class society)로 넘어가도록 하는 과도기적 상황에서 실학이 태동했다. 남명, 내암은 그 과정의 준비를 통해 미분화 상태에서 분화상태로 넘어가기 위한 작업을 했다. 그들의 노력은 후일 실학자, 개화파로 등장하게 된다.

남명, 내암 이후 실학자는 숙종, 영조, 정조, 순조 등 때에 조정에서 밀려나 재야에 은거 하거나 귀양 살면서 실학적 학문 사상에 몰두한 박세당(朴世堂), 박지원(朴趾源), 정약용(丁若鏞) 등이다(권인호, 2002, 263쪽). 그들은 원시유학의 "공자는 먼저 민중을 부유하게 한 다음에 가르쳐야 한다(民富後敎)', 맹자는 '항산이 있어야 항심이 있다'라고 했다(恒産恒心)(『논어』 「子路」;『맹자』, 「梁惠王」(上); 권인호, 2002, 271쪽). 그들은 '조선 초기 실학'[1]과 차별성을 둔다.

---

1) 고려 말에 성리학이 원나라로부터 전래되면서 이전의 불교와 도교를 '허학(虛學)'이라 하고 성리학을 실학이라 칭하기도 했다(권인호, 2002, 260~261). 이때 도입된 주자의 성리학은 당시 원나라의 관학(官學)이었다. 실학은 초기 개혁적 정치사상과 수성경세(守成經世)의 역할을 했다. 정도전(鄭道傳)의 경제적 학문과 권근(權近)의 철학적 학문에서 국가기틀과 민생에 활력을 주도록 했다. 그러나 16~18세기 실학은 원시유학뿐 아니라, 서구의 인식론에 근거한 경험론을 주장함으로써, 조선조 초기 사상과는 근본적으로 다르다. 후기는 '생

권인호 교수는 원래 "유학(儒學)은 '사람에게 필요한 학문(人+需)으로서의 실학(實學)'을 뜻하기도 한다. 학문이란 무릇 그것이 이론적인 사상 체계일지라도 인격을 수양하고 인간을 실질적으로 이롭게 하는 사상인 '실학'일 때 의의가 있는 것이다."라고 했다(권인호, 2002, 257쪽).

실제 조선시대 성리학은 권력의 도구로서 사용했지만, 실천을 결하고 있어 백성들이 접하기에 어려웠다. 더욱이 조선 시대도 사대부(지주·지식인, 관료)들이 지배했던 신분 사회였다. 당시 사대부들은 치열한 경쟁을 했고, 그것은 정권 다툼으로 나타났으며, 동시에 사상적 투쟁으로 나타났다. 그러나 선조의 즉위와 함께 사림의 정치, 언론 정치가 본격적으로 열린다(손영식 2003.6, 304쪽).

선조 이후 변화가 감지되었다. 이황의 성리학은 명백히 주희(朱熹)의 성리학에 영향을 받아서 이루어졌다. 반면 조식, 정인홍은 성리학의 실천에서 출발하여 양명학으로 나갔다(손영식, 2003.6, 304쪽). 사림파는 '이념에 사로잡혀 행정엔 무능이었다.'라는 논리를 너무나 일반적 논리다. 조식, 정인홍의 논리는 접근하는 방식이 전혀 다른, 새로운 것이었다.

실천은 당시 성리학의 명분논보다 개인의 인식이 중요하게 간주된다. 물론 개인의 인식론을 바탕으로 문제를 풀어 가면 그 세계는 다원주의 사회가 도래하게 된다. 밑으로부터의 혁명이 일어나게 된다.

각하는 자아(cogito)' 개인주의가 포함하고 있고, 이는 민본사상, 즉 포퓰리즘에 근거한 백과전서학파, 계몽주의 등 전문사회를 이전하게 한다. 남명, 내암은 경(敬), 의(義), 성(誠) 등을 통해 cogito의 인식론적 틀을 제공했다.

내암(來庵), 정인홍(鄭仁弘)은 위민(爲民), 애민(愛民), 보민(保民), 휼민(恤民) 등과 같은 민본적 정치 이념에서 출발한 용어를 자주 사용하였다(권인호, 2002, 277쪽). 그는 '경의(敬義)'론을 펴면서 개인의 인식론으로 이론을 접근했다. 요즘 '경의' 없는 포퓰리즘이 문제가 된다. 알맹이 없는 껍질만 언어로 만들어 내고, 파기시킨다.

한편 한 개인은 그 때 인식의 주체는 지성과 직관이 두 개를 맞이하게 된다. 베르그송(Henri Bergson, 1859~1941)은 지성과 직관을 분리시켜 지식을 설명했다. 그에 의하면 지성은 권력의 도구로 쓰일 수 있고, 직관은 삶을 대표할 수 있다. 사회가 정체된 조선 중기사회 성리학은 지성이 앞서 있었다.

그러나 진정한 실천의 학문이 조선중기 싹트기 시작했다. 백성 개개인이 중심이 된 사회, 그 사회를 요즘 포퓰리즘이라고 한다. 조선 중기는 진정성이 있는 포퓰리즘의 민본주의가 등장한다. 서구의 레토릭 사상을 근간으로 하는 개인주의 사회가 도래하고, 그 사상적 기반을 제공한 사림(士林)이 남명 조식(曺植)과 내암 정인홍(鄭仁弘)이었다.

그들은 대부분 시간 사적 개인으로서 공론에 참여하고, 시·공간 안에서 이슈에 따라 다양한 학문으로 현실을 풀어가기 시작했다. 그들에게는 현실의 문제를 풀기 위해 학문이 존재한다. 그 경향에 따라 과거에 조식 철학의 정체에 대해서 도가적 경향, 원시 유가적 경향, 실학적 경향, 양명학적 경향, 성리학적 경향 등등 많은 논의가 있었다. 그러나 최근에는 대략 성리학의 경향이나, 양명학적 경향으로 모아진다(손영식, 2003.6, 284쪽).

남명은 다양한 학문적 접근을 통해 일반적으로 문제의 핵심을 꿰뚫어봤다. 더욱이 남명은 언어 감각에 뛰어났고, 내암은 그 언어를 현실 정치에 적용시켰다. 남명은 상소로 사회에 강한 충격을 줬고, 내암은 콘텍스트를 잘 읽고, 해석하고, 그 해석하는데 관심을 가졌다. 사림 정치는 다름 아닌, 상소정치에서 행해지고 있었다. 조선 중기 선조시대는 상소의 공론정치가 활성화되었다. 남명은 중앙정치에 직접 참여하지 않으면서 '경상우도(慶尙右道)'에 거주했던 재야 지식으로서 재지사족(在地士族)이었다(김강식, 2017, 97쪽). 김해평야를 비롯하여, 경상우도에서는 재지사족들의 대지주인 경우가 많았다. 그 힘은 중앙정치로까지 영향을 줄 정도가 된 것이다. 주로 가야(伽耶) 출신으로 중앙정부로서도 그들의 도움이 필요했다. 남명은 그 힘을 바탕으로 공론정치를 펼쳐 중앙무대까지 자신의 존재감을 드러낼 수 있었다.

남명은 「을묘년에 사직하는 상소문(乙卯辭職疏)」(1555, 명종 10년)을 비롯하여, 3개의 상소문이 있고, 내암은 「사영천군봉사(辭永川郡奉事)」(1578년, 선조 11년)를 시작으로 많은 상소문(上疏文), 차자(箚子) 등을 남겼다. 더욱이 『내암집』에는 기존의 문집과는 달리 시문이나 학문의 이론에 대한 입장을 밝힌 글보다는 상소문이나 봉사 등 정인홍의 정치적 입장을 밝힌 글이 주류를 차지하고 있다(정인홍, 2014①, 32쪽).

더욱이 내암은 장령, 대사헌 등 제도권 언론의 중추적 역할을 담당했다. 상소가 많을 수밖에 없다. 『내암집①』은 "장령, 대사헌 등 감찰직을 수행할 때는 철저한 엄격성을 보였으며, 당쟁 시에는 반대 정파에 대해 적극적인 비판을 서슴지 않았다."라고 했다(정인홍, 2014①, 32~33쪽).

물론 레토릭이 생성된 시기는 공론이 발전되지만, 조직력이 미약하다. 체제(system)로 볼 줄 몰랐다. 잘 운영하면, 진정 민본주의가 되지만, 잘못 운영되면 정국은 포퓰리즘으로 흐르기 십상이기 때문이다. 그러나 사회는 엄청난 역동성의 변혁이 일어나게 마련이다.

이 시기는 사림(士林)이 득세한 명종 10년부터, 선조, 광해군(68년 간) 때의 일이다. 인조반정이 1623년 일어나면서, 사림의 득세한 시기는 지나갔다. 즉, 은일(隱逸)의 사대부는 인조반정을 기해, 남명과 내암이 속한 북인(北人)의 사림(士林)이 속한 신분 집단의 근거 자체를 잘라버렸다. 그 후 동강(東岡) 김우옹(金宇顒, 1540~1603), 미수(眉叟) 허목(許穆, 1595~1682), 성호(星湖) 이익(李瀷, 1681~1763), 반계(磻溪) 유형원(柳馨遠, 1622~1673), 다산(茶山) 정약용(丁若鏞, 1762~1836) 등 실학자에 의해 전승이 된다.

현재 언론인이 그렇듯, 과거 제도권 언론에 언급되는 경세론자로부터 크게 한 가지 교훈을 얻을 수 있다. 즉, "현대의 학풍에 대해 남명은 적어도 다음과 같은 교훈을 줄 수 있을 것이다. 교양을 넓히고, 인간을 구축하는 바탕을 튼튼히 하고, 그 위에 모든 것의 중심과 주체가 되는 자아를 정립시켜, 만사만변(萬事萬變)에 응해 나가는 능력을 기른다."는 것이다(『남명선생문집』,「言行錄」별책 1권; 김충열, 2008, 77쪽). 뿐만 아니라, 남명에게 '수사학(洙泗學)'의 교육론은 "평생교육이란 어려서부터 스스로 공부할 수 있는 힘을 길러 그것으로 항상 자신을 고쳐 나가고 키워 나가는 자아교육, 자율교육이어야 한다. 양자가 아울러 요구된다."라고 했다(김충열, 2008, 77쪽), 남명의 '경의성(敬義誠)'이 필요하게 되었다.

남명의 독특한 측면은 '경(敬, 경건함, 공경)'을 통한 자유, 독립의 주체성 확립이다. 다른 성리학자들은 지성을 권력의 도구로 사용했지만, 남명은 지성보다 직관을 많이 사용하고, 경험세계를 중시했다. 남명학에서 "metaphysics의 physics는 자연학이며, meta는 다음, 자연학 다음, '그 현상 사물 너머의 것'을 다루는 것이다. 즉, 경험적 대성을 초월한 / 넘어선 초감성적 초자연적 세계를 다루는 것이다."라고 했다(손영식, 1999, 152쪽). 그러나 남명은 다른 성리학자들과 달리, physics를 넘어, 메타를 이야기하지 않았다. 그는 시·공간 안에서 '낌새(幾, 幾微)'를 중시했다.

　　개인이 접하는 일상 세계는 현상 세계(physics)의 일부분이다. 즉 '집, 나무, 산, 개'처럼 언제나 감각 경험하는 것들이며 일상에서 접하는 것은 구체적인 것들이자 직관적으로 파악되는 것들이다. 그리고 과학은 관찰과 실험을 통해 바로 그런 것을 다룬다. 주체성의 확립, 혹은 마음의 敬 훈련은 남명에서 사림(士林)의 도(道)로 간주했다. 그들 표현으로 '내명자경(內明者敬)'이고, 이들이 밖으로 표출될 때 외단자의(外斷者義)라고 했다. 이 둘이 선비 정신이다. 즉, 이는 남명 조식(曺植), 내암 정인홍(鄭仁弘) 등 경상우도 북인(北人)들이 갖고 있는 독특한 산림의 선비정신이다. 그 정신이 명종, 선조, 광해군 때 존재했다.

현대 언론은 상소를 바탕으로 성장했다. 그 과정에서 볼 때 "언론의 확대는 나랏일을 잘하기 위해서는 꼭 필요한 것이고, 언론이 막히면 나랏일이 어긋나게 된다는 점을 지적한다. 그러면서도 상소에서 이들은 언론을 공개한 왕의 덕을 칭송하는 것을 빼놓지 않는다. 즉, 언론확대는 신하들이 왕에게 요구하는 것이다. 왕에게 말하는 것을 정당화하고 제도화하자는 요구이고, 제도의 정당성을 반복해서 확인하는 것이다."라고 했다(오인환·이규완, 2003, 26쪽). 본 논의는 서구 경험론이 유입되고, 경제론의 상소가 활성화되기 시작한 시점을 집중 조망한다. 전통 커뮤니케이션의 원류가 이 책에서 언급이 된다.

공동필자 조은숙(曺銀淑) 씨는 남명 조식 선생의 후손이며, 극동방송 〈음악여행〉 진행자로서 고려대학교 언론대학원 학위과정에 있다. 이 글을 착상하는데 많은 도움을 주고 일부 자료를 제공해 주었다. 한편 책의 방향을 잡아주신 김영주 선생께 감사드리며 심채철 교수께 고마움을 전한다. 또한 이 책을 출간해주신 시간의물레 출판사 권호순 대표와 진현수 실장에게 감사를 전한다.

2019. 2. 28.
조맹기·조은숙

‖ 목 차

머리말 / 4

1장. 조식과 정인홍의 레토리션 기본이해 ········· 15
　1) 논의의 의미 ··················· 15
　2) 남명과 내암의 상소커뮤니케이션 ········· 21
　3) 조식, 정인홍의 경험 중시 세계 ·········· 25

2장. 상소 레토릭 ···················· 37
　1) 레토릭의 행위 ·················· 37
　2) 레토릭 상황과 공론의 내용 ············ 46
　3) 敬의 확립, 경세논의 ··············· 51
　4) 상소의 커뮤니케이션 ··············· 57
　5) 서리망국론의 시장사회 ·············· 67
　6) 「신명사명」의 개인주의 정신 ··········· 82
　7) 제도권 언론의 역할 강화 ············· 93
　8) 공론의 공도 ··················· 103

3장. 사림의 도(道) ·················· 113
　1) 경의성(敬義誠) ·················· 113
　2) 경의성의 실천 ·················· 123

4장. 레토릭 메시지의 성격 ·· 134
  1) 언어를 통한 하늘의 뜻, 이성, 직감 ································· 134
  2) 레토릭의 성격 ··· 142
  3) 극기를 통한 레토릭의 완성 ·· 161

5장. 경의성의 유산 ·· 168
  1) 경험론의 근거 제공 ·· 168
  2) 실학의 근거 제공 ··· 178

6장. 조식, 정인홍의 커뮤니케이션 사상 ································ 183
  1) 「신명사명」의 실천 ·· 183
  2) 낌새로 하늘의 뜻, 이성, 직감이 공존 ···························· 192
  3) 조식, 정인홍의 레토릭 사상 ··· 205

  ▣ 참고문헌 / 217
  ▣ 찾아보기 / 225

1장.
조식과 정인홍의 레토리션 기본이해

1) 논의의 의미

조식은 1987년 이전까지 지성사에서 잊어진 존재였다. 물론 그 이유가 있었다. 남명에 대해서는 오랜 동안 관직 생활을 하지 않고, '처사'[1]로 자임한 점, 정주(程朱) 후 '학자는 저술이 필요치 않다(學者不必要著述)'의 견지하여 저술이 많지 않다는 점, 그리고 1623년의 인조반정(仁祖反正)으로 그의 사상을 계승한 북인들이 정치의 전면에서 사라진 점 등으로 말미암아 그 역사적, 사상적 위치에 비해서는 상대적으로 조명이 제대로 이루어지지 못한 측면이 있었다(신병주, 2007.11, 26쪽).

선조 원년을 전후, 그리고 인조반정 이후 제도권 언론의 진정한 '산림(山林)', '사림(士林)'의 문화는 소멸되었다. 그 후 실학자들이 이들 전통을 받아들였으나, 그들은 '성리학의 바탕 하에 경세론을 편다.'라고 했다.

남명과 내암은 실학자들과 차원이 다르다. 이들은 성리학을 넘어서 송대

---

[1] 처사는 순자(荀子)가 '덕이 매우 성대한 자'로 풀이한 것에서 알 수 있듯이, 유가에서는 이미 오래 전부터 처사를 선비의 한 유형으로 이해하고 있었다. 조선 시대에도 처사는 통산 산림에 은거한 산림처사(山林處士)를 가리키는 폭 넓은 개념으로 사용되었다. … 그러나 남명에 의해 정위(定位)된 처사의 개념은 단순히 신분사적 개념이나 사회사적 개념으로는 설명될 수 없다. 조선조 경상우도의 문인들은 '처사'를 남명 일인에게만 한정할 것을 고집하였다(정순우, 2001, 85쪽).

(宋代)에 유행했던 성리학, 노장사상, 법가사상, 심지어 이슬람문화까지 습수했다. 명종, 선조, 광해군 때는 이론의 르네상스시기를 맞이했고, 서구의 출판문화가 유입되는 시기였다. 민간조보가 등장하고, 백성들은 먹고 살기 위해, 체제를 거부하고 있었다. 그 때 남명과 내암이 등장했다.

당시를 회상하면 많은 이론을 흡수한다는 상황은 이론이 없는 것과 다를 바 없다. 좀 더 풀이하면 남명과 내암에게 중요한 것은 이성[理, reason]이 아니라, 시·공간 아래 구체적 상황에서 일어나는 경험세계, 즉 확률세계의 합리성(rationality) 문제를 다룬 것이다. 각 이론은 성찰(reflection)을 위한 한 도구일 뿐이다. 그들은 성리학을 절대성이 아닌, 상대성으로 수용했다. 더 현실적으로 논의하면, 남명은 상소, 시, 산문, 그림 등을 기록으로 남겼지만, 제도권 언론인으로 보기는 어렵다. 조식을 '날선비[生儒]'라고 했다. 이는 덜 익은 선비란 말이 아니라 자세가 흐트러지거나 여기저기에 기대거나 세속에 물들지 않은 순수한 선비라는 말이다(김충열, 2008, 359쪽). 생유는 김충열 교수의 말과 달리, 전통 주자학의 영역과 다른 곳에 관심이 있다고 해석할 수도 있다.

원래 '수사학(修辭學, rhetoric)'[2]은 가르쳐서, 좋은 사회정책을 펴도록 하나, 수사학(修辭學)은 현실성을 바탕으로 논리적 정당성을 확보하기 위해 수사학(洙泗學)의 이론을 도입한다. 후자는 귀납법의 방법을 쓰고, 전자는 연역법의 방법을 사용한다. 연역법은 철학자가 사용하고, 귀납법은 자연과학, 사회과학에서 사용한다. 설령 결론이 같더라도 접근방법이 전혀 다르다.

---

2) 수사학(修辭學, rhetoric)은 다른 사람에게 말과 글 등 메시지로 타인을 설득하는 방법을 연구하는 학문이다. 서구 전통에서 수사학은 주로 정치인들이 스피치 할 때, 많이 사용함으로써 웅변학으로 널리 알려져 있다. 그들은 빈번히 헛소리를 많이 하여 그들의 말을 '의미 없는 말(empty talk)', '속임수(deception)', '불결한(foul)', '추한(ugly)' 등의 평가를 받아 왔다(James A. Herrick, 2009, p.1). 한편 동양에서 수사학(洙泗學)은 유학과 같은 말로 쓰이는데, 공자가 『논어(論語)』 교재를 두고, 제자들에게 그 원리를 가르치는 것을 칭한다. 이 논문에서 수사학은 남명 조식 선생이 제자들을 가르치거나, 왕께 상소를 올리거나, 사헌부 출신 내암 정인홍(鄭仁弘)이 경연(經筵)에서 자기기 주장을 펴는 것 등 메시지를 논한다.

조선 중기 전 신분의 사회, 즉 닫힌 체제(a closed system)의 신분사회이었다면, 조선중기는 시·공의 개방으로 인해 부분적으로 열린 체제가 도입되었다. 열린사회는 인간의 불안전한 심리적 성격 때문에 당연히 수사학(修辭學)이 발전되게 마련이다. 그 발아한 형태가 시장사회, 열린 체제(an open system)로 간주한다면 사회 자체가 변화한 것이다. 이런 현상이 지적 영역에서 먼저 나타나고 있었다.

『조선산책 : 민초의 삶부터 왕실의 암투까지』의 저자 박병련 교수는 〈조선은 사림파(士林派), 이념에 사로잡혀 행정엔 무능했다.〉라는 논리를 펴고 있으나, 실제 사림파는 레토릭(요즘 커뮤니케이션)이라는 신학문에 관심을 가졌다고 보면 시각이 전혀 다를 수가 있다. 필자는 이들이 접한 사회가 열린 체제의 사회이며, 시장사회의 일종이라는 측면을 부각시킨다. 지금까지 성리학자로 본 남명과 내암을 레토릭 사상으로 다시 봐야 한다는 논리이다. 즉, 레토릭은 천 가지 백 가지의 천재(天災)와 억만 갈래의 인심(人心)을 풀이하는 방법을 필요로 한다. 이 논리에 따르면 남명은 레토릭의 이론적 맥락의 틀을 잡았고, 내암은 실제 제도권 안에서 공론정치를 주도했다. 두 사람을 제외시키고 사림의 제도권 언론을 논하는 것은 무의미하기 때문에 이러한 관점에서 남명, 내암을 묶어 논리를 전개시킨다.

명종, 선조, 광해군 당시 경세론(經世論)은 남명, 내암의 경우 '상소'[3], 차자, 소차 등에서 그 편린을 찾을 수 있다. 여기서 경세론은 『서경(書經)』의 「우공기주(禹貢冀州)」에 의하면 "경세제민(經世濟民)과 인재등용(교육)의 문제이며, 왕정(王政)의 요체는 보민제산(保民制産)이다."라고 했다(권인호, 2001, 90쪽). 즉, 국가경제정책문제, 인사문제, 제도문제 등이 중심이 된다. 그러나

---

[3] 상소는 가장 전체를 아우르는 일반적인 명칭이다. 차자는 상소에서 앞뒤의 의례적인 표현을 생략하고, 본론만을 적은 것을 말한다. 봉사는 왕이 상소내용을 직접 보도록 하고 위해 상소를 보자기로 싸서 올렸다. 만언봉사(萬言封事)는 상소의 길이가 긴 것을 말한다. 일만 자가 넘는 상소를 만언봉사라고 하였지만 실제 글자의 수보다 긴 상소이다. 또 상소를 내용에 따라 사직소, 청원소, 간쟁소, 논사소, 변무소, 시무소 등을 구분하기도 한다(오인환·이규완, 2003. 6, 6쪽).

제도권 언론의 입장에서 볼 때, 경연에 참가하여 국가정책을 폄으로써, 모든 왕조의 문제가 경세론 문제가 될 수 있다. 그 중 경세론의 정책적 과제는 중앙정치, 경제와 인사정책 문제로 집약할 수 있다.

물론 사림이 중앙으로 진출함으로써 지방정치를 중앙으로 이전시켰다. 그 상소 내용은 향촌자치론, 향민보호론 등이 조금씩 언급된다(김강식, 2017, 93쪽). 그러나 이 논의에서는 중앙정치의 이념적 정향에서 상소를 중심적으로 다룸으로써 지방정치의 구체적이거나 디테일한 것은 제외시킨다. 한편 남명의 국가정책면은『남명집』과 더불어 몇 개의 상소문으로 집약된다. 그러나 레토릭의 상소에 관한 것도 몇 되지 않는다. [「을묘사직소(乙卯辭職疏)-丹城疏」]4), [정묘사직정승정원상(丁卯辭職呈承政院狀) 1567, 선조 1년-정묘년에 사직하면서 승정원에 올린 상소)], [「무진봉사(戊辰封事)」, 1568. 5. 26., 선조 1년- 무진년에 올리는 봉사). [「사선사식물소(謝宣賜食物疏)」, 1571. 5. 15 융경(隆慶) 5년, -음식을 내려 주신 은혜에 감사드리는 상소문」 등이 있다. 그 상소 중 경세론(經世論), 즉 사회정책론으로 주로 언급될 수 있는 상소문은 선조 직위 직후 구언(求言) 형식으로 한 것에 답한「무진봉사」정도에 불과하다. 그것도 원론적 측면에서 다룬 내용이다.

그 나머지는 창작한 시와 산문, 정인홍의『학기유편(學記類編)』5), 왕조실

---

4) 단성소(丹城疏)는 1555년 10월 11일(명종 10년) 남명이 단성현감을 사직하는 상소이다. 그 내용은 주로 인재등용, 왜적 방비, 진정(眞定, 참된 경지의 선) 등이 언급되고 있다(김충열, 2008, 109쪽).

5) 『학기유편(學記類篇)』은 남명이 남긴 학습 노트이다. '자신을 닦고 세상 사회를 맑게 하는'(修己治人) 성현의 말과 글들을 뽑아 적어둔 것이다(권인호, 2002, 273쪽). 그는 성리학 서적을 읽다가 만난 인상적인 구절을 그대로 (인용)한 것들을 제자들이 분류하고 편집한 것이다(한형조, 2001, 14쪽). 내암 정인홍이 제자들과 함께 한 작업이다.『근사록(近思錄)』의 체계에 맞게 분류·편집하고 서문을 써서 1607년에 간행하였다(권인호, 273쪽). 당시 남명이 읽은 책은『소학(小學)』,『대학(大學)』,『근사록(近思錄)』,『성리대전(性理大全)』송·원과 명나라 초기를 대표하는 60여 명의 대학자들의 말 가운데 정자와 주자의 말을 중심(900여 항목 가운데 650 항목, 그러나 남명을 주자학자로만 보는 것은 문제가 있다.)으로 사서오경과 역사서 그리고 제자백가(諸子百家) 등에 이르기까지의 다양한 글이 실려 있으며, 남명이 직접 그런 24개의 철학 사상 그림(圖)이 포함되어 있다(권인호, 273쪽). 한편 한 교수는 "『유편』은 역시 주변이고 보조이지 중심 자료일 수 없다"라고 했다(상게서, 동

록 기타 실기류에 전하는 내용을 참고한다(정우락, 2017, 3쪽). 그 이유로 1987년 이후 등장한 남명조식에 관한 연구의 해석서 등에서 자료를 사용할 수밖에 없어서이다. 기존 연구가 많이 나와 있다. 그 중 박병련 교수(2001)는 "남명은 '수사학(洙泗學)'[6]과 성리학을 바탕으로 널리 여러 학문을 수렴하여 일상의 실천으로 요약해낸 영호(英豪)한 처사였다."라고 했다(박병련, 2001, 143쪽). 그러나 그는 커뮤니케이션 전공자가 아니어서, 수사학에 대한 본격적인 연구를 하지 못했다.

언론학에서 상소를 설득으로 보는 연구는 오인환·이규완(2003.6) 등에서 찾을 수 있다. 이들 연구자는 "상소의 설득구조를 살펴 본 연구는 많지 않았다. 상소가 제도적으로 보장되었고, 처음부터 형식이 정해진 것이 아니라 오랜 기간 반복된 노력의 결과로서 그렇게 되었다고 해석할 수도 있다는 것이다. 이렇게 보면 정형화된 상소문이나 안전해 보이는 상소제도에서 동양사회의 설득구조와 설득노력의 흔적을 찾아 볼 수도 있을 것이다."라고 했다(오인환·이규완, 2003.6, 7쪽).

면). 필자가 보기에는 남명 자신이 성리학 자체를 주변적으로 보는 습성을 읽을 수 있었다. 이론 적용에서 있어 그가 설명하고자 하는 레토릭의 상황이 그 만큼 중요한 변수로 작동했다.

[6] '수사학(洙泗學)'은 '유학(儒學)'을 달리 이르는 말로 공자(孔子)가 산동성(山東省)에 있는 수수(洙水)와 사수(泗水) 사이에서 제자들을 모아 가르친 데서 유래한다(m.blog.yes24.com/seyoh/post/6496605). 이는 주로 유교 경전을 가르치는 일에 몰두한다. 즉, 서구인은 수사학(修辭學)을 설득술로 이야기하나, 동양인은 수사학(洙泗學)을 교육의 수단으로 사용하고 있다. 남명의 「학기도」, 『학기유편(學記類編)』은 이런 목적을 위한 책이다. 한편 서구인은 사회변혁을 위해 타인을 설득하나, 동양인은 오랫동안 교육을 통해, 변하지 않는 삶의 가치를 실현토록 한다. 동양은 호흡이 길고, 서양은 호흡이 짧은 설득의 수사학을 했다. 남명은 "(초기)후학을 가르칠 때『소학(小學)』으로 기본을 세우고,『대학(大學)』으로 그 규모를 넓히는 순서를 택했다. 또 의리를 밝히고 기질을 변화시키는 것을 요체로 삼고, 경전의 말 중에 긴요한 부분은 거듭 반복하고 분석하여 듣는 이들이 훤하게 알아듣게 하였다."라고 한다(이종묵, 2001, 231쪽). 남명이 사용한 교재는 70권이나 되는 『성리대전(性理大全)』에서 좋은 표현을 뽑아 『학기유편』으로 엮어 서원 등에서 가르쳤다. 뿐만 아니라, 남명은 시(詩), 명(銘), 운문(韻文), 산문, 그림 등을 이용한 형식으로 설득에 나섰고, 상소 등을 통해 자신의 생각을 직접 설득하려고 나섰다. 그는 수사학(洙泗學)을 시도했을 뿐 아니라, 수사학(修辭學)도 함께 시도했다.

계속해서 이런 논조는 "서양에서 광장과 법정에서 자신을 변론하기 위해 레토릭이 발달하였다면, 군주에게 글을 올리거나 군주 앞에서 변론하였던 동양에서도 그 나름의 설득양식이 발달하였다."라고 했다(오인환·이규환, 2003.6, 7~8쪽). 필자도 이들의 이론에 공감을 한다. 더욱이 필자가 관심을 갖는 것은 설득 연구로 서구의 수사학(修辭學, rhetoric)과 동양의 수사학(洙泗學)이다. 필자는 양자를 분화시켜줘야 상소의미를 바로 볼 수 있다는 논리이다. 수사학(修辭學)은 호흡이 짧은 반면 수사학(洙泗學)은 호흡이 길다.

후자는 유교의 서당, 서원 교육에서 사용하는 형식이다. 전자의 경우 서양에서 이야기하는 설득방식이다. 퍽 개인주의적 상향으로 타인에게 설득한다. 이런 설득은 벌써 명종, 선조, 광해군 당시에 사헌부, 사간원, 승문원(홍문관) 등 제도권 언론에서 조직적으로 일어났다. 이는 정인홍 등 북인(北人)들이 행한 언론방식이다. 그들의 성향을 본 연구에서 자세히 다룬다. 이는 결국 현대 언론인의 원류를 찾는 노력과 맥을 같이 한다. 언론인 서재필(徐載弼, 1864~1951), 장지연(張志淵, 1864~1921), 안재홍(安在鴻, 1891~1965) 천관우(千寬宇, 1925~1991) 등은 한국 현대 언론의 비조(鼻祖)로 경세학의 대가인 실학자로 간주했다. 그러나 본 연구는 조선 중기 제도권 언론의 남명 조식과 내암 정인홍으로 까지 올라가 그들이 레토릭을 펼쳤다는 논리이다.

김충열 교수는 남명의 연구의 의의를 "①선생은 기묘·을사사화로 인해 퇴상한 사기를 진작시켜 선비의 기상을 재정립하였다, ②선생은 끝까지 벼슬하지 않으면서도 현실정치를 외면하지 아니하고, 비정(批政)과 관의 타락과 횡포를 비판하며 국가와 민생을 위해 건실한 방책을 헌의함으로써 종래 재야선비들이 취했던 피세은일(避世隱逸)의 소극적 태도에서 벗어나 사회·국가 속에서 해야 할 직분을 의식함으로써 사존관비(士尊官卑)의 풍조를 불러일으켰다, ③천하의 영재들을 모아 주경과의(主敬果義)의 학문을 가르쳐 고매한 인격 수양과 함께, 의를 위해서는 목숨을 바쳐 행동하는 정신 수양을 시킴으로써 임진왜란과 같은 국난을 당했을 때 포의의 선비들이 의연히 일어나 살신성인하여 국난극복의 실효를 거두었다."라고 했다(김충열, 2002, 59쪽). 필자가 관심을 가진 것은 ①사상가, ②행동가, ③교육자 그리고 레토릭(혹은 커뮤니케이션) 연구자로서 남명의 역사적 의의를 언급했다. 그 제자 정인홍을 같은 차원에서 언급한다. 필자는 이들의 행동이 지금까지 실천을 강조했을 뿐, 성리학의 영역에서 크게 벗어나지 못한다고 가정한다. 그러나 필자는 남명과 내암이 경세가(經世家), 혹은 수사학(修辭學) 연구자였음을 밝힌다. 이는 전통 해석과 다른 접근이고, 그들의 수사학적 학문 경향은 기존과 전혀 다른 차원에서 조망 한다.

2) 남명과 내암의 상소커뮤니케이션

한편 경험론에서 시작하지만 남명과 내암에게 신명이 빠진 마음 상태를 언급했다. 재상이 탐욕과 자신의 변덕이 심한 마음으로 인사를 마음대로 결정한다. 경세론의 출발이 사람의 마음 다스리는데 있고, 인재를 등용하는데 있다고 봤다. 이는 사람에 대한 강한 인상과 추동의 동기와 귀결된다.

그 예로 내암의 「남명선생행장」에서 남명이 1567년 작성한 「제목 잃은 상소문」에서 "신은 너무 늙은 데다 병도 많고 죄도 많아, 감히 어명(御命)에 달려 나갈 수가 없습니다. 재상의 직무 가운데 사람을 쓰는 것보다 더 중대한 일은 없습니다. 그런데 지금은 착한 사람과 악한 사람을 따지지 않고, 간사한 사람과 바른 사람을 가리지 않고서 사람을 쓰고 있습니다."라는 논리이다(조식, 1995, 317쪽).

또 다른 예에서 남명은 「유두류록(流頭流錄, 1558)」에서 "'한번 햇볕을 쬐는 정도로는 아무런 유익함이 없다'라는 말과 '끊임없이 발전하는 사람이 되느냐 끊임없이 퇴보하는 사람이 되느냐 하는 것도 다 발 하나 까딱 하는 사이에 달려 있다'라는 말은 모두 지론이고, 이른바 '명철(明哲)의 행불행'이란 등의 말은 참으로 천고영웅의 탄식을 자아내고 귀신을 어두운 속에서 울

수 있게 한 것이다."라고 했다(조식, 1995, 291~292쪽).

남명의 논리는 퍽 현실적이다. 그는 "형이상학에 의한 일상의 해석을 우선시하지 않고, 생생하게 살아 있는 생활 속에서의 체험과 체화를 중시하였다. 조식이 추구했던 '철학의 현실화'의 중요성을 강조했다."라고 했다(김낙진, 2012; 이승철, 2015.11, 204쪽). 그 현실화의 구체적 방법으로 "지극한 마음, 성(誠)을 도입했다. '지극한 誠은 신묘함과 같다', 『중용(中庸)』 제24장, 「지성여신(至誠如神)」; '고요하여 움직이지 않는 것은 誠이고, 강하여 마침내 통하는 것은 신묘함이며, 움직였으나 아직 드러나지 않아 있음과 없음 사이인 것이 '낌새'이다."라고 했다(周惇頤, 『通書』「聖」; 이승철, 2015.11, 203쪽).

남명의 현실 인식이 소개되었다. 조선중기의 해체상황(entropy), 즉 레토릭 상황은 심각한 수준이었다. 큰 바다와 같이 끼어들기가 많으니, 닫힌 체제(a closed system)는 내, 외부 환경에 적응할 수가 없었다. 고착된 신분사회의 부패는 형언할 수 없었다.

남명은 선조 1년(1567) 레토릭 상황의 상소에서 "제가 엎드려 보건대, 나라 근본은 쪼개지고 무너져서 물이 끓듯 불이 타듯 하고, 여러 신하들은 거칠고 게을러서 시동(尸童)[7] 같고 허수아비 같습니다. 기강이 씻어 버린 듯 말끔히 없어졌고, 원기(元氣)가 온통 나른해졌으며, 예의가 온통 허물어졌고, 기근이 온통 갈 데까지 갔고, 창고는 온통 고갈되고, 제사를 지내는 것은 더럽혀지고, 세금과 공물을 온통 멋대로 걷고, 변경의 방어가 텅 비었습니다. 뇌물을 주고받음이 극도에 달했고, 남을 헐뜯고 이기려는 풍조가 극도에 달했고, 원통함이 극도에 달했고, 사치도 극도에 달했고, 공헌(貢獻)이 통하지 않고, 이적(夷狄)이 업신여겨 쳐들어오니, 온갖 병통이 급하게 되어 하늘 뜻과 사람의 일도 또한 예측할 길이 없습니다. 이러한 폐단을 버려두고 구제하지 않으면서 한낱 헛된 이름만을 일삼고 의론만 독실한 사람을 따르고 있습니다. 아울러 산야에 버려진 사람을 찾아 어진이를 구한

---

[7] 시동은 옛날 제사지낼 때 신위 대신에 고인의 옷을 입혀 앞에 앉혀 놓았던 아이를 가리킨다. 시동은 아무 말도 하지 못하고 가만히 앉아 있기만 한다(조직, 1995, 247쪽).

다는 아름다운 이름만을 일삼으려 하는데, 헛된 이름으로는 실질적인 어려움을 구제할 수 없습니다."라고 했다(「丁卯辭職呈承政院狀: 정묘년에 사직하면서 승정원에 올린 상소문」, 1567, 선조 1년; 조식, 1995, 247쪽).

남명은 아나키즘의 상황에서 질서의 상황으로 반전을 상소하고 있었다. 칼 대신 말로 하는 조선시대의 정통성을 이야기했다(손영석·조남호, 2002, 5쪽). 그는 목적론적 입장에서 설득의 상소를 작성했다. 그는 레토리션으로 간주할 수 있는 대목을 이야기했고, 레토릭 상황(rhetorical situation)을 정확하게 읽고 있었다.

남명이 제시한 해결책은 명종 왕이 마음을 먼저 닦고, 몸을 닦아, 왕도의 법을 세우도록 했다. 내적 커뮤니케이션이 가장 중요한 시기를 맞은 것이다. 『선조실록』은 「을묘사직소(乙卯辭職疏)」를 남명이 서세(逝世)한 날(1572.2.8.) 다시 꺼냈다. 동 실록은 "을묘년에 조식이 국사를 비판하며 올린 사직 상소전하를 섬길 날이 어찌 없겠습니까. 삼가 바라건대 전하께서는 반드시 마음을 바로잡는 것으로 백성을 새롭게 하는 요체를 삼으시고 몸을 닦는 것으로 사람을 임용하는 근본을 삼으셔도 왕도의 법을 세우소서. 왕도의 법이 법답지 못하게 되면 나라가 나라답지 못하게 됩니다. 신(臣) 조식은 황송함을 가누지 못하고 삼가 죽음을 무릅쓰고 아룁니다."라고 했다(『선조실록』 6권, 선조 5년 2월 8일). 한편 조식은 유교 경전 교육의 수사학(洙泗學), 즉 동양의 수사학을 논한 사실이 언급되었다. 조식의 교육은 성리학의 수기(修己)와 다른, 극기(克己) 훈련을 강조했다. 『선조실록』은 주강(晝講)에서 "조식은 사람을 어떻게 가르쳤는가? 하니 동강 김우옹(金宇顒, 1540~1603)은 아뢰기를, '조식의 박문(博文)·궁리(窮理)는 이황만 못하지만, 사람에게 정신과 기개를 가르침으로써 흥기된 자가 많았는데, 최영경(崔永慶, 1529~1590)·정인홍(鄭仁弘) 같은 사람들입니다."라고 했다(『선조실록』 7권, 선조 6년 11월 30일).

한편 「을묘년에 사직하는 상소문」은 남명이 54세 되는 해에 작성한 것이다. 그는 레토릭 상황을 읽었고, 질서를 줄 방향을 제시하고 있다. 남명의 레토리 상황은 풀리지 않았고, 37년 후 임진왜란이 터졌다. 남명의 제자 내암(來庵) 정인홍(鄭仁弘, 1536~1623)은 「사의장봉사(辭義將奉事)」(1593, 선조 26 9월 20일)에서 임진왜란 와중에 전통 주자학의 허위와 개인의 부패한 것을 논의한다. 더 이상 지금과 같은 이념과 실천으로 국가를 지탱할 수 없음을 논의한다. 지금까지 과거 공부용 지성은 권력의 도구로 사용되었고, 직감과 시간의 변화를 요구하는 역사의식은 오히려 배척을 받았다. 내암은 학문을 위에서 아래가 아니라, 아래의 현실로부터 위로 보아왔다.

내암은 상대적으로 성리학의 경전을 가르치는 수사학(洙泗學)에 별 관심이 없었다. 『일기』에서 "조정립(曺挺立)을 정언으로 삼다. 정립은 정인홍의 무리로서 가까운 거리에 살며 제자를 불리었다. 인홍은 한 번도 학도를 가르친 적이 없었다. 단지 제자록(弟子錄)을 비치해두고 그의 논의에 동의하는 자는 모두 수록하였는데, 이이첨(李爾瞻, 1560~1623)이 첫 번째 자리에 올랐다."라고 했다(『광해군일기[중초본]』 66권, 광해 5년 5월 4일).

그러나 내암은 남명과는 달리 상소에 일가견을 갖고 있었다. 『일기』는 "경상우도의 진사 성박 등이 상소하여 정인홍을 위해 변론하니 답을 하지 않고 내리다고, 조정의 대소 신료들이 일제히 일어나 협공하면서, 정인홍을 지척하기에 온 힘을 기울이며 지금까지도 그치지 않고 있습니다. 아, 인홍의 마음은 천하의 공심(公心)이요, 인홍의 논의는 만세의 정론(正論)입니다. 신들이 감히 모르겠습니다만, 인홍이 무슨 죄가 있다고 한 나라 전체가 공박하기를 이다지도 심하게 한단 말입니까."라고 했다(『광해군일기[중초본]』 44권, 광해 3년 8월 4일).

내암은 수사학(修辭學), 즉 상소 전문 관리임을 알 수 있다. 내암은 시·공간 하 레토릭 상황(rhetorical situation)에서 질서를 갖고 그 구체적 방법으로 개인의 '敬'으로부터 시작하여 義를 돈독히 하는, 사람을 가르치는, 즉 시대의 절박함을 풀어가는 수사학(修辭學)을 원했다. 그 구체적 사람과의 관계에서 수사학의 상황을 이야기했다. 내암은 아나키즘 상황에서 질서를 세우는 방법을 찾은 것이다.

3) 조식, 정인홍의 경험 중시 세계

자본주의사회에서 광고만큼 흔한 것이 없다. 개인은 일상생활 어디에도 광고를 쉽게 볼 수 있다. 광고는 개인을 설득하는 설득 커뮤니케이션이다. 한편 북한 같은 폐쇄된 사회는 매일 선전, 선동을 보고, 듣고 생활한다. 광고는 개인주의 사회의 전유물이고, 선전·선동은 주로 집단주의를 말할 때 많이 쓴다. 광고든, 선전이든 별로 좋은 이미지를 창출할 수 없다. 수사학(修辭學, rhetoric)은 설득 커뮤니케이션이다. 현실 비판을 동원해 아나키즘 상황을 극대화시키고, 나름대로 해법을 제시한다. 남명은 성리학 자체를 넘어 양명학, 주역, 노장 등 사상까지 수용하여, 시·공간의 상황에 맞게 설득 커뮤니케이션을 폈다. 그 평가로 남명은 "조선 중기 성리학 체계화 과정에서 의리와 실천을 강조하였으며, 현실의 모순에 대해 타협을 거부하며 적극적인 개혁을 주장한 현실 비판적 지식인이자 전형적인 처사[處士; 과거는 합격했지만 관직에 나가지 않은 재였다."라고 했다(김강식, 2017, 94쪽).

원래 수사학은 그리스·로마시대부터 성행했던 웅변학이다. 그리스에서 가장 인기 좋은 학문 중 하나였던 웅변학은 여러 학문을 혼합한 융합적 사고로 학문을 발전시켰다. 이 학문은 당시 유용한 학문을 가져다 하이에나 모양으로 뜯어먹었다. 너무 오래 사용하니, 별 것을 다 수사학이라고 하니, 요즘은 수사학 대신 광고학, 설득·정치 커뮤니케이션학이라는 말로 사용한다.

동양 전통사회에서 수사학(修辭學)이라는 말을 쓰지 않았다. 그 대신 공자와 유학을 가르치는 학문을 수사학(洙泗學)이라고 했다. 서당, 서원, 향교, 성균관 등에서 유학을 가르치는 일을 수사학(洙泗學)이라고 한다. 물론 수사(修辭)라는 말을 할 때 언어를 가리키는 말로 사용되었다.

요즘은 대중매체에서 조직의 힘으로 프로그램을 제작하나, 전통사회에서는 탁월한 개인이 교수(敎授)를 하거나, 높은 신분에 있는 사람이 백성을 상대로 정치적 연설을 한다. 서구는 개인성이 일찍 발달하여, 타인을 설득하려고 노력을 함으로써 수사학이 일찍 발달했다. 그들은 법정이나, 민회, 시장이 일찍 발달한 곳에서 자신의 권리를 주장하기 위해 수사학을 공부하게 되었다.

수사학을 하는 사람은 개인의 경험이 중요하게 되었다. 더욱이 '생각하는 자아(cogito)'가 부르주아 개인주의 수사학을 발전시키는 데 결정적 기여를 했다. 물론 데카르트(Rene Descartes, 1596~1650)는 '생각하는 자아'를 "'본성(本性)에 따라서 생각한다.'라고 말했다. 자아라는 (독존의) 개념이 거의 사라진 사유다. 이는 부자가 되어도 탐욕스럽지 않고, 벼슬이 높아도 거만하지 않고, 학식이 많아도 잘난 체하지 않는다. 그러므로 존재론적 욕망은 나의 욕망이 아니라 본성이 욕망인 것이다."라고 했다(김형효, 2007, 71쪽). 성리(性理)라는 것도 따지고 보면, 본성과 다르지 않다. 개인은 본능의 상태를 수기(修己)로 잠재우고, 본성 찾기를 노력한다. 본성에는 남에게 상처를 주는 탐욕은 금물이다.

욕망이 아닌, 본성에 의해서 '생각하는 자아'가 어떤 틀 안에 규정된다고 하더라도, 사회 내에서 행위자가 많아지면 그만큼 사회가 복잡해진다. 수사학이 이런 아나키즘[난세]상황으로부터 탈출하려는 노력에서 봉사를 하게 된다. 조선중기, 즉 명종, 선조, 광해군 등 왕조 사회에서 더 이상 성리학(性理學)과 이를 교육시키는 교육기관의 수사학(洙泗學)으로 풀 수 없는 지경에 놓였다. 긴 호흡이 아닌, 짧은 호흡으로도 풀 수 있는 학문이 요구되었다.

당시 레토릭 상황은 "사림이 새로운 정치세력으로 등장하자 정치 참여층의 지방 확산이 나타나면서 지방정치에도 새로운 변화가 나타났다."라고 했다(김성우, 1993; 김강식, 2017, 95쪽). 사림이 중앙에 등장하면서, 지방문화가 중앙으로 흡입한 것이다. 또한 그 상황은 "사적 소유제와 반상제(班常制)를 기반으로 한 지주제가 성장하는 시점이었다. 이는 국가와 지주층의 이해가 첨예하였지만, 점차 후자의 입장이 무게를 더해나가고 있었다."라고 했다 (김성우, 1993; 김강식, 2017, 95쪽). 상인들의 사적 소유는 아직도 미미했지만, 관리들은 사적 노비와 토지를 많이 갖게 되었다. 왕권이 약화되고, 사대부들의 사적 토지 소유가 늘어나는 형국이었다.

고도의 전문적 사회 정책이 필요한 시점이었다. 당시나 지금이나 언론은 사회정책을 많이 논하고, 사회적 이슈가 대부분 사회정책론에 머물렀다. 시대를 거슬러 올라가면 조선시대 실학자들은 이런 사회 정책학을 경세학(經世學)이라고 했다. 필자는 그 원류를 남명 조식(曺植), 내암 정인홍(鄭仁弘)으로 잡는다. 다른 말로 이 연구는 서구의 레토릭 지성사를 갖고, 한국의 언론사를 재정립하는 노력이다. 남명은 부친의 영향을 많이 받았다. 아버지 조언형(曺彦亨, 1469~1526)[8]은 반열(班列)에는 오르지 않았지만, 삼품(三品)의 비교적 높은 관직을 가졌다. 그는 조선시대 제도권 언론의 승문원, 사간원, 사헌부의 직책을 맡았다.

남명은 아버지의 묘갈명, 즉 「선고 통훈대부 승문원 판교 묘갈명 병서(先考通訓大夫承文院判校墓碣銘 并序)」를 직접 썼다. 동 묘갈명에는 "아버지 조언형은 홍치(弘治) 갑자년(연산군 10년, 1504)에 정시(庭試)에서 장원하여 승문원 정자(正字)에 제수되고부터 가정(嘉靖) 병술년(중종 21, 1526)에 판교(判敎)에 이르기까지 23년 동안 벼슬하였다."라 했다(조식, 1995, 206쪽).

남명이 평한 아버지는 사대부의 가치(value)에 충실했고, 그에 대한 명예(honor)를 지키려고 노력했다. 그는 일[事(목적; instrument)]에 애착을 가졌다. 그는 "벼슬살이를 이십 년 동안 하였지만 돌아가셨을 때 [가난해서]예를 갖출 수가 없었고, 집에는 먹고 살 길이 없었으니, 자손들에게 남겨준 것은

---

[8] 조언형(曺彦亨, 1469~1526)의 부인은 이(李) 씨인데 조부는 현령을 지낸 이극성(李克誠)이고, 외구(外舅; 장인)는 좌의정을 지낸 최윤덕(崔潤德)이다. 아들 일곱을 두었는데 모두 일찍 죽고, 나와 막내 환(桓)만 죽지 않았다. 딸이 넷인데 사위는 정운(鄭雲), 이공량(李公亮), 정백영(鄭白氷), 정사현(鄭陁而賢)이다(조직, 1995, 208쪽).

분수에 만족하라는 것뿐이었다. 두 임금을 내리 섬기면서 특히 수고하고 힘썼지만 품계는 삼품에 지나지 않았으니, 그가 세상에 구차하게 아첨하여 영화를 취하지 않았음을 알 수 있다."라고 했다(조식, 1995, 207쪽).

언형 아버지는 제도권 언론인과 무관하지 않았다. 그 가운데 "외직에 임명된 것이 두 번으로, 의흥 현감(義興縣監)과 단천 군수(郡守) 정도였다. 이조(吏曹)에서 근무한 것이 두 번인데, 좌랑(佐郎)와 정랑(正郎)이었다. 사헌부(司憲府)와 사간원(司諫院)의 관리가 된 것이 세 번인데, 정언(正言), 지평(持平), 집의(執義)였다. 성균관에서 스승이 되었던 것이 여섯 번인데, 전적(典籍)이 세 번, 사예(司藝)가 한 번, 사성(司成)이 된 것이 두 번이다. 그리고 종부시정(宗簿寺正)이 된 것이 한 번이고, 춘추관에서 일한 것이 한 번이었고, 춘추관의 일을 겸하여 본 것이 세 번이었다. 이것이 부군이 종사(從仕)의 대략이다. 그리고 제주목사(濟州牧使)로 임명되자마자 병이 나, 취임하지 못하자, 그 죄에 걸려 모든 관직을 삭탈을 당했다."라고 했다(조식, 1995, 207쪽).

남명은 아버지의 길과는 다른 길로 갔다. 아버지의 세상은 일[事]에 대한 보상을 받을 수 없는 신분사회였다. 그가 산 사회는 공정하고 정의로운 곳은 아니었다. 말은 공동체 중심 신분사회였지만, 실재 개인성을 말살하는 사회라는 걸 알게 되었다. 남명이 본 성리학은 현실 문제를 풀 수 없는, 즉 이데올로기 허위의식으로 가득 차 있었다.

남명은 사농공상(士農工商)의 신분사회의 벽을 뚫고 나가 평생 처사(處士)로 생활을 했다. 더불어 그의 학문세계는 성리학으로부터 탈출하여, 송대(宋代)의 다양성을 추구하는 양명학(陽明學)에 더 가까이에 가 있었다. 아나키즘에서 질서(anti-entropy)를 찾을 새로운 방법을 모색한다. 이 정신이 개인성을 지키고, 실사구시 정신을 완성시키고, 개인의 노동을 중시하게 된다. 말하자면 남명은 신명(神明)의 마음, 이성(reason)의 절대성, 사림(士林)의 도(道), 경의성(敬義誠)의 철학, 일[事]이 하늘을 움직임 등에 관한 혁명적 사고를 가졌다. 남명의 사고는 제도권 언론에서 내암 정인홍(鄭仁弘)이 완성 시켰다.

이런 혁명적 사고를 분석한 손영식(孫英植)은 "조식 철학으로 들어가는 두 개의 통로"에서 ①초기 작품들로 『학기도(學記圖)』, 『학기유편(學記類編)』에 주로 근거한 연구들(상소문인 「무진봉사(戊辰奉事)」의 몇 구절도 포함됨). ②시와 명(銘), 부(賦), 논(論), 편지, 상소 등에 근거한 연구들 등으로 분류했다(손영식, 2003.6, 285쪽). 『학기도』, 『학기유편』 등은 『성리대전』을 보고, 그림을 그리고, 자신이 메모한 것이다. 그러나 나머지 것은 일정한 학문적 경향으로 점철되지 않았다. 오히려 필자는 시·공간에서 경험하는 이슈를 중심으로 현실적, 경세적 문제를 풀어가는 도구로서 학문을 인용했다. 도가적 경향, 원시유가적 경향, 양명학적 경향, 성리학적 경향이 혼재되어 있는 것이다.

시대를 두고 볼 때, 연산군, 중종 때 수사학(洙泗學)에 관심을 가졌어도, 당시는 명종, 선조, 광해군 때와는 사회 분위기가 전혀 달랐다. 필자는 '남명(南冥) 조식(曺植)'[9]의 '수사학(rhetoric, 修辭學)'에서의 위치를 자리매김해 본다.

---

[9] 조식(曺植, 1501~1572)은 자(字)는 건중(健仲), 호(號)는 남명(南冥)이며, 그 제자들은 산해선생(山海先生), 방장노자(方丈老子), 방장산인(方丈山人) 등으로 불렀으며, 연산군 7년(1501) 6월 26일 경남 합천군 삼가면(三嘉面) 토동(兎洞)에서, 강직한 성품의 아버지 언형(彦亨, 承文院 判校 副修撰, 사간원 정언(중종 9년 6월 4일(남명 13세 때)을 지냄과 인자한 성품의 어머니 李氏(忠順衛 李菊의 딸, 영의정 崔潤德의 외손녀) 사이의 2남으로 태어났다(김충열, 2008, 89쪽). 본가는 삼가면 판현(板峴)에 있었고, 토동은 선생의 외가였다. 증조부 안습(安習)이 한양에서 내려와 삼가현 판현에서 살았다. 4~7세대 벼슬길에 오른 아버지를 따라, 서울에서 살다 26세 되던 해 3월 부친이 돌아가셔서 삼가 관동의 선영으로 귀장하고, 삼년 간 시묘살이를 하였다. 그 후 산사에서 공부를 계속했다. 선생은 30세 되던 해 처가가 있는 김해 신어산(神魚山) 밑의 탄동(炭洞)으로 이사했다. 그곳에 산해정(山海亭)이란 정사(精舍)를 지어 성리학을 연구했다. 남명의 결심은 산해(山海; 산처럼 높고 바다처럼 깊은 학문)를 하겠다는 의미를 지녔다(조식, 1995, 21쪽). 그곳을 기반으로 밀양, 초계, 단성 등 성리학자들과 교류를 했다. 38세 되던 해 회재(晦齋) 이언적(李彦迪)의 천거로 헌릉참봉(獻陵參奉)에 제수되었으나, 나가지 않았다. 45세 때 어머니가 돌아가셔 삼가의 선영에서 시묘살이를 했다. 그리고 토동에 계부당(鷄伏堂)과 뇌룡정(雷龍亭)을 짓고, 찾아오는 제자들을 가르쳤다. 뇌룡정은 『장자(莊子)』 「재유(在宥)」에서 온 말로 '尸居而龍見 淵默而雷聲'에서 온 말이다. 그의 학문세계는 성리학에서 노장사상으로 이전하고 있었다. 한편 뇌룡정 시대에 "백성을 물로 비유하고 임금을 배에 비유하여, 물이 노하면 배를 전복시킬 수 있다는 역성혁명론을 폈다(조식, 1995, 22쪽). 민중의 존재를 부각시킨 것이다. 한편 「을묘사직소(乙卯辭職疏)」에서 문정왕후(文定王后)를 과부, 문종(文宗)을 고아라고 했다. 시동처럼 꼼짝도 하지 않고 연못처럼 깊숙이 초야에 묻혀 있었지만, 항상 정국에 소용돌이를 치게 했다. 또한 61세 때 두류산 덕천동 덕산(德山)으로 이주해 산천재(山天齋)를 지

현대 과학기술 문명이 발달되면서 확산된 언론(커뮤니케이션) 연구는 과거의 인문학을 딛고 발전되었다. 그 원조는 그리스뿐만 아니라, 데카르트의 '생각하는 자아(cogito)', 즉, 자아의 발견으로부터 시작하여 백과전서학파, 계몽주의학파로 이어졌다. 1830년대 과학기술의 발전을 가져오면서, 매스 커뮤니케이션학문은 장족의 발전을 가져왔다.

언론학 그 내부를 들여다보자. 커뮤니케이션은 크게 인간 커뮤니케이션과 매스 커뮤니케이션 둘로 나눠진다. 인간 커뮤니케이션 콘텍스트(contexts)로 개인의 내적 커뮤니케이션(intrapersonal communication), 그리고 둘 사이 관계(dyadic communication), 집단·조직·공공 등을 열거할 수 있고, 매스 커뮤니케이션은 기술의 도움으로 가능한 것이다. 이들은 "누가(Who?), 무엇을 말(Says what?), 어떤 채널로(in which channel?), 누구에게(to whom?), 어떤 효과로(With what effect?) 등을 이야기한다. 이는 한 쪽 방향 연구이다.

매스 커뮤니케이션은 1830년대 윤전기가 발전되었고, 1945년 TV방송이 활성화되면서 붙여진 이름이다. 신문, 방송, 인터넷 등 기술을 매개된 커뮤니케이션을 시도한다. 대중매체는 비교적 많은 수용자 집단을 상대하고, 이질적이고 익명의 사람들과 커뮤니케이션을 시도하게 된다. 그 만큼 사회

었다. 『주역(周易)』「대축괘(大畜卦)」에서 나오는 '강건하고 독실하게 수양해 안으로 덕을 쌓아 밖으로 빛을 드러내서 날마다 그 덕을 새롭게 한다[剛健 篤實 輝光 日新其德]'이다(조석, 1995, 23쪽). 벽 양쪽에 경의검(敬義劍), 내명자경(內明者敬), 외단자의(外斷者義) 등을 걸어놓고 학문의 표상으로 삼았다. 말년에「신명사도(神明舍圖)」를 그렸다.

그가 남긴 남영학은 『학기도(學記圖)』와 『학기유편(學記類編)』 두 자료와 시와 명(銘), 부(賦), 론(論), 편지, 상소 등이 있다. 1980년대 진주의 남명학연구원과 경상대학교의 남명학연구소를 중심으로 현재도 본격적인 학문이 이뤄지고 있다.

정인홍의 「남명 조 선생 신도비명 병서」에 따르면, 남명의 가족은 남평 조씨(南坪曺氏)를 맞이하여 1남 1녀를 낳았다. 아들은 차산(次山)인데 일찍 죽었고, 딸은 만호 김행(金行)에게 시집갔다. 소실에서 3남 1녀를 낳았는데 맏아들 차석(次石)은 현감을 지냈고, 차남 차마(次磨)는 주부를 지냈고, 삼남 차정(次町)은 만호를 지냈다. 김행은 딸 둘을 낳았는데, 장녀는 부제학 김우옹(金宇顒)에게 시집갔으나 자녀가 없고, 차녀는 감사 곽재우(郭再祐)에게 시집가서 아들 몇 명을 두었다(정인홍, 2014②, 274).

1983년 1월 23일, 남명의 행장은 유적지로 인정받았으며, 사적지 번호는 305호이며, 산천재를 중심으로 해서 남명선생묘역, 여재실, 세심정(洗心亭), 덕천서원 등이 보호를 받게 되었다. 한편 1986년 8월 24일 사단법인 남명학연구원으로 허가가 났다

정책, 사건, 사고 든 콘텐츠 내용에서 객관성, 공정성, 과학성이 요구된다.

최근에는 쌍방향의 인터넷 그리고 '컴퓨터 매개 커뮤니케이션(computer mediated communication)', '모바일(mobile mediated communication)'이 발달되었다. 좀 더 풀이하면 쌍방향의 내적 커뮤니케이션이 기술을 매개로 증폭되고, 확산되어 유통되고 있다. 과히 내적 커뮤니케이션 시대가 도래를 한 것이다. 더 이상 조적적 커뮤니케이션이 아니라, 일인 미디어가 현장성, 전문영역을 파고 들어간다. 매스 미디어의 일 방향 연구만으로 쌍방향이 움직이는 인공지능(AI)의 4차 산업혁명 시대를 설명할 수 없게 되었다.

더욱이 유튜브, 페이스북, 트위터, 블로그 등 SNS가 기승을 부리고 있다. 인터넷 네트워크로 세계가 하나의 촌락으로 형성되었다. 그 폭이 넓어지고, 깊어졌다. 개인은 누구나 촌락에 참여하여, 의견을 표출할 수 있고, 공론장을 형성한다. 마치 양자이론(quantum theory)에서 숫자가 붙었다, 떨어졌다 하면서 의미를 나타내듯, 이진법의 세계가 서로 교류하면서 네트워크 사회가 가능하게 되었다.

개인 미디어가 성행하는 시점이고, 그 표출된 의견이 대중 매체로의 역할까지 하는 시대여서 내적 커뮤니케이션과 매스 커뮤니케이션이 겹치는 부분이 빈번히 일어나고 있다. 개인의 'cogito' 정신이 대중매체로 까지 이전된다. 지구촌 사회에서 내적 커뮤니케이션 연구에 관심을 가져야 하는 이유가 여기에 있다. 물론 여기서 내적 커뮤니케이션은 심리적 현상에 관심을 갖는데, 엘머트(Philip Emmert, 1981)의 내적 커뮤니케이션 분류에 의하면 인지(perception), 동기(motivation), 추론(reasoning) 등을 포함시킨다. 남명의 경우 말년 작품인 「신명사명(神明舍銘)」에서 경의성(敬義誠)의 틀에서 많이 다뤄진다. 이는 전형적인 내적 커뮤니케이션에서 출발한다.

현대사회는 채널의 숫자만큼이나, 지식도 다양하다. 잡다한 지식(knowledge about) 또한 큰 위력을 발휘한다. 마치 서구에서 밀려오는 신지식(新知識)으로 방향을 잡지 못한 명(明)나라의 처지와 비교할 수 있다. 한편 조선 중기 지식인들은 가진 이론은 많지만, 실천력이 없었고, 머리는 복잡한데 행동을 옮기지 않았다. 당시 지식인들은 직감(acquaintance with)의 능력이 수준 이하이다. 그들은 경험세계를 별로 중요하게 생각하지 않았다. 지금 전문사회는 직감의 영역을 굉장히 중요한 덕목으로 생각한다.

한편 현재 언어는 감정이 절제되지 않은 상태로 인터넷에서 회자된다. 같은 감정을 표출하는 과거의 일기식의 부(賦), 시(詩), 철학, 예술, 정치이론 등을 한꺼번에 쏟아 붓는다. 남명은 언어 선택에서 감정을 철저히 차단함으로써, 감정 전체를 표출하는 현대인과 많은 차이를 둔다. 그렇더라도 잡다한 지식이 서로 겨누는 명종, 선조, 광해군 때를 같은 선상에서 논의 할 수 있다. 그 시점에 남명 조식과 내암 정인홍이 등장했다.

레토릭은 개인주의 사회[즉 개인 경험이 중요시된 사회], 시장사회, 의회정치를 일찍 수용한 그리스, 영국과 같은 국가에서 성행 했다. 조선 중기는 그런 사회가 발아하기 시작한 때였다. 그러나 사대부는 신분사회의 기득권을 누리기 위해 곧 여론 정치의 공론 정치를 차단시켰다. 말은 공론이고, 실제는 공론의 정치가 질식된 상태였다.

한편 조식은 아버지가 벼슬길에 올라 서울(5세)로 이사하여, 문자를 배웠다. 18세 직전 연화방(蓮花坊; 현 종로4~5가), 18세경 장의동(壯義洞, 종로구 효자동 부근)에서 살았으며, 연화방에서 이윤경(李潤慶)·이준경(李浚慶) 형제 및 이항(李恒)과 같이 수락을 하고, 친구로 지냈으며, 남명은 7살부터 글공부를 시작했고, 기억력이 좋아 경서(經) 역사(史) 성현(子) 시문(集) 및 천문, 지리, 의방(醫方), 수학(數學), 궁마(弓馬), 진법(陣法) 등 다양한 이념과 실용·전문서적을 두루 섭렵했다. 그는 문무를 겸한 학문 영역을 망라할 수 있었다.

아버지가 함경남도 단천(端川) 군수(郡守)로 잠시 머물다 다시 서울에 돌아와 성수침(成守琛)과 성운(成運) 종형제를 만나, 정신 상태를 맑게 하는 훈련을 받았다. 그는 문무의 균형을 강조했다(정우락, 2007. 12, 13쪽; 신병주, 2007. 11, 25쪽).

어려서부터 글짓기를 좋아해 기이하고 고아한 문장을 이루려고 힘썼다(조식, 1995, 20쪽). 20세에 사마시(司馬試)의 초시와 문과의 초시에 모두 합격 및 생원·진사 양과의 초시에 1, 2등으로 급제했다. 이듬해 사마시의 회시(會試)에는 나아가지 않고 문과의 회시에만 나아갔다가 실패했다.

남명은 과거를 준비하는 것이 아니라, 딴 학문과 글쓰기에 관심을 가진 것이다. 그는 문장에 반성하고, 산사에서 계속 글공부를 했다. 남명은 춘추좌씨전(春秋左氏傳)과 당나라 때 고문(古文)운동을 일으킨 유종원(柳宗元) 등에 영향을 받았다(조식, 1995, 20쪽).

그는 사화(士禍)의 문화에서 살았다. 그러나 기묘사화로 조광조가 죽고 숙부 언경(彦卿) 마저 잃게 되었다. 아버지도 관직에서 밀려났고, 그 후 그는 25세 때 다시 산사에 가서 『성리대전(性理大全)』을 읽다가, 원나라 때 허형(許衡, 1205~1281)의 '이윤(伊尹)의 사고에 뜻을 두고 안자(顔子)의 학문을 배워, 벼슬길에서 나아가면 큰일을 해내고, 초야에 숨어 살면 자신을 지키는 것이 있어야 한다. 대장부는 이와 같이 해야 한다.'는 말에 이르러 크게 깨닫게 되었다(조식, 1995, 20쪽).

그 후 그는 육경(六經)과 사서(四書) 및 주돈이(周敦頤), 장재(張載), 정호(程顥)·정이(程頤) 형제 그리고 주희(朱熹)를 읽어낸다. 그리고 그는 개인성의 완성인 위기지학(爲己之學)에 관심을 가졌다. 그는 진주, 합천, 김해 등 경상우도를 중심으로 활동을 했다.

남명의 『학기유편』을 책으로 출간한 내암(來庵) 정인홍(鄭仁弘)[10])은 조식의

---

2) 정인홍(鄭仁弘, 1536~1623)은 자(字)는 덕원(德遠), 호는 내암(來庵), 본관은 서산(瑞山)이다. 고려말기 재경사족(在京士族)이었으나, 조선시대 낙향했다. 내암의 5대조부터 다시 과거에 진출했다. 내암은 조선중기, 후기 문신으로 중앙정치에 출사한 성리학자이며 임진왜란 때의 의병장이었다. 그는 합천에서 태어나 15세경에 조식의 문하에서 수학한 후에 수문(首門)이 되었다(내암집. 2014①, 15쪽). 23세 때 사마시에 합격했으나, 뜻을 두지 않았다. 그는 사서오경은, 제자백가, 천문, 지리, 병법 등 다양한 학문을 익혔다. 임진왜란 때는 '영남의 의병장이라는 호칭을 받았고, 그의 외동아들은 임진왜란 때 잃고 말았다.
  1602년 대사헌에 승진, 동지중추부사, 공조 참판을 역임하였으며, 유성룡을 탄핵하여 사직하게 한 후 북인이 정권을 잡는데 주도적인 역할을 하였다(정인홍, 2014①, 15쪽). 광해

곧은 기질을 그대로 계승하고 경상우도의 주요 학풍인 경의(敬義)의 실천성을 강조했다(『내암집』, 2014①, 33쪽). 즉 남명과 더불어 내암은 경의의 가치관을 확립하였고, 목적합리성[事]의 중요성을 강조했다.

내암은 실제 관직 생활이 오래 하지 않았지만, 주로 제도권 언론에 종사했다. 『내암집』①②은 "제문과 행장 등의 글에 남명 조식의 수제자로서 활약한 정인홍의 교유 관계와 경상우도에서의 위치를 살펴볼 수 있다."라고 했다(정인홍, 2014①, 14쪽). 더욱이 공론에서 내암의 위치는 광해군 당시 우의정 사직 상소가 15개나 된다. 그는 상소 전문 사대부임을 쉽게 알 수 있다. 그는 공론의 중심에 서 있었으나, 정치적 이유로 참형을 당한 사실은 공론정치의 거세를 의미했다.

내암은 임진왜란 당시 57세 나이로 고향 합천에서 관군을 모으고 토호들과 노비를 징발하고 민간의 양곡을 거두어들여 의명을 일으켰다(출처 : http://cafe.naver.com/geochips/4052). 또한 그는 선조·광해군 대에 북인(北人)과 남명 조식학파(曺植學派)를 이끌며 정국을 주도했으며, 조식의 수제자이자 남명학파의 정신적 지주였다. 당색으로는 동인이었다가, 정여립 난 정철의 처벌을 놓고 동인이 강경파와 온건파의 나뉠 때 강경파인 북인으로 활동을 했다(출처 : https://ko.wikipedia.org/wiki/%EC%A0%95%EC%9D%B8%ED%99%8D).

내암은 선조 6년(1573) 학문과 덕행을 인정받아 황간현감으로 발탁되어 선정을 베풀었다. 그 후 사헌부 지평, 장령 등을 거쳤다. 장령으로서 내암

군이 즉위하자 대사헌, 좌의정, 1618년 영의정까지 올랐으나, 그는 산림에 은거를 원했고, 합천에 부음정(孚飮亭)을 짓고 강학의 공간을 마련했다. 1623년 인조반정으로 참형을 당했다. 그의 나이 88세였다. 그의 문집은 『내암집』으로 15권 7책으로 전한다. 그러나 내암은 인조반정의 역적으로 역사의 전면에 나올 수가 없으나, 1908년(순종 2년)에 신원되어 관직이 회복되었고, 1911년에야 이 책이 빛을 보게 되었다. 『내암집』은 가장(家藏) 초고본(草稿本)과 실록, 문집 등의 각종 전적(典籍)에서 정인홍이 기록을 모아놓은 것이다(정인홍, 2014①, 13쪽). 그 결과 『내암집』은 성리학 책이라기보다, 계(啓)·소차(疏箚)·봉사(奉事) 등 저자의 사회적, 정치적 입장을 보여주는 상소의 내용이 주가 된다. 그는 성리학 이론보다, 실천에 더욱 관심을 가졌다. 그 중 「사의장봉사(辭義將封事)」는 의병장을 사임하면서 쓴 5,000자에 달하는 장문이고, 당시 조선의 경세적 문제를 자세하게 기록했다(同書, 17쪽).

은 전국적으로 알려진 인물이 되었다. 임진왜란 때 합천뿐 아니라, 성주, 대구 등지에서 활동하며 왜병을 격퇴시켰다. 당시 정인홍은 합천을 중심으로 경상우도의 향권(鄕權)을 확실히 장악하였다(신병주, 2007. 11, 35쪽). 내암은 당시 최영경, 오건, 김우옹, 곽재우 등과 함께 남명학파의 대표적 인물 중의 한 사람이다.(출처 : https://ko.wikipedia.org/wiki/%EC%A0%95%EC%9D%B8%ED% 99%8D).

내암은 스승의 명칭을 전국으로 알리는데 주력하였다. 왜란이 끝난 후 선조 35년(1602)에 사헌부 대사헌으로 출사하여 국방, 내치, 교육, 수령방백 등 국가 정사에 대해 날카로운 비판의 상소를 올렸다.

왜란이 끝났을 때 북인과 함께 정권을 잡으며 북인이 분열한 후에는 이산해(李山海, 1539~1609)와 함께 대북의 영수가 되었다. 전란 종결 후 대사헌, 중추부동지사, 공조참판, 우의정과 좌의정을 거쳐 영의정에 이르렀고 서령부원군(瑞寧府院君)에 봉군되었다(https://ko.wikipedia.org/wiki/%EC%A0%95%EC%9D%B8%ED%99%8D). 전란 후 관직은 모두 사의로 끝난 보직들이었다.

내암의 후기 삶을 엮어 보면, 그는 고령의 이유로 낙향였으나, 광해군을 폐하고 인목왕후가 낳은 영창대군을 왕세자로 책봉할 때 73세의 나이에도 목숨을 걸고 영의정 유영경(柳永慶, 1550~1608)을 참수해야 한다는 상소문을 올렸다가 평안도 영변으로 귀양을 가는 도중 광해군이 즉위하여 영의정까지 올랐다. 그러나 그의 말기의 삶은 인조반정으로 인목대비의 폐모론을 주동했다는 날조론으로 역적으로 몰려 88세 나이로 참형을 당했다.

내암의 마지막 삶은 지탄이 대상이 되었고, 남명의 삶도 세속적으로 보면 행복한 삶은 아니었다. 그들은 분명 성리학 이념 자체를 부정하는 측면이 존재했다. 그의 경세론의 경험적 주장은 성리학의 이념 주도적 성향과는 거리가 있었다.

필자는 그 이유로 내암은 신분사회를 부정하고, 오히려 시장사회[事 중심 사회]를 염원한데서부터 온 것이라고 본다. 그들은 왕으로부터의 질서가 아니라, 백성으로부터의 질서를 염원했다. 물론 명종, 선조, 광해군 때 공론의 정치를 이야기했지만, 남명과 내암은 오히려 허위의식의 이데올로기적으로 접근한 것이다. 물론 그의 분석은 백성, 노비 등의 열정(pathos) 부분을 누락시키고 있었다. 시장사회의 탐욕, 무질서 등 포퓰리즘의 부정적 성향 분석에 철저하지 못한 것이다.

2장.
상소 레토릭

1) 레토릭의 행위

　조식과 정인홍의 주장을 보자. 일 중심의 사회를 형성코자 한 것을 알 수 있다. 일[事]은 귀천이 있을 수 없다. 조식의 「민암부(民巖賦; 백성은 나라를 엎을 수 있는 위대한 존재)」에서 역성혁명론을 폈다. 백성의 존재가 실제 부각이 되고, 시각 자체가 아래에 방점을 두기 시작했다. 내암에게서 백성의 근본임을 더욱 명료하게 나타났다. 그 사회는 사대부 질서로 볼 때 아나키즘 사회였으나, 이런 사회의 해체(entropy)를 탈해체(anti-entropy)로 가길 원했다. 그들의 레토릭은 바로 여기에 방점이 간다.

　「사이상차(辭二相箚)」(1608년 7월 24일)에서 내암은 "백성과 나라가 둘이 아니라는 점과 맹자의 '보민제산(保民制産)'을 인용하여 보민의 중요성에 대해 언급하였다. '보민(保民)'은 정인홍의 문장에서 특히 강조되는 용어인데, 보민은 정치에서 우선적인 임무일 뿐 아니라 그 자체가 적을 제압하는 현실임에도 부역이 과중하고 방납(防納)의 폐해가 심한 것."이라고 했다(정인홍, 2014①, 21쪽). 백성 중심으로 나라가 움직이면, 다원성이 확보되어야 하고, 공론정치가 되지 않으면 불가능한 상황이었다.

　내암이 말하는 보민하는 방법은 어떤 것인가? '목적 합리성(formal; instrumental rationality)'을 '가치 합리성(value rationality)' 위에 둔다. 여기서 합리성과 이성은 도덕적 판단이 기초가 되고, 경험, 즐거움, 혹은 고통의 기초가 되어서, 완전하지는 않지만, 도덕은 이성의 실천적 행위의 잣대가 된다(I. Kant, 1966, p.386). 즉 도덕적 개념은 순수한 이성의 개념의 예로 간주한다. 말하자면 에덴동산의 신이 선악과(善惡果)를 따먹지 못하도록 했다. 그 판단의 기준이 바로 이성인 것이다. 이는 동양에서 성리(性理)라는 개념으로 간주한 것이다(김형효, 2007, 108쪽).

한편 서구에서 이성의 존재는 지식인이 가져야 할 덕목으로 간주했다. 여기서 루터의 합리성은 시공간 안에서 경험을 중시하면서, 가장 효율성을 지닌 것이다.[1] 목적 합리성은 관리가 가장 효율적인 선택을 할 때, 그 선택의 기준이 되고, 먹고 사는 문제가 가장 우선시 하는 덕목이다.

물론 성리학은 도덕적 판단기준, 즉, 가치판단 및 이성적 판단에 더욱 관심을 갖는다. 반면 내암은 백성의 먹고사는 문제에 철저할 것을 주문했다. 같은 맥락에서 내암은 자신을 생각하듯이 나라를 생각하여, 각자가 자신의 몫[일(事)]에 정성을 다한다는 것이다. 그는 대사헌을 고사하는「재소(再疏)」(1602년 3월 15일)에서 노자의 '계견상문(鷄犬相聞) 연화만리(煙火萬里)'로 "백성들이 본업을 즐겨서 닭 울고 개 짖는 소리가 서로 들릴 정도로 마을이 연이어 밥 짓는 연기가 만 리에 이어질 것입니다."라고 했다(정인홍, 2014①, 19쪽). 내암은 이런 이상사회를 염원하고 있었다.

남명이든, 내암이든 중앙정부가 실제적으로 밑으로부터 시작하는 공론 정치를 허용함으로써, 이런 합리성의 논의를 가능케 했다. 그 과정은 상소 등을 통해 사적 의견이 공론으로 편입되어, 국가정책으로 반영될 수 있다

---

[1] 루터(Martin Luther, 1483~1546)는 1517년 10월 31일 교회정화운동을 벌였다. 그는 95개 개혁의 조항을 비텐베르크교회 문(Wittenberg Church Door)에 붙였다. 그 핵심은 sola fide(구원자는 오직 예수 그리스도), sola gratia(신앙은 성령, 자신의 의지가 아님), sola scriptura(오직 성서로만 그리스도를 영접할 수 있음) 등을 제시했다(Guatemala Almolonga, 2017 November, p.43). 루터의 합리성은 인간에게 있는 이성을 통해, 예수 그리스도에게 접근할 수 있다고 봤다.

는 가능성을 이미 타진하고 있었다. 매사에 실천을 강조한 이들은 공론형성의 과정을 꿰고 있었던 것이 틀림없었다.

한편 남명은 인간사(事)로부터 배우는 실천을 강조했다. 배우는 개념은 아나키즘적 사고를 갖고 모자라는 본능을 지성으로 무장시킨다. 그 필요성은 "『논어』에서 6가지로 축약하는데 인(仁)을 좋아하면서 배우지 않으면 그 폐단은 어리석음[우; 愚]이고, 알기[지; 知]를 좋아하면서 배우지 않으면 그 폐단은 잘난 척[탕; 蕩]하고, 믿음[신; 信]을 좋아하면서 배우지 않으면 그 폐단은 남을 해침[적; 賊]이고, 곧음[직; 直]을 좋아하면서 배우지 않으면 그 폐단은 남을 숨 막히게 함[문; 絞]이고, 용기[용; 勇]를 좋아하면서 배우지 않으면 그 폐단은 난폭함[난; 亂]이고, 굳세기[강; 剛]을 좋아하면서 배우지 않으면 그 폐단은 광기[광; 狂]이다."라고 했다(김형효, 2007, 35쪽).

지성의 힘은 도구적 합리성의 경험을 통해 계속 연마하지 않으면 그 지식은 화석화된다. 지성 그리고 경험세계에서 얻어지는 직관이 필요한 시점이다. 그러나 조선 중기 지식인의 지식성은 높은 신분을 얻게 위한 도구로 작용한다. 남명은 신분사회와 거리를 두고, 처사(處士)로서 글을 썼다.

남명은 앎과 실천을 같은 차원에서 논의하며 윤리적 삶을 통해 항상 이성의 존재를 확인하고 성리학과 다른 차원에서 논리를 전개시키면서 레토릭 상황을 연출했다. 즉, 아나키즘 상황에서 질서를 주기위해 다른 지성의 도구로 끼어들기를 하면 남명은 분명 신분사회와 다른 사회를 염원했다.

남명은 시장사회에 관심을 두었다. 뿐만 아니라 남명은 "'아래로 인사(人事)를 먼저 배우고, 그 다음 위로 천리에 통달해야 한다.' 즉 그는 하학인사 상달천리(下學人事 上達天理)라는 논리를 펴, 일상생활이 쉽고 가까운 것부터 차례차례 배우기를 원했고, 『소학(小學)』, 『사서(四書)』 등으로부터 배워 올라가야한다는 실천적 학문을 역설하였다."라고 했다(조식, 1995, 25쪽).

그는 통치술도 같은 차원에서 논의했다. 왕의 통치는 백성의 편안함으로부터 시작해야 하고, 아니면 권위는 실종되고, 권력이 작동하게 마련이다.

백성을 거슬리게 하면 성군(聖君)에 이를 수 없게 된다. 남명의 「민암부(民巖賦)」에 따르면 "유월 여름 장마철에, 염예퇴[灩澦堆] 양자강의 구당협(瞿塘峽) 어귀에 있는 거대한 바위가 말처럼 우뚝하여 올라갈 수도 없고 내려갈 수도 없다. 아야! 험함이 이보다 더한 데는 없으리니, 배가 이로 인해 가기도 하고, 또한 이 때문에 엎어지기도 한다. 백성이 물과 같다는 말은, 예로부터 있어 왔으니, 백성은 임금을 받들기도 하지만, 백성은 나라를 엎어 버리기도 한다. 내 진실로 알거니와, 눈으로 볼 수 있는 것은 물이니, 험함이 밖에 나타난 것을 만만하게 보기 어렵지만, 눈으로 볼 수 없는 것은 마음이니, 험함이 안에 감추어진 것은 만만하게 보기 쉽다. 걸어 다니기에 평지보다 더 평탄한 곳이 없지만, 맨발로 다니면서 살피지 않다가는 발을 다치고, 거처함이 이부자리보다 더 편안한 곳이 없지만, 바늘을 겁내지 않다가는 눈을 다친다."라고 했다(조식, 1995, 112~113쪽).

같은 감정의 표출이지만, 내공이 쌓이지 않는 현대 지성인에게는 절제가 그림의 떡이 될 수 있다. 그렇더라도 일[事]에 열중하면, 욕심이 가득할 수 있다. 마음을 빼앗기지 않는, 즉 아나키즘적 사고의 질서주기가 필요한 시점이다. 애착은 갖지만, 집착은 하지 않는다.

확률의 합리성이 요구되는 시점이다. 현대 물리학은 상대성이론(general theory of relativity), 양자이론(quantum theory)으로 풀어간다. 상대성이론은 "①절대속도의 존재를 부정한다. ②문제는 양자론에 의해 해소되었으며, 이것은 간섭패턴에 있어서 궤도의 존재를 부정한다, 서로 영향을 주고받는 것이다. ③문제는, 결정적인 것은 아니지만, 근대(즉, 16세기 이후의) 심리학과 생리학 또 데카르트의 기계론적 우주론에 의해서 해소되었다. 방금 기술된 것들과 같은 존재론의 변화들은 종종 개념적 변화들을 수반한다."라 했다 (Paul Feyerabend, 1984/1987, 315쪽). 또한 양자이론은 숫자가 함께 조합되기도 하고, 떨어지고 한다. 자유자재로 떨어졌다, 붙었다한다. 서로 역할을 교환하면서 현대사회는 다원주의 사회를 만들어간다.

개인의 주관적 존재는 긍정하지만, 절대성은 부정한다. 성리학에서 시묘살이는 효도(孝道)의 원천이다. 남명은 "26세 되던 해 3월 부친이 돌아가셔서 삼가 관동의 선영으로 귀장(歸葬)하고, 삼년 간 시묘살이를 하였다. 28세 되던 해 6월 부친상을 마치고 의령 자굴산에 있는 산사에 머물며 학문에 몰두하기 시작했다."라고 했다(조식, 1995, 21쪽).

남명은 학문의 진가를 설명했다. 감각에 의한 인식에 너무 신경을 쓰게 되면 자신을 상실하게 된다. 개인은 언제나 완물상지(玩物喪志) 정신에 관심을 가질 필요가 있다. 남명은 원천부(原泉賦)에서 "마음으로 세상만사에 대응하면, 온갖 물욕의 감정이 마음을 흔들고 돋운다. 학문으로 근본을 삼으면, 물욕의 감정이 마음을 흔들지 못한다. 물욕의 감정에 빠져 버리면 근본이 없어지며, 물욕의 감정에 흔들리면 쓰임이 없어지리라. 경(敬, 정성스러움)으로써 그 근원을 함양하고 하늘의 법칙에 근본을 해야 하리라."라고 했다(조식, 1995, 112쪽).

항상 마음의 상태를 열어 놓고, 개방적 체제(an open system)를 유지한다. 그 때에야 비로소, 다양성을 흡수할 수 있게 된다. 조선시대 공론(公論)은 열린 마음 상태에서 가능했다. 여기서 유교적 공공성은 "지배계급이 자신들의 계급적 이익을 넘어서서 보편주의적 기준에 따라 일반백성들과 전체 사회의 이익을 도모하는 실천 도덕적 지향이라 정의했다."라고 했다(최우영, 2002; 김영주, 2017, 4쪽).

열린 마음에서 신명(神明)의 마음을 갖게 한다. 전통사회에서 이 마음을 간직 하는 지식인은 레토리션의 수단으로 언어의 마술을 사용한다. 조식이 좌우명으로 사용하는 한 구절을 보자. 그는 「혁대명(革帶銘)」에서 "혀는 새는 것이요, 가죽은 묶는 것이니, 살아 있는 용을 묶어서, 깊은 곳에 감추어 두라."라고 했다(조식, 1995, 120~121쪽). 수사학은 언어구사를 잘 할 때에만 아나키즘 상태에서 질서의 개념으로 승화시킬 수 있다.

내공도 없고, 직관도 사용하지 않는 현대식 레토리션은 아나키즘적 사고를 염두에 둘 필요가 있다. 현대 관료제 안에 갈수록 닫힌 체제(a closed system)를 유지하는 언론의 형태는 비판의 여지가 있다. 더욱이 현대 기자들이 고려해야 할 감정의 표출이다. 언어는 절제를 통해 감정이 승화되어야 수용자들에게 감명을 준다.

선배 기자들은 올챙이 기자들에게 '기자는 발로 뛰어라'라고 말 하지만, 젊은 기자들은 들을 생각도 하지 않는다. 직관이 작동하지 않는 것이다. '출입처에 앉아 죽친다.'라는 말이 설득력을 얻어간다. 어느 새 언론은 취재원의 선전, 선동의 도구, 즉 자유를 상실한 노예기자가 되었다. 지식이 오히려 언론인의 삶을 옭아매고 있다.

물론 어느 시대와 상황 그 시대에 따른 적절한 커뮤니케이션 수단을 사용한다. 그 수단은 체계(system)로 봐야 한다(Roy M. Berko, Andrew D. Wolvin and Darlyn R. Wolvin, 2007. p.13). 다른 사람에게 원활하게 커뮤니케이션하는 방법이 있고, 허용하는 말이 있고, 메시지가 보내지는 방법이 있고, 어디에서 화자와 수용자가 위치하고 있는지 등 여러 가지 요소가 하나로 정형화(pattern)되어 있다. 커뮤니케이션은 시·공간 안에서 구체적 행태의 패턴을 갖고 이루어진다.

물론 왕과 대신들은 경연(經筵)의 공론장, 상호관계로서 국가정책론 등에 따른 경세론을 폈다. 물론 여기서 공론은 "(부르주아) 개인주의 공론장을 말하는데, 핵(核)가족적 사생활 영역의 공중과 관련된 주체성으로부터 나온, 즉 사적 경험이 특유하게 공적 논의의 자명한 이해를 이끈다. 이러한 사생활 영역이 충만하고 자유로운 내밀성(Innerlichkeit)이라는 근대적 의미에서의 프라이버시(Privatheit)의 역사적 출현처이다."라고 했다(juergen Habermas, 1962/2001, 97쪽).

물론 당시 개인의 사적 의견은 부르주아 공론은 아니었지만, 공론으로 변하는 과정이 설명되었다. 이들은 대간(臺諫)제도, 경연(慶筵)제도, 상소(上疏)제도, 신문고(申聞鼓)제도, 구언(求言)제도, 조보(朝報)제도 등을 유지했다(김영주, 2017, 4쪽).

  구체적으로 사의(私義)가 공론으로 변화하는 과정이 설명되었다. 남명의 「청도 고을 원에게 드림(與淸道倅書)」에서 "요즘 서원을 보니, 사의(私意)로 세우려고 하면 감사(監司)가 허락을 하지 않을 듯합니다. 사의로 세우는 사당은 허사(虛祀)가 되어 하나의 빈 사당에 불과할 것입니다. 도주(道主)에게 아뢰기를 바라는 것은 한두 사람의 사사로운 의논이 발한 데서 나온 것이 아니고, 한 시대 공공의 의논한 데에서 나와 오래 동안 전할 수 있게 하려고 하는 것입니다. 다행히 그 지역 사람들이 이런 의논을 한다고 들었습니다."라고 했다(조식, 1995, 141쪽).

  같은 맥락에서 명종, 선조, 광해군 당시는 좁은 제도권 틀로 공론을 흡수하는 시대가 도래를 했다. 사림들의 상소를 필요로 했고, 왕조는 이를 부추겨 정치를 하고자 했다. 이 분위기에서 남명, 내암, 율곡이 등장하게 된다. 이들은 국가 정책을 두고, 갑론을박 했다. 그렇더라도 당시 관심을 가졌던 것은 내적 커뮤니케이션의 활성화였다. 수기(修己), 극기(克己), 신명(神明)의 마음 등에 관심을 가지고 정신적 훈련이 된 사람이 제도권 그리고 그 주변에서 했다. 같은 경세론[사회정책론]을 이야기하지만, 극기 훈련이 되지 않은 현대 언론인과는 딴판이었다.

  물론 내적 커뮤니케이션에서는 자아개념, 자기 성실성(self concept, authenticity)이 필요하고, 기술을 매개로 한 매스 커뮤니케이션에는 정보의 정확한 유통을 위해 객관성, 공정성, 객관성, 정형화를 필요로 한다.

  물론 조선중기 사회는 경연과 더불어 필사를 통한 상소행위가 일어난다. 매스 커뮤니케이션의 초기단계라고 봐야 한다. 학문적으로 매스 커뮤니케이션이 발달하기 전에 주로 인간 커뮤니케이션에서 모든 영역을 다루었다. 그 중 공공 커뮤니케이션은 그리스 로마의 communis, communicare 등으로 '레토릭(洙泗學, rhetoric)의 커뮤니케이션을 시도했다. 물론 필자는 남명, 내암을 수사학자로 보고 논리를 전개시킨 것이다.

원래 커뮤니케이션은 "의식적, 무의식적, 의도적, 비의도적 과정인데, 그것은 느낌과 아이디어를 비문자, 문자로 보내지고, 받고, 이해하는 과정이다."라고 한다(Roy M. Berko, Andrew D. Wolvin and Darlyn R. Wolvin, 2007, p.4). 이 과정은 3가지로 분류할 수 있다(ibid, p.4). 절제가 없는 현대인은 우발적 행위, 감정표출 등이 심하게 일어나, 심한 갈등을 일으키는 요인이 된다. 행위의 일관성(consistency)이 붕괴된다. 그 원론의 형식을 보자. ①'의도가 없이 우발적(accidental, having no intent)' 상황에서 이뤄진다. 여기서 상황(situation, circumstance, environment)이란 환경, 정세, 상태, 사태)에서 이뤄진다. 이런 환경은 구체적 시·공간 안에서 커뮤니케이션이 일어난다. 좀 더 구체적으로 갑자기 심적 변화가 일어날 수도 있고, 외부의 상황에서 자극에 의해 사물을 인지하게 된다. 이 부분은 주로 인지(perception) 심리학에서 다룬다. ②'감정의 표출'(expressive, resulting from the emotional state of the person)로 커뮤니케이션이 이뤄진다. 개인의 감정 상태로 표출되고, 다른 사람에게 전달된다. 전통사회에서 기(氣)의 속성이 절제 없이 시도 때도 없이 작동이 된다. 이런 행동이 밖으로 표출될 때, 엄청난 사회의 혼란을 가져온다.

나머지 ③레토릭(rhetorical, resulting from specific goals of the communi- cator) 커뮤니케이션은 커뮤니케이터의 구체적 목표를 갖고 시작한다. 이들 '설득 커뮤니케이션'이라고 한다. 필자는 이 연구에서 레토릭 커뮤니케이션을 통제할 수 없는 상황(환경), 즉, 아나키즘 속성으로부터 통제하여, 질서를 주는 것으로 봤다. 脫해체(anti-entropy) 상태로 유지하는 행위를 레토릭으로 봤다.

물론 커뮤니케이션은 위 3가지 요소가 서로 떨어져서 존재하지 않는다. 모든 커뮤니케이션은 역동적(dynamic), 계속적(continuous), 되돌릴 수 없이 (irreversible), 상호 작용성(interactive) 하에서 이뤄진다. 다른 한 가지는 모든 것을 종합한 상황, 환경, 즉 콘텍스트적(contextual)[2] 요소를 포함시키게 된

---

[2] 콘텍스트(contexts)는 심리적(psychosocial), 논리적(logistical) 등 커뮤니케이터의 여러 속성들 즉, 개인의 특징(personal traits), 태도(attitudes), 믿음(beliefs), 행위(behaviors), 나이(age), 성(gender), 인종(race), 종교(region), 교육정도(orientational levels of ability), 사회 경제적 계급

다. 시·공간 안에서 구체적으로 커뮤니케이션이 이뤄진다. 이것을 전부 고려하게 되면 아나키즘, 문화상대주의, 궤변학자가 된다. 그 결과 그 어원을 따져 가면 최초의 레토릭 연구자로 그리스의 궤변론(詭辯論)을 펴는 소피스트(sophists)들이 있었다. 이들은 수사학의 원조이고, 최초의 커뮤니케이션 연구자들이었다. 그들은 아리스토텔레스의 레토릭, 즉 화자(speaker), 청자(audience), 그리고 수용자(audience)를 두고 있었다. 수용자의 성격에 따라 레토릭 형식과 내용이 달라진다.

한편 소피스트는 자신들의 필요에 따른, '레토릭의 상황[rhetorical(communi-cational) situation)]' 읽기를 원했다. 그들은 자신들의 알고 있는 수집된 정보로서 지식을 규정했다(Sharon Crowley and Debra Hawhee, 2004, p.27). 지식은 알고 있는 사람 밖에 존재한다고 가정하지 않았다. 그들의 경험세계가 곧 지식이었기 때문이다. 가르치고, 배우는 것은 사람들이 이미 알고 있는 것에서 시작했다. 그 결과 레토리션은 그 이슈 관심을 가진 사람이 처해있는 시간과 장소를 고려해야만 했다(Sharon Crowley and Debra Hawhee, 2004, p.27). 이슈풀이는 한정된 지식과 한정된 상황[rhetorical situations]에서 결정 된다.

레토리션은 일반적 진리를 이야기하는 것이 아니라, 그들이 생각하는 진리이어서, 자신들이 갖고 있는 태도와 믿음이 중요했다(Philip Emmert and William C. Donaghy, 1981, p.14).

이런 속성에서 우선 제시할 수 있는 것은 논쟁을 불러일으킬 구체적 과정의 토픽(topic), 혹은 공개장(commonplace)에서 일어난다는 것이다. 이는 현대의 토픽과 다른 의미로 언의의 구성, 커뮤니티와 관련된 이슈에서 존재한다(Sharon Crowley and Debra Hawhee, 2004, p.96), 물론 여기서 언어적 구성은 이데올로기적으로 구성되는데, 정치적, 윤리적, 사회적, 경제적, 철학적 이슈 등과 관련된 이슈들이 포함된다.

(socioeconomics class) 그리고 미디어 환경 등이 작동한다(Roy M. Berko, Andrew D. Wolvin and Darlyn R. Wolvin, 2007, p.6). 수없이 많은 요소들이 개입하면서, 이를 걸러낼 때 합리성이 요구된다.

2) 레토릭 상황과 공론의 내용

한편 율곡은 명종 21년(1566년) 「간원(諫院)이 시사(時事)를 진언(陳言)한 상소」에서 어느 것도 안정된 것이 없는 부초(浮草) 같이 움직이는 조정의 아나키즘의 상황, 즉 '레토릭 상황'을 묘사했다. 율곡은 탈해체(anti-entropy)에 대한 레토릭을 주문했다. 그는 "지금까지 정사가 아직 크게 민심을 위로하지 못하였고, 기강이 아직 정숙하지 못하였으며, 공도(公道)도 아직 넓혀지지 못하였고, 탐하는 풍조가 아직도 그치지 않고 있습니다. 착하고 나쁜 것이 구분이 되지 않아 벼슬길이 혼잡한 것이 전과 같고, 송사 재판도 공평하지 않아 권력이 있고, 교활한 자가 뜻을 얻고 있는 것도 전과 같습니다. 천심(天心)도 기뻐하지 않아서인지 예기치도 않았던 재이(災異)가 거듭 나타나고 백성의 힘은 이미 다하였는데도 혜택이 내려지지 않고 있습니다."라고 했다(이이, 1566, 1쪽).

공론이 닫혀 있었고, 이성이 제대로 작동하지 않고 있다. 남명에 따르면, 경의성이 일관성을 유지하지 못했다. 과거, 현재, 미래가 일관된 국가정책으로 자리를 잡지 못하여, 경세학이 상황에 따라 춤을 추고 있었다.

공론의 막힌 상황을 비판하는 글이 소개되었다. 홍문관 부제학 안침(安琛, 1445~1515)은 "공론이 시행되면 국시(國是)가 정해지고 치화(治化)도 아름다워지지만, 공론이 폐기되면 국사가 정해지지 못해 치화도 따라서 아름답지 못하게 됩니다. 공론이 국가에 관계됨이 이와 같아서 옛날부터 성제와 명군들의 다스림이 한결같이 공론의 소제를 따랐던 것입니다"라고 했다(『성종실록』 성종 23년 2월 임술조; 김영주, 2017, 5쪽).

율곡은 하늘이 노한 레토릭 상황을 「만언봉사(萬言封事)」(선조 7년, 1574년)에서 더욱 명료하게 이야기를 했다. 여기서 레토릭의 원리로 볼 때 "레토릭의 실천과 지식인의 사회적 사명, 윤리적 책무 등은 국가의 운명과 관련이 있다."라고 했다(Sharon Crowley and Debra Hawhee, 2004, p.xiv).

당시 선조 왕은 하늘을 움직일 수 없었을 뿐 아니라, 백성들에게 어떤 감동을 줄 수 없었다. 레토릭 상황은 하늘이 노해있는 상황이었다. 율곡이 볼 때 선조는 성군(聖君)이 되기에 걸렀다. 물론 율곡의 개인 이슈라기보다 커뮤니티와 관련된 것이고, 백성들도 이 이슈를 객관적, 중립적으로 수용한 것은 아니다. 여전히 율곡은 닫힌 체제에서 공론을 이야기함으로써 개인성이 부족했다. 즉, 남명과 내암과의 제도권 밖에 생활한 것과 달리, 율곡은 사대부 공동체 안에 늘 존재해왔다.

선조 정치는 하늘이 만족하지 못했다. 이는 과거, 현재 미래가 일관성이 없어, 국시가 불투명하는 소리와 다를 바가 없다. 동 봉사는 "요사스러운 별은 1년이 지나도록 없어지지 않고 태백성(太白星)은 대낮에도 반짝이며, 때 아닌 우레가 일어나고 지진이 일어난 것도 한두 번이 아니었다. 이것은 덕을 힘쓰지 않은 탓이니 어찌 마음에 부끄러움이 없겠는가. 송구스러운 마음이 더욱 깊어 세상이 뒤집히고 엎어지는 재액이나 면하게 되기를 바랐는데, 하늘의 노여우심으로 더욱 꾸짖어 변괴가 나타남이 더욱 심해졌다."라고 했다(이이, 1957, 1쪽).

율곡은 「만언봉사」에서 선조 왕도 우유부단하고, 과다하게 생각을 많이 했다. 그는 풍전등화 같은 국가 운명을 왕의 우유부단한 성격으로부터 시작하여, 경세론(經世論)으로 치유코자 했다. 동 상소는 "전하께서는 뭇 신하들에 대해 깊이 신임하시는 것이 부족합니다. 그러므로 뭇 신하들도 성상의 뜻이 어디에 있는지 알지 못하여, 성상의 전교가 내릴 때마다 한마디 말씀만 이상하면 모두가 눈이 휘둥그레지고 두려워하여 항상 깊이를 헤아릴 수 없는 연못을 대하는 듯합니다. 어저께 대신들이 부르심을 받았을 적에도 모두 황공해 할 뿐, 천심(天心)을 돌리고 세도(世道)를 구할 수 있는 계책을 아뢴 이는 한 사람도 없었습니다. 만약 대신들이 전혀 식견이 없다면 더 이상 말할 것도 없겠으나, 만약 식견이 있다면 어찌 전하께서 여러 사람들의 의견에 귀를 기울이지 않으신다는 것을 미리 걱정에서 그러는 것이 아니겠습니까."라고 했다(이이, 1574, 7쪽).

관리에게 풀리지 않는 레토릭 상황은 여전했다. 그들은 탐욕에 가득할 뿐 아니라, '닫힌 체제(a closed system)를 운용했다. 자기 절제, 자기희생을 상실한 사대부들의 삶이었다. 율곡은 선조 15년「시폐(時弊)에 대한 진달한 상소」에서 "대관(大官)들은 녹봉만을 유지하면서 실제로 나라를 걱정하는 뜻을 지닌 사람이 적고 소관(小官)들도 녹 받아먹기만을 탐내면서 전혀 직책을 수행하려는 생각을 갖지 아니하여 서로 옳지 못한 행위만을 본받으므로 관직의 기강이 해이해졌습니다. 그중에 자기가 맡은 직책을 다스리려는 사람이 있으면 여러 사람들이 모여 비웃고 욕하면서 바보라고 손가락질을 하는가 하면 여러모로 저지하고 방해하여 끝내 무슨 일을 이루지 못하게 만듭니다. 이리하여 선비로서 조금이라도 자신의 지조를 지킬 줄 아는 사람은 벼슬을 하려고 하지 않습니다."라고 했다(이이, 1574, 2쪽).

법 집행에도 문제가 생겼다. 율곡은 선조 15년 동 상소「시폐(時弊)에 대한 진달한 상소」에서 "백성들이 오랫동안 쌓인 폐단에서 곤궁해진다는 것은 무엇을 말하는 것이겠습니까. 대체로 법이 오래되면 폐단이 생기는 것은 고금의 공통적인 병폐인 것으로 변통시키지 않으면 백성들의 살길이 곤궁해지는 것은 필연적인 것입니다."라고 했다(이이, 1574, 3쪽).

레토릭 상황에서 조정은 개혁하지 않은 채 시간만 보내고, 신분사회에서 기득권을 누리고 있었다. 탐욕의 정신으로 국체를 자신들이 편하게 적용시켰다. 레토릭 상황의 골이 깊어져가고 있었다. 한편 율곡은「만언봉사」에서 "대체로 이른바 시의(時宜)라고 하는 것은 수시로 변통하여 법을 마련해서 백성을 구제하는 것을 말합니다. 정자(程子)가「주역」을 논하면서 '때를 알고 형세를 아는 것이야 말고「주역」을 배우는 큰 법이다.'라고, 또 말하기를, '수시로 변혁하는 것이 곧 상도(常道)이다.'"라고 했다.

명종, 선조, 광해군의 상황은 난제의 상황이 계속 누적되고 있었다. 레토릭은 기존의 질서가 부패하여, 기존의 성리학 이론과 실천으로 현실을 타개할 수 없었다. 아나키즘 현실을 치유할 수 있는 새로운 질서가 필요했다.

일반적으로 레토릭은 갈등이 심할 때, 그 갈등을 풀어가는 방법으로 이 학문을 도입한다.

레토릭은 새로운 질서 안으로 끌어들일 때 필요한 설득의 학문이다. 충격적 메시지로 가장 효과적으로 전달방법을 택한다. 불안한 백성에게 공포를 제거하고, 쉽게 다가가고, 가장 설득력 있는 메시지를 전한다. 춘추전국시대 공자는 『논어』「헌문」편에서 "경건한 마음으로 자기를 수양한다(修己以敬), 자기수양을 통해 남을 편안하게 한다(修己以安人). 즉, 자신을 수양한 뒤 백성을 편안한 길을 찾는다(修己以安百姓)(조회환, 2014, 14쪽)".

물론 레토릭의 발상지는 민주주의가 일찍 발전된 그리스였다. 그리스는 조그만 도시국가를 형성하였으나, 갈등이 심한 나라였다. 이들은 직접 민주주의를 택하고 있어, 포럼, 법정, 아고라, 민회 등에서 자신을 대변해 줄 변호사도 존재하지 않아, 자신들이 직접 민회나 법정에서 변론을 해야 했다.

한편 명종(明宗) 때 조선은 사화(士禍)의 와중에 질서라고는 찾을 수가 없었다. 임꺽정 난(亂)(1559~1562, 명종 14~17)은 『명종실록』에서 임꺽정의 활동은 단순한 도적질이라기보다는 농민봉기의 형태였다. 임꺽정의 무리를 일컬어 '모이면 도적이고 흩어지면 농민이다.'라고 했다.

선조의 즉위는 명예혁명이라고 할 수 있는 정권 교체였다. 그 이전까지 여당이었던 척신세력이 실각하고, 야당이었던 사림이 집권을 한 것이다(손영식, 2003.6, 304쪽). 사림은 그 이후 동인(東人)이 되었고, 실각했던 척신 세력은 이이(李珥)의 주도로 서인이 되었다. 집권 여당이 된 동인은 이황(李滉, 1501~1570)과 조식(曺植)의 제자들이 주축을 이루었다. 따라서 선조에게 조식과 이황이 상소문을 올린 것이 바로 그들의 꿈꾸었던 정치의 틀을 제시하기 위한 것이었다(손영식, 2003.6, 300쪽). 물론 난세에는 레토릭이 성행하기 마련이었다. 선조의 명예혁명 이후 공론 정치가 정착되면서, 정권 쟁탈은 성리학(性理學) 이념의 쟁탈로 이어졌다(손영식, 2003.6, 305쪽). 철학을 장악하는 자가 언론을 장악하며, 공론을 장악하는 자가 권력을 장악하기 때문이다. 따라서 모든 학파는 입을 모아 자신들이 성리학의 정통이라고 했다.

특이한 점은 퇴계의 후학들은 성리학을 독점하기에 이른다. 그러나 조식은 형이상학적 논쟁을 거부했고, 실제로 그의 문집에는 그런 번쇄한 형이상학적인 글을 쓴 것이 없다(손영식, 2003.6, 288쪽). 오히려 남명은 경험주의, 즉 강한 인상(a strong impression)이 추동 동기(drive motivation), 경세학으로 출발하여, 이를 바탕으로 하여 백성의 마음읽기 즉, '신명(神明)의 마음'을 정립시키기에 관심을 가졌다.

한편 조식은 감각에서 오는 것과 '신명의 마음'을 엮었다. 같은 맥락에서 아퀴나스(Thomas Aquinas, 1225~1274)는 성령(하늘의 뜻), 이성, 직감을 같은 차원에 두고, 서로 일치하도록 고상한 습관을 기르도록 권고했다(Auinatis S. Thomae, 1967, p.287; Craig R. Smith, 1998, p.180).

남명은 '낌새'[기미(幾微)]관을 통해 하늘의 '형이상학적인 원리와 현실적인 실천 논리'의 유기적 결합을 시도했다. 이는 '이성(reason)'의 판단이 없이는 불가능하고, 과거, 현재, 미래를 일관성(consistency)으로 엮을 때 가능하다. 『주역(周易)』의 역(易)은 '감(感)하여 마침내 세상의 일에 통한다.'라고 한다. 인상과 '신명의 마음'이 함께 한다. '지극한 정성[성(誠)]'이면 불가능할 것도 없다. 성(誠)을 구현할 수 없으면 정의로운 사회 건설을 할 수가 없다. 정의로운 사회를 건설하지 못한다면 사람답게 살 수도 없다(이승철, 2015.11, 203~204쪽).

큰일 일수록 기미(幾微)에서 보듯, 아주 작은 일에서 출발한다. 조식은 "주자(朱子)는 주돈이(周敦頤) 선생이 기(幾)를 힘써 말했는데, 천리와 인욕의 나누어짐은 다만 조금만 것을 다투는 것이다. 가까이는 공의로움과 사사로움 및 사특함과 바름, 멀리는 폐함과 흥함 및 보존함과 망함을 여기에서 살펴야 알맞게 대처할 수 있다. 이것은 평상시에 가장 절실한 공부이다"라고 했다(이승철, 2015.11, 213쪽).

레토릭은 예술, 술[art, techne of rhetoric]이라고 한다(Sharon Crowley and Debra

Hawhee, 2004, p.10). 그리스에서 경험에서 유래되는 가장 인기 좋은 학문이다. 주로 아는 것이 많은, 좋은 교육을 받은 로마의 키케로(Cicero) 같은 문인이 좋은 레토리션이다. 물론 확률의 학문이긴 하지만, 아리스토텔레스는 레토릭을 과학(science)라고 했다(Philip Emmert and William C. Donaghy, 1981, p.14). 본 논의는 조선 중기, 즉 명종, 선조, 광해군 당시 서구의 레토릭 개념의 적용에 관해 관심을 가졌다.

3) 敬의 확립, 경세논의

한편 남명에게 '신명의 마음'은 경의(敬義) 교육을 통한 자아의 발견과 관련이 있다. '자아 개념(self concept)'는 자신의 누구인지, 자신이 할 수 있는 것 그리고 자신은 다른 사람과 비교를 하게 된다(Isa N. Engleberg, and Dianna R. Wynn, 2015, p.21). 사물을 관찰하고, 분석력을 기르고, 경험세계를 넓히고, 자신들이 가정하는 역할을 생각한다. 이런 과학적 과정을 통해 자기 정체성을 갖게 된다. 이는 신분집단(status group)에서 벗어나, 시장사회(market society)로 갈 수 있는 길을 마련하다.

敬(공경하는 마음)의 훈련으로 확장시켜 義(의로움)를 찾는다. 경이 엄격하면, 그 만큼 사람관의 관계가 더 좋은 관계를 유지케 한다. 사물, 사람의 인지(perception)가 폭을 더해가고, 합리성을 찾게 되고, 동기(motivation)도 증가되게 마련이다. 개인은 사고의 역동성을 경험하게 된다.

경의를 통한 극기(克己) 훈련은 남명에게 나쁜 버릇을 고치게 하고, 대외적 실용성과 관련을 맺는다. 『실록』에 의하면 "비변사에서 중국군 3만 3천 병마의 군량 비축에 대하여 건의하면서 교만을 부리다 일이 꼬였다. 극히 통탄할 일이다. 일찍이 조식에게 들으니 '우리나라는 하리[남을 헐 뜯어 윗사람에 일러바치는 일로 말미암아 망한다.'고 하였으니, 이 말이 실로 거짓이 아니다. 지금부터는 이 습관을 답습하지 말고 충분히 비밀을 유지하게 하라, 안으로는 중국군을 청하면서 군량을 마련하고, 밖으로는 좋은 말로 달래어 적의 형세를 완화시키다."라고 했다(『선조실록』 74권, 선조 29년 4월 16일).

남명은 경의가 허물어지는 것을 통탄했다. 『실록』은 「윤승훈·조익·김지남·이충원 등과 '시국을 논하다.'」에는 "이황(李滉, 1501~1570)이 있어 학문을 숭상하였고, 하도에는 조식이 있어 절의를 높였기 때문에 풍속이 볼 만하였습니다. 그런데 근래에는 그곳 또한 잘못 되어 간다고 합니다. 지금은 향중(鄉中)에서 풍헌(風憲)을 내는데 유사(有司)에게 조금만 혐의가 있으면 모함하는 것을 일삼는가 하면 증거(停擧)시키는 일도 임의로 하고 있다 합니다."라고 했다(『선조실록』 142권, 선조 34년 10월 25일). 경(敬)의 인식세계가 관계성 뿐 아니라, 내용의 다변화와 절제가 필요한 시점이었다.

한편 내암은 경의(敬義) 교육의 필요성을 언급했고, 공론의 문제점을 지적했다. 즉 내암은 남명의 고재지만, 이들은 절대 패거리를 만들지 않았다. 그들은 철저한 개인의 敬義를 주창한 사람이다. 그들은 서구 레토리션이 자신을 절제하고, 사회에 질서를 주고, 인간을 자연 질서에 편입시키는 일로 훈련을 해온 것이다.

정인홍의 경의의 표본으로서의 실상을 공개했다. 『실록』은 "진사 정온 등이 상소하여 정인홍을 옹호하고 유영경을 공격하다. 다년 동안 절의(節義)의 풍도(風度)를 배양하였는데, 조식의 문하에서 공부하여 현저하게 일컬을 만 한 자는 최영경(崔永慶), 정인홍(鄭仁弘) 두서너 사람에 불과합니다. 그런데 영경은 이전에 죽고 인홍이 이후에 귀양을 간다면 후세에 반드시 아무 선비를 죽이고 아무 선비를 귀양 보낸 것이 아무 시대에 있었다고 말할 것이니."라고 했다(『선조실록』 220권, 선조 41년 1월 28일). 남명과 내암과의 관계가 설명되었다. 『실록』은 의령 진사 오여온(吳汝穩)이 상소로 정인홍의 인품을 찬양하고 이시익(李時益, 1567~1641)을 논핵했다. 즉, "정인홍은 남명 조식의 고제(高弟)이다. 어려서부터 임하(林下)에서 독서하여 기절(氣節)이 있다고 자부해 왔는데 영남의 선비들이 추존하여 내암선생(來庵先生)이라고 불렸다. 그가 세상에서 흔하지 않은 소명을 받고 초야에서 몸을 일으켜 나오자 임금은 자리를 비우고 기다렸고 조야(朝野)는 눈을 닦고 바라보았다."라고 했다(『선조실록』154권, 선조 35년 9월 25일).

전체적으로 정인홍에 대한 평가는 의병장, 심법, 편당, 정확한 시대진단 등으로 다양하다. 그는 "임진왜란이 발발하자 영남 '의병대장'[3]으로서 창의토적(倡義討賊)의 선봉에 서기도 했으며, 광해조에는 대북세력의 영수로서 산림정승의 위명을 높이 펼치기도 했다. 그러나 대북의 몰락은 인조반정으로 말미암아 광해조 혼정이 모두 그에게로 돌아가 죽임을 당하고 말았다."라고 한다(정우락, 2006, 208쪽).

정일홍이 실제로 혼정을 일으켰을까? 남명이 내암에게 준 경의검(敬義劍) 이야기가 나온다. 『실록』은 "정인홍의 인품 무릅쓰고 공부하여 밤이나 낮이나 게을리 하지 않았다. 조식은 항상 방울을 차고 다니며 주위를 환기시키고 칼끝을 턱 밑에 괴고 혼매한 정신을 일깨웠는데, 말년에 이르러 방울은 김우옹(金宇顒)에게, 칼은 정인홍에게 넘겨주면서 이것으로 심법(心法)을 전한다고 하였다. 정인홍은 칼을 턱 밑에 괴고 반듯하게 꿇어앉은 자세로 평생을 하루같이 변함없이 하였다."라고 했다(『선조수정실록』7권, 선조 6년 5월 1일).

남명과 정인홍은 이런 연후에서 레토릭의 완성, 즉 사림파의 공론 형성이 가능하게 되었다. 내암의 조정대신을 폄하하는 상소를 보면 "편당(偏黨)을 좋아하고 정직을 미워하며, 청절(淸節)을 천하게 여기고 권세와 이익을 따르며, 명의(名義)를 가볍게 여기고 관작과 녹봉만을 중시하고, 어떻게 하면 내 집과 내 몸을 이롭게 할 것인가를 생각합니다. 그러므로 조정에 있는 자는 양신(良身)에만 능하고 나라를 이롭게 하는 방안에는 어두우며, 거착(擧錯)할 때도 오직 들리는 소문의 유순(遊順)함만을 듣고 재능의 당부는

---

[3] 각도에 있는 병마의 숫자는 김성일(金誠一)의 군사 1만 5천 명, 창원부(昌原府)에 주차한 본도 절도사 김시민(金時敏)의 군사 1만 5천 명, 합천군(陜川郡)에 주차한 의병장 정인홍(鄭仁弘)의 군사 3천 명, 의령현(宜寧縣)에 주차한 의병장 곽재우(郭再祐)의 군사 2천명, 거창현(居昌縣)에 이순신(李舜臣)의 수군(水軍) 5천 명, 우수사 이억기(李億祺)의 수군 1만 명 및 각처에 나누어 주둔한 조비군(措備軍) 1만(『선조실록』27권, 선조 25년 6월 28일).

묻지 않으며, 단지 한결 같이 자신의 호오(好惡)에만 따르고 공론의 소재가 어디 있는지는 살피지도 않습니다."라고 했다(『來庵集』 권 2, 「사의장봉사」.아본 상권, 68~69쪽; 권인호, 2002, 280쪽).

동 상소에서 논한 거시적 차원, 즉 경세적 차원에서 보자. 내암은 상 「봉사」에서 "오늘날의 형세는 사람의 중병(重病)에 걸린 것과 같습니다. 신(臣)이 듣기로 앞선 유학자인 진덕수(眞德秀, 1178~1235, 호는 西山, 남송 建州人)가 말한 대로 '안으로 벼슬아치들의 도적질(衣冠之盜)이 있은 연후에, 바깥으로 무기를 든 외적(外敵)의 침구(侵寇, 干戈之寇)가 있다'고 하였습니다. 안에 사사로운 악한 도적이 있기 때문에 밖으로는 인접한 외적에 대한 근심으로 협공하니 국가를 보전할 수 없는 위태로움이 있습니다."라고 했다(『來庵集』 권 2, 「사의장봉사」.아본 상권, 68~69쪽; 권인호, 2002, 279쪽).

한편 내암은 시대의 절박성, 즉 임진왜란을 겪으면서 상소를 올렸다. 조선시대의 경세론(經世論)은 당시의 문제들이다. 물론 여기에서 경세론은 경(經)은 성리학의 경전이라는 소리이고, 세는 세상의 문제를 이야기한다. 합쳐서 요즘 이야기하는 국가 정책적 과제가 여기에 속한다. 현재 언론은 주로 문제(issues)를 다룬다. 또한 사회과학도 사회문제를 다루는 학문이다. 연구자 자신들은 시대의 절박한 문제를 다룬다. 그 시대의 절박성은 주로 시간과 공간 안에서 구체적 문제를 다룸으로써 이 난제풀이가 모든 영역에 보편적으로 적용할 수 없는 부분이 있게 마련이다.

한편 이렇게 시작한 소피스트(sophists, Sophos= wise men, or teacher)를 일제강점기 시대는 궤변학자로 낙인을 찍었다. 물론 이들을 궤변학자로 폄하하는 것은 잘못이다. 敬義가 결했을 때 문제가 생길 수 있었다. 그때에 관한 언급은 "기원전 5세기의 그리스는 페르시아 전쟁(기원전 492~기원전 448년)과 펠로폰네소스 전쟁(기원전 431~404년) 등을 겪으면서 군사적 몰락과 정치적 혼란이 극심하였다. 또한 페리클레스가 직접 민주정치를 실시하게 되자 자유민들은 자신의 정당함을 변호할 수 있는 능력과 공동체의 문제를 논의와 설득을 통해 해결할 수 있는 능력에 관심을 갖게 되었다(김진선, 2012, 10쪽; 이수진, 2016, 88쪽).

소피스트들은 BC 5세기에서 BC 3세기까지 웅변술이 대단한 사람들이었다. 그들은 "개인의 정치적 권력, 재산과 생명을 확보할 수 있는 중요한 수단이라고 강조하면서 수사학과 웅변학, 문법이 집중적으로 교육되어야 한다고 주장하였다. 더 이상 수사학이 타고난 재능(natural gifts)으로만 가능한 것이 아니라, 기술의 습득으로 좋은 수사학자가 될 수 있다고 봤다(Philip Emmert and William C. Donaghy, 1982, p.13). 하지만 정치적 열망을 실현하기 위한 화려한 말솜씨와 논쟁에서 승리하는 방법 등을 추구하는 교육이 형식에 치우치고 사회의 실질적인 요구에 부응한 나머지 아테네인의 의식을 함양하는 데 적극적으로 기여할 수 없었고 오히려 부작용을 낳았다(김진선, 2012, 10쪽; 이수진, 2017, 88쪽). 이수진 연구자는 퍽 소피스트를 폄하했지만, 사실은 그렇지만도 않다.

당시 가장 성공한 그리스 레토리션은 '이소크라테스(Isocrates)'[4]이다. 그는 당시 그리스 레토리션 중에 가장 영향력 있는 사람이었다(Philip Emmert and William C. Donaghy, 1981, p.13). 이소크라테스는 도덕적이었고, 타고난 스승이었다. 당시 그리스인은 가장 성공적인 커뮤니케이터는 인간의 본성을 잘 알고, 도덕적으로 좋은 습성을 갖는 사람으로 유명세가 있는 사람이다(Philip Emmert and William C. Donaghy, 1981, p.13).

---

[4] 이소크라테스(Isocrates, B.C 436~B.C 338)는 아테네의 플루트 공장을 하는 아버지를 둔, 부유한 집안에서 태어났다. 그의 아버지는 국가를 위해 재정을 보조할 수 있는 정도로 부를 소유하였다. 그는 당시 높은 지적 수준을 가진 좋은 선생들을 만났고, 그들의 영향력에 자극을 받았다(Isocrates, 1966, p.xii). 이소크라테스는 수월성을 가진 당대 수사학자로 성장한 것이다. 이소크라테스는 스타일(style)에 관심을 가졌으나, '산문 사가(史家, logographer)로 역할을 했다. 실제 그의 연설문은 산문이라고 볼 수 없고, 시(artistic prose)에 가까웠다(Isocrates, 1966, p.ix). 그의 글은 리듬이 있는 화려한 문체였고, 공감 가는 것이었는데, 지적일 뿐 아니라, 감각적 상상력을 충분하게 갖고 있었다. 부유하고 좋은 집안 출신인 이소크라테스는 그의 재능을 발휘하여, 직업적 스피치 작가로서 오랫동안 일을 한 것이다(조맹기, 2011, 42쪽). 그의 스피치가 설득적이지 못했지만, 글로 읽는 스피치를 시도했다.

그는 자신과 자신의 완벽한 통제를 이해하는 지식인으로서, 혹은 선생으로서 기본에 충실했다. 다른 소피스트와 더불어 이소크라테스는 영원불변하는 보편적 지식은 급변하는 삶의 구체적인 현실에 대해 쓸모가 없다는 논리를 가졌다(김현, 2010, 17쪽). 물론 그 당시 그리스는 서구의 기독교 국가처럼 절대신(God)에 대한 개념이 명료치 않았다. 그들은 진리의 절대성을 이야기하지 않고, 상대성을 주장했다고, 그를 배격만 할 수 없었다. 이소크라테스는 시간과 공간의 상황을 강조하면 문화 상대론적 관점을 취했다. 더욱이 이슈를 강조하면 그 이슈는 보편성이 아니라, 특수성으로 풀 수밖에 없게 된다.

한편 이소크라테스는 소크라테스와 버금가는 영향력을 갖고 있었다. 이수진 연구자는 "소크라테스는 형식에 치우치고 화려한 말솜씨를 갖추기 보다는 자신의 삶을 성찰하고 깨닫는 통찰력과 그 판단에 따른 실천을 강조하였다."라고 했다(이수진, 2016, 95쪽). 한편 이소크라테스는 물론 눌변이어서, 말 대신 쓴 글로 읽을 정도였다. 다른 면에서 그도 역시 실천을 강조했다. 그렇다면 그는 소크라테스와 다른 점이 거의 없다.

여기서 레토릭의 개념을 논해보자. 아리스토텔레스(Aristotle)는 레토릭을 주어진 상황에 알맞은, 가능한 논쟁을 해결하는 힘으로 규정했다(Sharon Crowley and Debra Hawhee, 2004, p.1). 레토릭은 일반적으로 아나키즘 상황을 질서의 상황으로 가기위해 설득하는 행위이다. 쉽게 풀이 한 아리스토텔레스는 '모든 가능한 설득의 수단(all of the available means of persuasion)', 즉 특수한 상황에서 특정 수용자를 위해 가장 적절한 설득의 논쟁을 선택하는 전략에 초점을 맞춰 개념을 정의했다(Isa N. Engleberg and Dianna R. Wynn, 2015, p.233).

레토릭이 정치 공학적으로 설득에게만 관심을 갖게 되면 선전, 선동술이 된다. 이러한 환경에서 레토릭은 사기의 행위, 진리를 왜곡하기 위한 '의미 없는 말(empty words)', '환상적 언어(fancy language)'로 간주한다. 그러나 당시 그리스는 실제 커뮤니케이션을 인간이 배울 수 있는 가장 중요한 학문분야로 생각했다(Philip Emmert and William C. Donaghy, 1981, p.13). 소피스트는 사립학교에서 등록금을 받았고, 문학, 과학, 철학 특히 웅변학을 새로운 세대에게 가르쳤다. 로마의 키케로(Cicero)는 "사람들이 중요한 정치적, 종교적, 혹은 사회 이슈 등에서 서로 의견이 갈릴 때 레토릭은 최선의 행위를 선택하도록 돕는다."라고 했다(Sharon Crowley and Debra Hawhee, 2004, p.1).

4) 상소의 커뮤니케이션

말하자면 절박한 문제가 생기면, 그 문제를 풀기 위해 레토릭을 하게 된다. 물론 동양사회는 레토릭 자체를 특별한 커뮤니케이션 수단으로 간주하지 않았다. 그렇더라도 왕은 백성들을 향해 교서(敎書), 훈유서(訓諭書), 선포문(宣布文), 윤음(綸音), 양로(養老), 권농(勸農), 척사(斥邪) 등 글로 쓴 메시지를 내렸다. 다른 한편 백성은 상소(上疏), 봉서(封書)·방(榜)·괘서(掛書) 등으로 왕에게 자신들의 뜻을 왕께 글로 전달했다.

조선시대는 그 시대의 절박함이 있었고, 그 시대의 질서가 있었다. 농경사회는 자연정취의 유토피아를 가정할 수 있었다. 남명의 [「관수루(삼가현 객관 남쪽에 있던 누각) 시의 운자를 따라서(次觀水樓韻)] 시(詩)에서 "푸른 비단 같은 깊은 수면에, 원앙새 짝을 지어 목욕하며 노느나, 강으로 빠져 해 서너 자 남았는데, 오언시(五言詩)를 남겨 둔다네."라고 했다(조석, 1995, 34쪽).

남명은 조화로운 자연의 섭리를 이야기했다. 그는 정자(亭子, 후일 서원)를 중심으로 사설학교를 설립하여, 다음 세대를 위해 성리학, 양명학 등 수사학(洙泗學)을 가르쳤고, 더불어 시대의 절박성을 풀 수 있는 수사학(修辭學)을 게을리 하지 않았다.

경강정사(敬岡精舍), 니동서당, 김해 산해정(山海亭), 삼가 뇌룡정(雷龍亭), 용암서원(龍巖書院) 그리고 덕천서원(德川書院) 앞에 세심정(洗心亭), 신산서원(新

山書院) 등 거점으로 남명은 수사학(洙泗學)을 가르쳤다.

남명은 우선 개인성의 탐구에 관심을 갖는다. 후일 독립선언에서 언급한 자유와 독립의 정신이다. 조식은 깨우치는 자득위기지학(自得爲己之學)과 그 실천(實踐) 궁행(躬行)의 의지를 가졌다(김충열, 2008, 67쪽).

남명의 '배움과 실용(學以致用)', 즉 실무 교육으로 길러진 인재들은 마침내 16세기 중엽에서 17세기 초엽에 이르는 조선조 난세에 정치, 학술, 군사 면에서 위기를 극복하는데 결정적인 활약을 하였다(김충열, 2008, 67쪽). 그들은 오건(吳健), 김효원(金孝元), 김동강(金東岡), 정구(鄭逑), 정탁(鄭琢) 등 명관, 또한 정인홍(鄭仁弘), 곽재우(郭再祐), 이대기(李大期), 김면(金沔), 조종도(趙宗道) 등 의병장, 그리고 최영경(崔永慶)과 같은 고세중명지사(高世重名之士)로 손꼽을 수 있다. 그의 수사학 교육은 후학을 가르쳐, 그들이 관리를 배출하거나, 당시 사회의 의견지도자(opinion leaders)가 되어 혼란의 사회를 질서의 사회로 이끌었다. 남명은 인재를 교육시켜 신분(status)을 부여하고, 그들이 국가 정책을 담당하게 했다. 그러나 현재 매스 미디어의 영향으로, 속보성이 무기가 되고, 사회정책과 교육정책 등은 조령모개(朝令暮改)를 시도한다. 그때의 수사학의 실천, 혹은 설득술은 각론으로 가면 다를 수 있으나, 원론적으로 왕조를 건전하게 발전시키는 행위에서 다를 이유가 없었다.

남명의 생각을 상소의 논리에 맞춰 풀이한다면 자연에서 오는 가장 강력한 인상(impression)을 충격으로 수용한다. 개인은 시·공간에 따라 인지가 다르게 나타날 수 있다. 같은 강렬한 인상도 사람마다 다를 수 있다. 각각은 다른 언어의 구조를 갖고, 다른 언어를 선택하게 된다. 이런 논리라면 경험론자에게 절대적 진리가 불가능하다. 설령 그렇더라도 어떤 어려움이 닥칠 때 '신명(神明)의 마음'으로 평상심을 갖는 것이 더욱 중요하다. 결국 '신명의 마음'은 모든 사람이 같은 이성의 힘을 가짐으로써 상대적 진리를 극복하게 된다.

이성은 비개인적인 것으로, 서로 다른 지적인 존재자 안에서도, 언제나 동일성을 갖는다(Bertrand Russel, 1945/1973, 576쪽). 설령 그렇다고 하더라도 육체를 가진 인간은 욕심과 탐욕이 있게 마련이다. 그 논리에 따라 설득의 수단도 어떤 학문의 틀 하나로 고정시킬 수 없고, 사람에 따라 전혀 다를 수 있다. 어느 사람의 의견이 가장 정확하고, 유용하고, 가치 있는 판단일지 알 수가 없다. 반드시 공개할 필요가 있고, 신명의 마음을 찾는 노력으로 공론이 필요하게 된다.

같은 논리로 자연은 그대로 삶이 있고, 인간도 인간의 삶이 있다. 그 모습은 "한 송이의 꽃을 봐도 그 꽃과 존재를 나누는 한 몸이 되고 싶고, 한 마리의 산새를 봐도 그 새와 함께 교감하고 싶은 그[사람]의 욕망은 소유론적 탐욕을 넘어서는 고결한 존재론적 욕망의 희망이다."라고 했다(김형효, 2007, 53쪽).

안빈낙도로 벗 삼았던 남명은 시인이 되어, 시를 남겨놓는다. 자연의 세계가 조화롭듯이 인간의 세계도 질서하에서 조화롭다. 남명에게는 敬과 義가 조화롭게 펼쳐진다. 남명은 외부로부터 오는 적(敵)으로부터 피해를 줄이고 제도 안에서 자연과 더불어 행복을 누릴 수 있는 방법을 모색했다.

남명은 시·공간 안에서 상황적 판단을 중심으로 시를 쓰고, 산문을 작성하고, 묘갈문(墓碣文)을 작성해갔다. 무의적 사고는 이성이 작동하게 하고, 자연법사상을 지배케 한다. 그에게는 이론과 도덕적 실천이 항상 함께 했다. 출입처에 닫힌 상황에서 취재활동을 하는 현대 한국의 언론인들과 전혀 다른 인물이었다.

남명에 대한 평가가 나온다. "진주(晉州)에 사는 조식은 성품이 방정(方正)·염결(廉潔)한 사람으로 형제와 같이 살면서 자기의 재물을 사유하지 않았다. 부모상 삼년 동안 몸에서 최질을 벗지 않았고 집안이 매우 궁색했어도 영달을 구하지 않았다."라고 했다(『명종실록』 13권, 명종 7년 7월 11일)

명종(明宗, 재위 1545~1567)은 남명에게 참봉(종 9품), 전생서 주부(종 6품), 사도시 주부, 예빈부 주부, 단성현감, 그리고 선조 때 옥쇄를 담당하는 상서원 판관(정5품)으로 직책을 내렸다. 그는 어느 직책도 수락하지 않았다. 그의 평가는 계속되었다. 조식은 "천성이 강개(慷慨)하고 정직하여 세상 따라 부앙(俯仰)하려 하지 않았고, 몸을 깨끗하게 가져 속된 사람과 말할 때는 자신을 더럽힐까 두려워하여 뒤도 돌아보지 않고 떠날 뜻이 있었으며 국가에서 누차 초빙하였으나 응하지 아니하였다. 제원(悌元)은 사람됨이 세상 밖에 방랑하여 인간 세상을 하찮게."라고 했다(『명종실록』 14권, 명종 10년 10월 11일).

남명은 레토릭 상황을 타개할 수 있는 적격자였다. 그 논리는 인간 상호관계에서 예외가 아니다. 남명은 혼돈은 질서로, 질서는 행복으로 갈 수 있는 설득적 방법을 모색한다. 이런 부류의 유림을 객관적으로 평할 때 "각자는 돈 버는 일, 물건 만드는 일, 노래 부르는 일, 공부하는 일, 힘쓰는 일 등 자기의 할 일을 찾는다. 그 일을 찾아서 일에 무심으로 매진하되, 결코 남들을 속이고 괴롭히는 대가로 이익을 챙기려고 하지 않는다."라고 했다(김형효, 2007, 53쪽).

자연스러운 삶이 개인으로 돌아와서 생각하게 된다. 일반적으로 마음은 두 가지 기호가 있는데, "①'본능'이 하고 싶어 하는 기호요, ②다른 하나는 '본성'이 하고 싶어 하는 기호이다. 주자학은 본능이 하고 싶어 하는 기호를 이기적 경향에 거스르고, 反본능적인 도덕심의 의지로 마음의 기질을 새로 바꾸려는 당위적인 수양법이다. 한편 양명학(陽明學)은 본능의 경향을 제어하는 대신, 오히려 마음에 본디 있는 본성의 자연스런 경향이 나타나도록 한다."라고 했다(김형효, 2007, 74쪽).

남명은 오히려 양명학의 본성을 양성시키는 방법에 관심을 갖는다. 본능을 강제적으로 제어하는 대신, 본성을 찾아내어 더욱 발전시키는 것을 택한다. 체(體)로 용(用)을 엎어버리는 것보다, 용의 변화무쌍함은 敬을 통해 순치시킨다. 이성과 직감이 동시에 작동하도록 한다. 양명학의 방법으로 질서를 형성시킨다.

질서를 현성시키기 위한 방법으로 조선시대는 제도권 언론을 두었다. 더욱이 조선중기 정치는 공론의 정치여서, 사림에 의한 제도권 정치가 활성화된 시기이다. 그 주도적 역할을 한 사람이 남명 조식과 내암 정인홍이었다. 당시 정인홍은 "정치권력의 원인이 민중으로부터 출발하고 있음을 주장하고 했다. 『서경』의 '민중이 오직 나라의 근본'이라는 말과 『주역』 「익괘(益卦)」의 임금을 비롯한 상층계급은 박(薄)하게 하고 하층계급인 민중을 후(厚)하게 해야 한다."라고 했다(권인호, 1995, 154쪽).

내암 정인홍은 39세 때인 선조6년 6월 5일 조목(趙穆), 이지함(李之菡), 최영경(崔永慶), 김천일(金千鎰) 등과 6품직에 관리를 시작했다. 4년 후 사헌부 지평(정 5품) 관리가 되었다. 그 후 선조 13년 장령(정 4품으로)으로 승진했다. 당시 대사헌(종 2품) 정탁(鄭琢, 1526~1605), 대사간(정 3품) 이이(李珥, 1536~1584)였다. 율곡은 정인홍보다 1살이 어렸다. 물론 당시 제도권 언론은 사헌부(司憲府), 사간원(司諫院), 승문원(承文院) 등 제도권 언론 3사의 언관(言官)이 존재했다. 그들은 경연(經筵), 서연(書筵) 등을 합사(合司)하여 제도권 언론의 공론장을 만들었다.

정인홍의 성품이 소개되었다. '기축옥사(己丑獄事)' 연루자에 관해 전 공조참판 정인홍이 상소하다 하였는데 의금부에 계하하였다. 실록은 사신을 논했다. 그 내용은 "정인홍은 타고난 천성이 효성스러웠고 몸가짐이 강직하고 방정하였다. 젊어서부터 남명 선생에게 배웠는데 남명의 큰 그릇으로 여겨 말하기를 '덕원(德遠)이 있으니 나는 죽지 않을 것이다' 하였고 인홍 역시 존신(尊信)하였다. 독실하게 학문에 전념하여."라고 했다(『선조실록』 211권, 선조 40년 5월 15일).

왕이 평한 내암의 성격이 부각되었다. 부호군(副護軍, 종 4품) 내암이 차자로 상소하는 형태가 소개되었다. 선조는 "차자를 읽고 경의 뜻을 잘 알았다. 경의 고상한 품성과 곧은 기개는 세상이 우러러 보는 바이다. 부름을 받고 올라와 조정에 나선지 한 달이 채 못 되어 수백 마디의 말을 차자를 통해 올렸는데, 바른 말이 한 번 나오자 늠름한 정기(正氣)가 감돌아 어두워

졌던 사람의 마음을 밝혀 주고, 병들었던 사람의 마음을 고쳐 주었으며."라고 했다(『선조실록』 150권, 선조 35년 5월 13일).

내암의 상소와 차자는 묘당(廟堂)을 가마솥으로 만들 곤했다. 선조 40년 광해군에게 전위문제를 두고, 논란이 있을 때 영의정 유영경(柳永慶, 1550~1608)이 의인왕후(懿仁王后, 1555~1600)와 흉계를 꾸민 사건이다. 내암은 「유영경을 목 벨 것을 청하는 봉사」에서 대간이 참여하지 않는 정국운영은 사당(私黨)으로 간주함으로써, 공론의 역할이 중요함을 언급했다(「請斬柳永慶封事」, 1608, 선조 41년 1월 8일; 정인홍, 2014, 226쪽).

동 봉사는 "지난 10월 13일에 성상께서 전위(傳位)하거나 섭정하라는 전교를 내리자, 영의정 유영경이 마음속으로 원임 대신을 꺼려 모두 물리치고 원임 대신들로 하여금 참여하여 보지 못하게 하였으며, 대간으로 하여금 듣지 못하게 하고, 승정원과 사관(史館)으로 하여금 성지(聖旨)를 감추어 오랫동안 전출(傳出)하지 못하게 하였다고 합니다. 유영경은 무슨 음모와 흉계가 있어서 남들이 알지 못하게 하려는 것이 이러한 지경에 이르렀습니까. 임금께서 유고가 있으면 세자가 국가를 감독하고 일을 대리하는 것은 고금의 공통된 법인데도 영경이 '여러 사람의 심정 밖'이라고 말한 것은 무엇을 하려고 하는 것인지 신은 알 수가 없습니다. 대간이 들을 수 없다면 국정이 아니고 사적인 일입니다. 승정원과 사관이 함께 사사로이 비밀로 하였다면 이는 사당(私黨)이 있는 것만 알고 왕사(王事)가 있는 줄은 알지 못한 것입니다."라고 했다(「請斬柳永慶封事」, 1608, 선조 41년 1월 8일; 정인홍, 2014, 225~227쪽).

그 상소를 할 당시 어느 누구도 나서지 않는 분위기가 소개되었다. 유영경은 "제후의 세자는 반드시 천자의 명을 받은 뒤에 비로소 세자라고 할 수 있다. 지금 세자는 책명을 받지 못했으니 이는 천자도 허락하지 않은 것이고 천하도 알지 못한다."라는 입장이었다(『선조실록』 220권, 선조 41년 1월 22일).

그 분위기는 계속되었는데, "진사 이정원(李挺元, 1567~1623) 등이 유영경을 공격하는 상소를 올리다. 모두가 분노한지 오래되었습니다. 다행히도 전

참판 정인홍이 의리로 목숨을 걸고 멀리서 정론을 올렸으니 온 나라가 서로 경하하며 현륙(顯戮)을 기다렸는데, 이미 여러 날이 지나도록 아직까지 성지(聖旨)가 없으니 여러 사람들이 울분이 하늘에 닿을 정도가 되었습니다. 우리나라 2백 년 종사가 끝내 이 역신의 손에 무너져야 합니까."라고 했다(『선조시록』 220권, 선조 41년 1월 21일).

당시 내암에 대한 여론은 좋은 것만은 아니었다. 분위기는 "의금부 도사 양홍주(梁弘澍, 1550~1610)가 상소하여 정인홍의 입조(立朝)·거향(居鄕)·재가(在家)에 있어서 범한 간특한 행동 12조목을 나열하였는데, 밖으로 선한 체하지만 안으로는 남을 해치려 하여 오로지 교사(巧詐)를 힘썼습니다. 남의 사적인 일을 들추어내는 것을."라고 했다(『선조수정실록』 37권, 36년 5월 1일).

또 다른 시각에서 정인홍이 아닌, 조정분위기는 공론을 보장하지 못했다. 즉, 사적 의견도 공론에서 바른 정당성을 확보하지 못했을 때 오히려 그 분위기는 패거리 탄핵의 도화선이 될 수 있었다. 그 내용은 "사헌부 사간원 양사가 박순(朴淳, 1523~1589)을 파직시키기를 합계했으나 윤허하지 않다기에 지금 굳이 다시 말씀드리지는 않겠습니다. 그런데 정인홍이 장령으로 있으면서 심의겸(沈義謙, 1535~1587)을 탄핵하려 할 때에 이이(李珥)가 사헌부의 장관으로 있으면서 몰래 구제하려 했습니다. 그러나 뜻을 이루지 못한 채 공론에 쫓겨 억지로 따르기는 했으니, 사류를 배척하고 모함하려는 계획은 이때부터 더욱 굳어졌습니다."라고 했다(『선조수정실록』 17권, 선조 16년 7월 1일).

한편 영의정 유영경 상소를 주도한 혐의로 정인홍·이경전(李慶全, 1567~1644)·이이첨(李爾瞻, 1560~1623) 등이 귀양을 가거나 옥에 감금되게 된다. 그 뒷일들이 공론에서 처리되었다. 그 후 정인홍은 귀양길에 올랐다가, 선조가 갑자기 서거하였고, 광해군이 집권하면서 풀려나게 되었다. 후속 조치가 공론에서 나왔다. 그 내용은 "유영경의 삭출과 정인홍의 석방에 관해 옥당에서 차자를 올렸으나 듣지 않아 옥당이 차지를 올려 유영경을 삭출시키고 정인홍 등을 석방시킬 것을 청하고 또 홍식(洪湜) 이하 여러 사람들의 죄를 논하니 답하기를, '차자의 내용을 살펴보았다. 유영경이 죄가 있기는 하지만 이에 선왕 때의 구신(舊臣)이고 이미 파직시켰으니 공론이 시행되지 않았다'고 할 수 있다."라고 했다(『광해군일기(중초본)』 1권 광해 즉위년 2월 19일).

 조선시대 공론정치는 중요한 덕목으로 간주된 것이다. 남명과 내암은 공론정치의 그 중심에 있었는데 남명은 봉사, 상소, 차자, 계 등으로 청론(淸論), 청음(淸音)을 편 대표적 유학자였다. 이들의 상소 행위로 퇴계는 남명을 '고항지사(高抗之士)'라고 했다.

 이 메시지는 '중도로 요구할 수 없다(難要以中道)'라는 말이다. 남명은 말과 글로써 서인(西人) 인사들에게 대항했다. 남명과 더불어 당시 사림(士林)은 주체적 개인성이 강한 산림이거나, 사대부들이다. '경'의 훈련을 통한 개인의 특수성은 '의(義, 의로움)'의 보편성으로 사물과 사건, 사람 등을 엮었다.

 내암은 광해군(光海君, 재위 1608~1623)을 세자뿐만 아니라 왕으로 옹립해줬으나 상소, 차자로 전했다. 그는 대사헌(大司憲), 우의정, 좌의정, 영의정으로 임명되어 그 와중에 녹봉까지 받았으나, 대부분 거절했다. 더욱이 공론정치를 위해 선조와 광해군이 도합 3번이나, 대사헌을 임명했으나, 내암은 끝까지 관직을 제수받기를 거부했다.

 여러 가지 이유가 있었다. 영남에 사림들은 중앙에 진출했으나, 참수로 돌아오는 사림이 허다했다. 여전히 조정은 사당, 도당정치를 한 것이다. 내암의 마지막 차자에서 인조 때 폐모사건을 조사하는 과정이 나온다.

 그 자세한 내용을 살펴보면 내암은 "영남은 조정과 멀리 떨어져 있어서, 신은 일찍이 폐모의 논의가 처음 어떤 사람에게서 비롯되었는지도 몰랐습니다. 나아가 신은 천 리 먼 곳에서 외로이 지내는 탓에 조정에 선 것도 며칠이 되지 않기 때문에 애초에 국정의 논의에 참여한 적도 없습니다. 흉악한 역적의 화를 조성했다는 말은, 만에 하나도 이치에 맞지 않습니다."라고 했다. 더욱이 폐모의 논의가 막 펼쳐졌을 때는 절대로 불가하다는 뜻을 이미 이이첨(李爾瞻, 1560~1623)에게 통시(通示)하였습니다."라고 했다(「공사(供辭)」,

1623, 인조 1, 정인홍, 2014②, 114~115쪽).

내암은 그 이유로 "제가 일찍이 옛날 역사를 읽다가 한(漢)나라 황후 양씨가 폐위된 사건을 보았는데, 옛사람들은 이미 정론(正論)을 가지고 있었습니다. 자식이 어머니를 폐하는 이치는 없다는 말이었으니, 고로 일찍이 백이숙제의 명분을 인용하여 군신과 모자의 명분과 의리는 하늘로부터 나와서 바꿀 수 없다는 말로써 도당의 질문에 답했습니다."라고 했다(「공사(供辭)」, 1623, 인조 1; 정인홍, 2014②, 114쪽).

중앙정부는 서로 반목, 질시 그리고 풍문탄핵(風聞彈劾)을 일삼았다. 내암과 그 제자들은 조선 중기의 사당(私黨), 도당(徒黨) 정치를 개혁하려고 했으나, 결국 개혁의 대상이 되어 내암이 참수를 당했다. 경상우도 사림의 공론 정치가 명종 때 시작하여 광해군에서 끊어지게 된 것이다.

그 이유는 내암의 차자(箚子)에서 알 수 있다. 내암은 "영남이 진실로 선비들이 기북(冀北; 冀州의 북쪽, 즉 준마(駿馬)의 산지)입니다. 글 짓는 선비와 벼슬하는 사람이 대대로 끊이지 않지만, 도덕에 뜻을 두고 유용한 것을 배우고 힘쓰는 자는 전혀 없거나 겨우 몇 사람 있을 정도 입니다. 무엇 때문이겠습니까. 대개 명예를 다투고 이익을 좇는 습속이 이를 해쳤기 때문입니다."라고 했다(「辭同知箚; 동지중추부사를 사직하는 차자」, 1602, 선조 35년 5월 12일; 정인홍, 2014, 176쪽). 공론 정치가 오히려 화근이 된 이유를 설명했다. 이성에 근거하지 않는 토론이 실행되면 오히려 화를 불러온다.

이에 비해 남명과 내암은 현실 정치에 적극적이었다. 설령 그렇다고 하더라도 남명과 내홍의 단점도 있었다. 서구에서는 敬(경건함)의 형식(틀)은 '엄밀', '정확', '형식화' 등 과학적 개념을 필요로 한다. 이들의 정밀한 개념이 없이는 당위의 논리, 즉 義(의로움)가 사변적으로 흐를 수 있었다. 남명에게 경험론, 실증주의, 객관주의 과학적 정신 등 제도화에 필요한 요소가 부족한 측면도 동시에 존재했다.

그만큼 조선시대는 주자학의 이념과 그 문화가 발달되어, 서구의 개인주의와 다른, 공동체 우선주의를 유지했다. 그러나 예(禮)를 통한 윤리 도덕을 강조함으로 퍽 이성적 측면도 존재했다.

더욱이 선조(宣祖, 재위, 1567~1608)[5] 전후 상황은 풍전등화 같은 '시대적 절박성', '레토릭 상황'의 변화가 일어났다. 그러나 사림의 공론을 수용할 수 있는 제도적 체제가 완비되어 있지 않았다. 즉, 더 이상 성리학의 이론으로 당면한 경세론(정책론)의 문제를 풀 수 없었다. 그 만큼 시간·공간 안에서 시대 절박성의 상황논리가 강하게 작동한 것이다.

왕조는 효율성이 있는 합리적 운영을 바랐다. 당시 정인홍은 "'위민', '애민', '보민' '휼인' 등을 많이 쓰고, 그는 심지어, '국가의 일이란 일개 한 가문의 사사로운 것이 아니다.'"[6]라고 했다(國事非曰家之私)(권인호, 1995, 156쪽). 그는 레토릭의 상황을 직시하고, 조정의 경세론(經世論) 적용을 강변했다.

한편 조정에서의 경세(經世)의 문제는 선조가 들어서면 호기를 맞이했다 (이수건, 2002, 119쪽). 그러나 왕 주변에는 기득권 관리가 있었고, 장마(仗馬) 가 의장마(儀仗馬)로 존재한다. 간관마저 그들의 침묵하거나, 패거리가 된다면 공론은 허상이 되게 마련이다. 물론 공론의 장이 형성되어야 사적(私的) 의견이 공론화가 될 수 있었다. 정교한 공론장이 필요한 시점이었다.

'고아'의 존재로 성장한 명종이 그 신분적 위계질서를 떨칠 수 없었다. 명종시대는 여전히 공동체의 신분사회, 즉 패거리 사회(status society)였다.

---

[5] 선조는 명종이 사망한 이후 16세의 나이로 왕위를 계승하였으나 첫해에는 명종의 비인 문정왕후가 수렴청정을 하였고 이듬해부터 친정을 시작하였다. 「무진봉사(戊辰封事)」는 바로 선조가 친정을 맞게 된 해에 남명이 올린 비밀 상소에 해당한다. 그는 갓 즉위한 군왕에게 변혁을 촉구하며 그 방향을 제시하는 내용을 상소문에 담았다(이수정, 2016, 55쪽).

[6] 임진왜란이 터지자 선조는 의주로 몽진(蒙塵)하면서 전란의 수습이나 왕권의 행사를 세자인 광해군에게 일임하였다(권인호, 1995, 200쪽). 광해군은 후궁 소생 공빈(恭嬪) 김씨(金氏) 소생으로 인물이 출중하여, '분조(分朝)'로 전란을 '성공적(매복과 기습작전, 죽음을 각오한 선비정신)'으로 이끌었다. 그러나 광해군은 친아들처럼 키운 의인왕후(懿仁王后) 박씨(朴氏)가 죽고 후치(後娶)인 인목계비(仁穆繼妃) 김씨(金氏)가 영창대군(永昌大君)을 얻어 왕세자를 삼으려고 했다. 이때 낙향해 있던 정인홍은 '일단 세자로 세워졌고 능력을 인정받았던 광해군을 폐할 수 없다'고 상소했다(201쪽). 당시 명나라는 광해군의 형인 장자 임해군(臨海君)의 책봉을 고집했다. 내암은 현실 대결의 상소로 레토릭 상황을 반전코자 했다.

처사(處士)인 남명이 그 사회에 대한 도전장을 낸 것이다.

왕조실록은 그 상황을 묘사하고 있는데 남명은 왕께 무례한 말로 충격파를 던졌다. 동 실록은 "전하께서 하늘의 경고를 자신의 잘못으로 자책하고, 상심해 하는 전교를 내리기까지 하면서 기탄없는 직언을 듣기를 바라시니, 온 나라의 신민치고 누군들 감격하지 않겠습니까. 그런데도 몇 달이 지나도록 충직한 선비가 천둥 같은 임금의 위엄을 범하고 극형을 당할 위험을 잊고서, 임금의 잘못된 거동을 바로 지적하고 조정의 잘못된 정사를 모두 진술했다는 것을 듣지 못하였습니다. 이것이 어찌 벼슬아치들은 모두 아첨하는 무리들이고, 초야에 있는 사람 중에도 수양이 깊은 무리가 하나도 없어서 그러한 것이겠습니까. 지난날에는 시골에 있는 신하가 꺼리는 말을 잘못 범하자, 너그럽게 용납하지 못하고 엄한 말로 꾸짖었으며, [조식(曺植)의 상소를 가리킨다.] 이목(耳目)의 관원이 탄핵하는 바른 글을 올려도 채택하지는 않고 싫어하는 뜻을 보이었습니다. 사람마다 '장마(仗馬)'7)의 경계를 품고 있고 금인(金人)처럼 침묵하는 것이 습관이 되어, 옳다고만 하는 말이 날마다 곁으로 나아오고 올바르게 간쟁하는 말은 날마다 천리로 멀어집니다."라고 했다(『명종실록』 29권, 명종 18년 12월 26일).

5) 서리망국론의 시장사회

명종은 시대의 절박성을 공론으로 활성화시키려 했으나, 실패하고 말았다. 한편 선조는 시대의 절박성, 즉 레토릭 상황(rhetorical situation)을 타파 하

---

7) 장마(仗馬)의 경계를 품고 있고 금인(金人)처럼 침묵: 장마는 임금의 의장마(儀仗馬)로서 화(禍)를 두려워하여 직간(直諫)하지 못하는 신하를 이르는 말, 당(唐)나라의 이임보(李林甫)가 간관의 말을 막기 위하여 '입장마(立仗馬)'를 등장시키는데, 이 말은 '온종일 아무 소리 없이 지내면서 삼품(三品)의 꼴과 콩을 배불리 먹지만, 한 번만 울면 쫓겨난다.'고 한 말에서 이르는 말임. 『당서(唐書)』권 223 「李林甫傳」, 주(周)나라 후직(后稷)의 사당 앞에 금으로 만들어 세운 인형(金人)이 있었는데 입을 세 군데나 꿰매었다(『명종실록』 29권, 명종 18년 12월 26일).

려고 했다. 당시 내암은 선조와 광해군의 정치를 "민중과 나라 그리고 임금이 하나이고 별개의 것이 아님을 역설하고 있는데 이는 정권이 왕 개인의 소유물이 아니라는 것으로, 그가 유교의 민본사상에 바탕을 둔 국가와 정치의 공공성을 주장했음을 알 수 있다. 특히 현왕(現王)인 선조나 광해군(光海君, 1575~1641)과 직접 대면하여 정치를 논함에 있어서도 '군민일체(君民一體)와 민중의 호오(好惡)와 우환(憂患)을 자신의 것으로 생각하여 민심을 바탕으로 보민(保民)의 심정으로 민중을 위한 정치(爲民政治)를 다해야 한다.'고 하였다."라고 했다(권인호, 2002, 277쪽).

선조 원년은 포퓰리즘, 공론정치로 시작되었다. 그는 초기 의욕에 넘쳐 있었으나, "장기간의 척족 정치로 인해 공권력이 극도로 위축되어 있는데다가 수취(收取) 체제는 해이해 있었고 포세(逋稅)·포역(逋役)의 만연과 방납(防納)의 폐단 등으로 인해 재정 수입과 병역 지원은 극도로 감소되어 갔다. 게다가 민생은 도탄에 빠져있고 농촌 경제는 거의 파탄 지경에 처해 있었다."라고 했다(이수건, 2002, 119쪽). 또한 남명은 선조왕의 구언(求言) 형태로 이뤄진「무진봉사(戊辰封事)」(1568년, 선조 1년)에서 심각하게 언급한 내용은 '서리(胥吏) 망국론'이다. 즉, "국가의 징세 조역과 공물 진상을 위시하여 중앙과 지방 관청의 서정(庶政)이 온통 서리의 장중(掌中)에 있으니, 간교하기 짝이 없는 망탁(工莽과 董卓)의 경우에도 이런 일은 없으며, 비록 망국지세(亡國之世)라도 또한 이런 일은 없다."라고 했다(『宣祖實錄』卷 2, 선조 원년 5월 乙亥條; 이수건, 2002, 120쪽).

서리(胥吏)는 기술과 경제 운용을 맡은 하급관리들이다. 신분의 명예(status honor)를 비교적 갖지 못한 사람들이다. 당시 신분의 명예를 가지려면 그들은 성리학의 질 높은 수준의 형이상학을 이해할 수 있어야 한다. 물론 여기서 형이상학은 "현상 세계의 너머에 있는 것(본체)을 다루기 때문에, 형이상학의 개념들은 백성들의 감각과 경험을 넘어선다. 즉 초 감성적이고 추상적인 것이다. 따라서 일반인들에게는 매우 낯설고 어렵고 까다로운 것이다."라고 했다(손영식, 1999, 153쪽). 서리는 그런 것을 풀이할 입장은 아니었지만, 백성들과 가까이 함으로써 그 문화를 선전할 수 있는 입장이었다.

서리들은 공동체의 신분사회와 개인주의 시장사회의 중간에 위치하고 있었다. 율곡은 「만언봉사(萬言封事)」에서 서리가 맡은 바 직책에 충실하지 않는다고 봤다. 동 상소는 "조식은 '우리나라가 서리 때문에 망할 것이다.' 하였습니다. 이 말이 비록 지나치기는 하나 또한 일리가 있으니, 이는 뭇 신하들이 일에 책임을 지지 않는 잘못으로 말미암은 것입니다. 관원이 제각기 맡은 바 직책을 다한다면 어찌 서리 때문에 나라가 망할 일이 있겠습니까."라고 했다(이이, 1574, 8쪽).

필자는 남명의 말에 더욱 신뢰를 둔다. 서구에는 일찍 길드를 조직하여, 자영업자로 변신했다. 그들은 서리가 맡고 있는 직업을 독립적으로 시장에 맡겼으나, 조선은 여전히 신분사회로 서리 등 하급관리가 맡고 있었다. 관리는 앞으로 올 시장사회를 위해 길을 터줘야 할 입장에 있었다. 개인의 경험이 중요한 요소로 부각되고, 사적 개인의 목소리가 사회 내 힘을 받게 되고, 그에 따른 사회정책이 필요한 시점이었다. 율곡은 서리의 중요성을 이해는 했으나, 그 실마리를 찾는 데는 적극적이지 못했다.

아이디어의 공개 시장이 형성되고, 사회분화가 이뤄진다. 사유재산이 중요한 삶의 도구로 간주되기 시작한다. 시장(계급)사회가 눈앞에 다가온 것이다. 여기서 계급은 "①일군의 사람들이 공통적으로 특수한 삶의 기회(life chances)를 가졌고, ②이러한 요소가 독점적으로 재화와 소득의 기회를 지닌 경제적 이해를 대변하고, ③재화나 노동시장의 상황을 대변한다."라고 했다(H.H. Gerth and C. Wright Mills, 1941, p.181). 명종, 선조 시대의 상황은 라이프 스타일의 신분의 상황(status situation)으로부터 계급의 것(class situation), 즉 시장상황(market situation)으로 변모하고 있었다. 서리(胥吏)는 여전히 신분의 상황을 대변하고 있었다. 그들은 중인이었으나, 상인과 직접 관계를 맺고 있었다. 임진왜란 이후 상인들이 양반을 신분상승을 원할 때, 신분세탁을 도와

주는 역할까지 했다.

　물론 서리는 신분사회의 속성을 갖고 있었고, 하는 일은 계급적 속성을 갖고 있었다. 명종은 계급 사회를 조장하려고 했지만, 여전히 그 주변은 신분사회에 안주하였고, 강압적으로 유지하려고 했다.

　남명은 재화의 이동 상황의 부패를 언급했다. 교환경제가 제대로 되지 못한 것을 탓하게 되었다. 남명은 '공물 폐해론'을 언급한 것이다. 공물(貢物, 土産物)은 민중이 지방의 토산물 및 수공품을 공급한다. 당시 '조선 중기 이후로 이 공물 상납이 민중에게 가장 큰 폐해로 나타났다.'라고 했다(권인호, 1995, 178~179쪽).

　조식이 상소한 내용이 14년 후 정인홍이 방납(防納)의 피해를 다시 언급했다. 백성이 직접 특산물을 바치는 조치이다. 사적 개인이 유통행위에 직접 참여케 한다. 내암은 패거리 사회의 문제점을 지적하고 있었다. 그 내용은 "(장령) 정인홍이 방납의 폐를 민생의 곤궁의 원인이라고 언급했다. 정인홍이 아뢰기를, '민생이 곤궁한 것은 공상할 물건은 얼마 되지도 않는데, 방납(防納)으로 모리하는 무리에게 들어가는 양이 거의 3분의 2가 넘고, 게다가 수령이 욕심을 부리고 아전이 애를 먹여서 그 형세가 마치 삼분오열(三分五裂)로 활거(割據)하듯 하니 민생이 어찌 곤궁하지 않겠습니까.' 방납 공물을 바칠 의무를 전 백성이 직접 바치는."이라고 했다(『선조실록』 15권, 선조 14년 1월 26일).

　남명과 내암은 하급관리, 중인, 아전 모리배. 서리(胥吏)들의 피해에 대해 정곡을 찔렀다. 『실록』은 "조식이 일찍이 '우리나라는 서리 때문에 망한다.'고 한 것은 참으로 명확한 의논입니다. 이는 '서리가 간교하고 부정해서 그런 것이 아니라 관원이 모든 공사를 그들의 손에 맡기기 때문입니다. 정원으로 말하면 출납하는 공사도 직접 하지 않고 있습니다.'하였다."라고 했다(『선조실록』 60권, 선조 28년 2월 8일).

　관리들은 신분사회여서 그들이 갖고 있는 권한을 하청으로 주고 있었다.

그게 아니라, 시장 사회는 물품의 교환은 직접 민간인들이 참여하게 되면, 그들의 인식의 폭도 넓어지고, 전문성을 갖게 되고, 동기(動機)도 생기게 마련이고, 공론도 활성화가 되게 마련이다. 사적 개인의 의견이나, 물건이 시장에 거래되고, 공론에서 이런 내용이 직접 논의가 필요하다. 서리망국론의 경우 명나라와 서구로부터 오는 산업화를 중인들이 차단하고 있었다. 즉, 1455년 구텐베르크의 인쇄술이 발명으로, 인쇄조보가 등장했으나, 왕, 양반과 중인들은 이를 수용하지 않았다.

선조는 민심을 수습하고, 공론을 활성화하려는 노력을 계속했다. 자세하게 그 기원을 살펴보자. 선조는 조식과 성운(成運, 1497~1579)을 부르도록 전교했다. 그 전교는 "임금과 신하 사이는 실로 부자간과 같으니 입대할 때에 너무 부복(俯伏)하지 않는 것이 좋겠다. 비록 수렴(垂簾)하는 때라도 발(簾) 안에서 발 밖의 사람을 내다보지 않으니 별로 부복하지 않아도 된다. 어진이를 높이고 간언(諫言)을 받아들이는 것은 제왕의 미덕이니 다시 조식을 부르고 아울러 성운도 부르랴"라고 했다.(『선조실록』 2권, 선조 1년 1월 27일).

남명은 전교에 답을 한다. 그는 "'진주에 사는 조식이 성학의 기본에 대해 상소하다'에서 경상도 진주의 거민 조식은 황공한 마음으로 머리를 조아리며 주상 전하께 상소합니다. 삼가 생각건대, 소신은 쇠병(衰病)이 점점 더하여 음식 맛을 잃고 병석을 떠나자 못하니, 소명(召命)이 거듭 내려오는데도 형편 때문에 응하지 못하고, 임금을 향하는 마음은 간절하나 갈 길만 바라볼 뿐 나아가기가 어렵습니다."라고 했다(『선조실록』 2권, 선조 1년 5월 26일). 선조 원년 구언의 형식으로 한 「무진봉사(戊辰奉事)」가 그 내용이다. 동 상소는 "예로부터 권신으로서 나라를 마음대로 했던 일이 있기도 하였고, 척리(戚里, 친인척 정치)로서 나라를 마음대로 했던 일이 있기도 하였으며, 부인과 환관으로서 나라를 마음대로 했던 일이 있게도 하였습니다. 그러나 지금처럼 서리(胥吏)가 나라 일을 마음대로 했던 일이 있었다는 것은 듣지 못했습니다."라고 했다(「戊辰奉事」, 1568(선조 1년); 조식, 1995, 251쪽).

선조는 포퓰리즘을 수용하여 하급관리의 숫자를 늘렸던 것이 화근이 되었다. 서구는 제3계급이 길드를 조직하여, 수공업을 활성화시키도록 국가가 용인해준 것과는 전혀 다른 형태였다. 한편 내암의 상소에서 그 내용이 나온다. "즉 전에 황간(黃澗)에 있을 때 소홀히 하거나 빠뜨리는 일이 참으로 많았으며, 그로 인해 서리(胥吏)들이 침범하고 능멸하기에 이르렀고, 공물을 바치는 일이 불통하여, 엄한 견책을 공손하게 기다리면서 스스로 용납하는 바가 없었는데 결국 성상께서 포용하시고 벌을 주지 않으시니, 이미 관대한 은전을 베푸신 것인데 도리어 지나친 은혜를 입고."라고 했다 (「辭永川郡守奉事」, 1578, 선조 11; 정인홍, 2014①, 62쪽).

서리가 결국 나라를 망치고 있었다. 내암은 세상인심이 고약한 상황을 「억부음정(憶孚飮亭; 부음정을 생각하다)」라는 시에서 그 편린을 찾을 수 있다. 그는 "평생토록 믿고 마시며 구름 덮인 산에 누웠는데 재앙의 구물이 이 속까지 미칠 줄 어찌 알았으랴. 슬픔에 임해 애쓴 것은 대의로 말미암은 것. 넘어지고 헛디디며 돌아가 숨은 것은 하늘이 가까워서라네."라고 했다 (정인홍, 2014①, 53쪽).

부패한 세상은 절대 자기 뜻대로 되지 않는 세상이었다. 남명의 관점에서 해석하면 敬이 도달하지 못한 義가 어떤 결과를 잉태하는지 볼 수 있는 대목이다. 후일 자유를 허용하지 않고 경제와 기술을 배격 현상이 어떤 참사를 가져올 것인지 명약관화한 상황이었다.

서리망국론에 대한 설명은 자세하게 기록되었다. 그 현실은 "양반들은 과거에 합격하기 위하여 시부(詩賦)와 경사(經史)에 전념했으니 행정 실무인 '이사(吏事)'를 배울 기회를 갖지 못했으며, 임관 후에는 모든 서무(庶務)를 이속(吏屬)에게 일임한 채 주자학의 관념론에 빠져 있었으니 제반 정치의 악폐와 민생의 고통은 여기에서 비롯했던 것"이다(이수건, 2002, 120쪽). 한편 율곡은 "나라의 일을 하는 원칙으로 시의(時宜)와 실공(實功)을 들고 이들이 제대로 되지 않아 나라가 혼란해졌다고 진단하다"라고 했다(오인환·이규완,

2003.6, 20쪽). 새로운 시대는 새로운 아이디어가 필요한데, 사회는 먹고 사는 문제와 전혀 관계없는 고리타분한 성리학의 아이디어만 남발했다. 율곡은 선조에게 천재지변이 나고 백성이 힘든 원인으로 일곱 가지를 지적했다. 그에 따르면 "나라와 백성이 서로 믿는 실이 없는 것이 첫째, 근심이요, 신하들이 일을 책임지고 하는 실이 없는 것이 둘째, 근심이요, 경연에서 성취하는 실이 없는 것이 셋째, 근심이요, 현재(賢才)를 불러도 수용하는 없는 것이 넷째, 근심이요, 재화(災禍)를 만나도 하늘에 응하는 실이 없는 것이 다섯째, 근심이요, 여러 정책에 백성을 구하는 실이 없는 것이 여섯째, 근심이요, 민심이 선(善)으로 향하려는 실이 없는 것이 일곱째 근심입니다."라고 했다(이이, 1973; 오인환·이규완, 2003. 6, 20쪽).

율곡의 나열식 시대의 절박성에 비해 남명과 내암은 과거의 생각이 아닌, 새로운 아이디어와 행동에 더욱 관심을 가졌다. 내암은 광해군에게 행동으로 옮길 것을 권한다. 그는 "전란 이후 수십 년이 지났지만 인구를 늘리고 재정을 넉넉하게 하는 정책이 있다는 것을 일찍이 듣지 못하였고, 원망하고 저주하는 소리는 차마 들을 수 없습니다. 민심이 흩어지고 나라가 걱정스러운데도 대간(臺諫)은 말할 수 없고, 대신은 걱정하지 않으니 전하께서는 알지도 못 합니다."라고 했다.(「辭右議政箚; 우의정 사직 차자」, 1612, 광해군 4년 10월 11일; 정인홍, 2014①, 440쪽).

또한 내암은 사대부들에게 같은 원리로 원한 풀이를 주문했다. 그는 "깊은 원한을 깨끗이 씻어 인심을 위로하고 만족시키는 것이 곧 왕의 은택이 지하에까지 미치는 것입니다. 기축옥사(己丑獄事) 때 무함을 받아 억울한 누명을 쓴 사람은 전하께서 모두 명확하게 살폈고, 본부(本府)에게 아뢴 것 또한 오래됐으나 윤허하는 명이 아직까지 없으니 사람과 신(神)의 답답함을 아직 풀리지 않았습니다."라고 했다(「辭右議政箚; 우의정 사직 차자」, 1612, 광해군 4년 10월 11일; 정인홍, 2014①, 441쪽).

내암은 정치의 목적을 언급한 것이다. 그는 계속해서 "『서경』「夏書 오자지가(五子之歌)」에서 '백성은 나라의 근본이니, 근본이 굳건해야 나라가 편안하다.'라고 했다. 또한 임금의 정치는 반드시 백성을 보호하는 것을 제일 중요한 일로 여기는 것이 이 때문입니다."라고 했다(「辭右議政箚; 우의정 사직차자」, 1612, 광해군 4년 10월 11일; 정인홍, 2014①, 440쪽).

한편 남명은 시대의 절박성, 충격적 요법으로 풀이하려고 했다. 그는 성리학의 패러다임이 아닌, 구체적 시·공 안에서 일어나는 실천적 학문을 선호하기 시작한 것이다. 남명은 가야 후손들이 갖고 있는 독특한 학문적 성향을 대변했다. 남명의 성향을 일반론에 비춰보자. 즉, "남명의 출현은 역사적 전통과 지리적 특성이 바탕이 된다. 조선 후기 이후 사림파(士林派) 학자들이 형성해 학문적 연원과, 지리산을 중심으로 한 '경상우도(慶尙右道)'라는 지리적 특성 속에서 태어났다."라고 했다(허권수, 2017, 1쪽).

한편 성호(星湖) 이익(李瀷, 1681~1763)은 "'경상좌도(慶尙左道)는 인(仁)을 주로 하고, 경상우도는 의(義)를 주로 한다.'라는 말을 했다. 남명과 퇴계의 학문과 기질이, 지역사람들의 체질·의식구조 및 자연조건과 밀접한 관계가 있다는 것을 밝힌 말이다."라고 했다(허권수, 2017, 12쪽).

새로운 시대는 새 인물을 요구했다. 급진적 개혁파에 속한 남명학파는 장원급제한 사림을 종6품, '출육(出六)'을 학행에 의해 추천하여 중앙정계에 발을 딛게 했다(권인호, 1995, 197쪽). 이들은 남명학파의 인물로 정인홍과 최영경, 김우옹 등이었다.

설령 과거를 하지 않는 사람들에게도 제도권 언론과 탄핵의 직에 두도록 했다(김충열, 2008, 118쪽). 그 기록은 남명이 서세(逝世)를 한 후 「남명선생편년」에서 "이때 임금을 가까이 모시는 신하들 중에는 과거 출신이 아니더라도 학행이 있는 사람이면 언론과 탄핵을 맡은 대직(臺職)에 보임할 수 있게 하자는 건의가 있자, 왕은 이를 대신들에게 명하여 논의케 하였는데, 영의정 이탁(李鐸)이 말하기를, 제왕이 사람을 쓰는 것은 오직 인재를 얻는 것인데, 과거 출신인가 아닌가가 무슨 상관이겠습니까?"라고 했다(김충열, 2008,

118쪽).

신임 대직(臺職)의 개혁파들은 자리를 확보하자, 제도권 언론인들은 현실을 비판하기 시작했다. 당시 상황은 "율곡의 논조에 가까운 선조의 정치적인 태도가 계속 불투명할 뿐 아니라 개혁정치를 하고자 하는 열의가 보이지 않자, 여기에 대한 비판으로서 정인홍은 더욱 강경한 개혁적 사상과 노선을 나타내기 시작했다."라고 했다(권인호, 1995, 198쪽).

물론 남명학의 무기는 도학(道學)이었다. 당시 도학은 일반적으로 성리학을 말한다. 그러나 남명의 도학은 경전의 의리학적 해석에 근거한 객관지(客觀知)를 추구하는 경향이 두드러진 성리학과는 달리 그것을 현실에 적용해 도덕과 명분의 구현에 비중을 두는 주관적 실천지(實踐知)를 지양하는 측면이 강한 것으로 파악되고 있다(설석규, 2009, 262쪽).

남명은 실천지를 가진 도학을 앞세웠다. 그는 그 선봉에서 경상우도(慶尙右道)의 사림을 중앙정부로 몰고 가는 데 성공했고, 정인홍이 그 뒤를 따랐다(신병주, 2007. 11, 35쪽). 당시 언론을 평하면서 서애(西厓)의 언론은 '투박'하고, 내암의 것은 '사납다(無賴之道)'라는 표현이 알맞은 평가였다.

남명의 학문은 도학·원시유학·양명학·성리학 등 '이론적 혼재'[8]가 되어

---

[8] 이론적 혼재의 남명학은 「신명사명(神明舍銘)」, 「학기유편(學記類篇)」, 「무진봉사(戊辰奉事)」 등에서 주돈이, 정명도, 사상체의 혼재 경향을 보인다(안영석, 2010.11, 35쪽). 남명은 「神明舍圖」에서 그림을 그리고, 그 간단한 해설을 「신명사명」에서 기록하고 있다. 그는 몸의 주인인 마음이 감각기관인 눈과 귀와 입을 주제하며 도덕적 삶을 영위하는 과정을 임금이 총재와 백규, 대사구 등의 신하들을 거느리며 정사(政事)를 주재하는 과정에 비유해서 표현했다(안영석, 2010.11, 37쪽). 그는 「신명사명」에서 이상적 레토릭의 왕조 상황을 언급했으나, 현실은 전혀 자신의 생각대로 움직이지 않았다. 현실로 묘사된 심학은 '태일진군(太一眞君; 지극히 큰 한 사람의 군주, 주체성 회복 등)'로 표현되는데, 이는 신명한 마음이다. 그러나 그 마음이 삶의 현장에서 좌절과 비관으로 꾸려진다. 현실 가능성이 낮은 레토릭의 상황인 것이다. 그렇다면 레토릭은 불가능한 상황을 가능한 상황으로 만드는 학문이다. 그 현실 타개책을 마음공부로부터 시작한다. 남명은 마음이 외부 사물과 접촉할 때 발생하는 미세한 감정의 성격을 알아차려, 비도덕적 욕망을 제거하고, 다스림으로써 마음의 본체를 회복하는 극치 공부와 직결되는 실천적인 수행공부를 했다(안영석, 2010. 11, 47쪽). 남명은 敬, 義, 誠으로 마음을 움직이고, 조정을 움직이고, 하늘을 움직인다고 했다.

있다(안영석, 2010.11, 34쪽). 실천[수련]을 강조함으로써 여러 학문을 혼합하여 현장의 필요에 따라 가져다 쓴 것이다. 성리학이 굳건히 자리 잡았던 조선 초기에는 볼 수 없었던 일이다.

여전히 퇴계가 평하는 남명은 냉혹했다. 「사단성현감소(辭丹城縣監疏)」에서 명종을 고아(孤兒)라고 했고, 그의 어머니 문정왕후(文定王后)를 과부(寡婦)로 불렀다. 일찍이 유래 없는 당돌함이다.

남명은 사대부 공동체에서 멀리 있는 처사(處士) 개인의 입장에서 이야기했다. 이를 경청하는 사대부와 백성들은 중립적이고, 객관적일 때 수용하게 된다. 더욱이 남명은 '고아', '과부'의 명료한 사실을 직시하고 있다. 전통적 공동체 안에서 의견과 사실이 뒤섞여 이야기하는 율곡과는 그 상황이 전혀 다르다.

물론 '고아', '과부'의 사실의 직시는 전통과 현대를 가르는 사실의 중요성이 부각됨으로써 레토릭의 발전사와 관련을 맺는다. 남명은 언어와 사실을 레토릭의 도구로 사용했다. 우선 그 실체를 과거와 비교하면, "①고대 레토릭은 높은 수준으로 사실의 증거에 가치를 두지 않았으나, 현대의 것은 사실이나 증언이 중요하게 생각하게 되었다. 즉, 고대 레토릭은 '착상(invention)'의 지적 과정에서 언어 자체와 커뮤니케티의 믿음이 으뜸 요소로 작동했다. ②화자가 말하고자 하는 지식의 원천으로 커뮤니티의 의견(opinion)이 중시되었다, 개인이 말하는 사실이나, 증언이 별로 값어치를 지니는 것이 아니었다. ③고대 레토릭은 시·공간 안에서 가르치는 상황이었으나, 현대 레토릭은 시·공간의 변수가 그렇게 고려의 대상이 되지 않는다. ④고대의 레토릭은 언어를 통한 태도가 고려의 대상이 되었으나, 현대 레토리션의 역할은 사실을 전달하는데 한정을 지운다(Sharon Crowley and Debra Hawhee, 2004, pp.16~17).

한편 내용적으로 사실의 직시는 신분적 상황에서 충직의 의미를 부여한다. 후일 내암은 사실의 정보만으로 유통되면 권위의 실종을 가져온다고 봤다. 그는 "『주역』「대유괘(大有卦) 육오(六五)」에서 '마음으로 서로 사귀는데, 위엄이 있어 길하다.'라고 하였고, 공자가 '위엄이 있으면 길한 것이라는 것은 위엄이 없으면 쉽게 여겨 대비가 없기 때문이다'라고 하였습니다."라고 했다[「대사헌 사직 차자」 두 번째 차자(再箚)」, 1608년 광해군 즉위년, 6월 24일; 정인홍, 2014①, 272쪽)].

위엄이 없는 왕이 화만 내었다. 남명의 상소에 대한 뒤처리를 자세히 보자. "조식의 상소에 (왕이) 성을 내자 초야에서 직언하는 사람들이 서로 경계하고 간쟁하는 의논을 여러 번 거절하자 조정의 의견이 있는 자들도 묵묵히 입을 다물었으니, 이것이 언로가 날로 막히고 기강이 확립되지 못하는 이유이다. (백성이 편할 이유가 없었다. 그러나) '백성은 나라의 근본이므로 근본이 굳어야 나라도 편안하다고 했다.'"라고 했다[『명종실록』 22권, 명종 12년 1월 30일).

명종 18월 12월 조식·이희안(李希顔)·성제원(成悌元)·조욱(趙昱)과 함께 다시 불러 특별히 6품 벼슬을 주어 모두 지방 고을에 보직되었는데 여전히 갖가지 이유로 관직 제수를 거부했다. 명종 21년 7월 19일 왕은 "조식에게 상당한 관직을 초수하도록 이조에 전교하였다."라고 했다[『명종실록』 33권, 명종 21년 7월 19일).

그 상황을 장원 한수(韓脩, 1514~1588)가 사직소를 올리다 전하께서는 "또 여섯 사람 중 외방에 있는 자와 조식 등에 명하여 역말을 타고 올라오게 하시니, 조야는 온통 흐뭇해하여 착한 것을 즐기시는 전하의 마음을 알게 되었습니다. 비록 산림에 깊이 은거한 선비라 하더라도 그 누가 감격하여 흥기하지 않겠습니까. 신같이 어리석은 것도 반열에 참여하게 되었으니, 그 명을 듣고 깜짝 놀랐습니다."라고 했다[『명종실록』 33권, 명종 21년 8월 4일).

물론 고아, 과부라고 하였더라도 조식에게 벌이 내려진 것은 아니었다. 그 내막은 "명종이 노한 것은 사실이지만, 당시 좌의정 상진(尙震) 이제신(李濟臣)을 시켜 중국 송나라 역사책『송사(宋史)』,『영종본기(英宗本紀)』에 실려 있는 구양수(歐陽修)의 말을 찾아 남명이 '모후(母后)는 깊은 궁궐의 일개 과부에 불가하고, 전하는 유충(幼冲)하여 단지 선왕의 유업을 이은 한 고아(孤兒)일 뿐'이라고 한 말은 이미 구양수가 했던 말임을 보이고, 변론하기로 '남명이 옛사람이 임금에게 고한 말을 인용하여 국가의 위태로운 형세를 지극하게 말한 것이지 거만한 일이 아닙니다.'라고 하였다. 이에 명종도 남명을 '유일(遺逸)의 선비'로 대우하고 마침내 벌하지 않았다."라고 했다(권인호, 2002, 273쪽).

공론의 이유를 대면서 조식에 대한 엄호가 계속되었다. 왕조실록은 "조식과 이희안(李希顔, 1504~1559)은 똑같은 사람입니다. 이미 이희안을 잡아다 추문하려 하시고 또 조식의 소를 책망하셨습니다. 외방의 사람들은 그 소의 내용이 공손치 못한 때문이라는 것을 모르고, 상께서 선비를 대우하는 도리가 옛날의 제왕과 같지 않다고 여길 것입니다. 그렇게 되면, 선비의 기개가 꺾입니다."라고 했다(『명종실록』. 19권, 명종 10년 11월 20일).

또한 동 실록은 "성균관 생원 안사준 등 5백여 명이 임금이 진실 되지 못함을 상소하다 인심이 동요되고 언론이 막힌 것입니다. 신들이 삼가 조식의 상소를 보건대, 강직하고도 절실한 의론(議論)으로 정녕 나라를 걱정한 성심에서 나온 것이요, 시폐(時弊)에 적중한 말이었습니다."라고 했다(『명종실록』 20권, 명종 11년 3월 7일).

결과적으로 보건 남명은 고아, 과부의 상소로 문정왕후와 명종을 정면으로 비판할 수 있는 사림으로 그 위치를 확고히 했다. 사실의 직시가 가져다주는 충격이었다. 한편 당시 명종은 공론정치가 곧 백성을 위한 정치로 간주한 것이 틀림이 없었다. 레토릭의 명수 남명은 절박한 시대를 잘 읽고 있었고, 충격 요법으로 조정에 관심을 불러일으켰다.

그러나 남명의 본심은 명종 왕에 별 기대를 하지 않았다. 그 때의 상황은 "왕을 보고 (남명이) 어떻게 생각을 했겠는가? 아마도 조식은 명종이 이 난국을 수습할 수 없다고 판단했을 것이고, 또한 자기를 일할 수 있는 자리에 기용해 줄 것이라고 기대하지도 못했을 것이다. 왕이 삼고초려(三顧草廬)를 물었을 때, 자신이 제갈량이라면 상대방인 왕은 유비만한 인물은 되어야 할 것인데, 왕이 무능하니 출사할 의욕이 날 리 만무했을 것이다."라고 했다(김충열, 2008, 348쪽), 둘은 실제 가까이 하기는 먼 당신들이었다.

남명의 상소로 정국에는 긴장이 감돌았다. 왕조실록은 "궐내에 벼락이 친 것에 대한 '교서를 내리다(進言)' 하고 싶은 선비가 없겠는가. 지난번 영남 사람 조식이 구언(求言)의 답으로 상소하였는데, 그 의논이 잘못을 들추어내어 자기가 곧다고 여긴 것은 아니었는데도 다들 말하는 것을 경계로 삼았으니, 지금 아무리 아침저녁으로 구언하는 교서를 내린다 하여도."라고 했다(『명총실록』 27권, 명종 16년 4월 10일).

한편 남명의 이런 조정의 분위기에 대해 퇴계는 '못마땅하게 생각했고, 학문 자체가 성리학을 넘은 것을 이야기하곤 했다.'라고 했다. 필자는 한 사람은 철학자이고, 한 사람은 레토리션으로 본 것이다. 서로의 역할과 기능이 달랐다. 남명의 입장에서 본다면 상소야 왕 곁에 있을 때만 가능한 것은 아니었다. 오히려 재야(在野)의 사람이 더욱 영향력이 있을 수 있었다. 지방분권이 비교적 잘 되어 있는 조선사회에 사림의 영향력은 대단했음을 알게 하는 대목이다.

물론 제도권 언론인들도 당시 과거에 장원급제한 인사들이 주로 차지하고 있어, 그들은 글쓰기, 즉 상소 전공자로 볼 수 있다. 밖에 있어나 안에 있으나 별로 다를 바가 없다는 소리가 된다. 그 전통이 구한말 언론인들에게 까지 내려온다. 황성신문, 제국신문 주필은 고용된 한 사람뿐이었고, 다른 논객은 비상근 언론인이었다. 또한 40~50년대 언론인도 그 자신의 유명세로 많은 독자를 끌고 다녔다.

성리학자는 배은망덕한 제도권 밖 상소전공자를 잘 볼 이유가 없었다. 그 이유가 "단도직입적으로 말해서 모나고 바른말 잘하고 약한 자 편에 서서 권력을 견제하거나 불의를 막으려는 사람을 좋아하지 않는 세상의 인심 때문에 조식의 파격적인 생활과 직선적인 비판 태도는 소인배들의 비난을 면치 못했고, 상대적으로 뼈 없이 흐느적거리고 얼렁뚱땅 둥글둥글 그저 웃음과 친절을 파는 가면군자(假面君子)는 세상을 쉽게 살면서 많은 사람의 존경을 받았다."라고 했다(김충열, 2008, 367쪽).

또 다른 측면에서 퇴계는 남명의 학문에 이단적인 경향이 있음을 수시로 언급하곤 하였다(신병주, 2007. 11, 31쪽). 퇴계는 남명의 이 상소를 평하면서 남명의 학풍이 일반적인 흐름과는 달랐음을 지적하였다. 즉, "선생이 문인들에게 말하기를, 남명은 비록 이학(理學)으로 자부하고 있지만 그는 다만 하나의 기이한 선비로 그의 이론이나 식견은 항상 신기한 것을 숭상해서 세상을 놀라게 하는 주장에 힘쓰니 어찌 참으로 도리를 아는 사람이라 하겠는가."라고 했다(『退溪先生言行錄』〈규2992〉권5 類篇「論人物」, 先生語人口 南冥 雖以理學自負 然直是奇士 其議論識見 每以神奇爲高 務爲驚世之論 是豈眞之道理者哉)(신병주, 2007. 11, 31쪽). 그러나 당시 남명은 성리학의 본류를 벗어나 절박한 시대를 풀어가는 방법(즉 공론형성 방법)을 모색했다.

그렇다고 남명이 세상을 아예 등진 것은 아니다. 왕의 계속적인 권유로 남명은 서울에 올라왔다. 그 내용은 "사정전(思政殿)에 나아가 조식·김범(金範) 등을 불러 들여 만나보고 정전에 나아가 상서원판관(尙瑞院判官) 조식과 옥과현감 김범을 불러들여 만나보았다. 상이 내시에게 두 사람을 불러 앞으로 나오게 하고 이어 전교하기를 불민한 내가 외람되이 신민(臣民)의 주인이 되어 비록 어진이를 좋아하는 정성은 모자라나 어찌 어진이를 구하고 싶은 듯이야 없겠는가."라고 했다(『명종실록』 33권, 명종 21년 10월 7일). 그러나 왕을 알현한 조식은 곧 지방으로 내려가 버렸다. 율곡은 보직 전공자였다. 온갖 보직을 두루 경험한 사대부였다. 물론 율곡과 퇴계는 남명에 대해 자신들과 다른 사람이라는 논조를 폈다. 남명도 그걸 자랑스럽게 생각한 것이 틀림이 없다. 율곡은 『경연일기(經筵日記)』에서 "남명이 임종할 때 제자들에게 '후인들이 나를 처사(處士)[9]라고 부른다면 옳은 일이겠지만, 만약 유자라고 지목한다면 실상이 아니다."라고 했다(『栗谷全書』 권29, 「경연일기」 2, '臨終謂其學徒曰 後以我謂處士則可矣 若目以儒者 則非其實也'; 정순우, 2001, 97쪽).

필자는 남명이 유가(儒家)가 아니라면, 어떤 학문적 경향을 갖고 있는지에 관한 논의이다. 선조 원년 당시는 비극적 사회를 관리할 수 있는 새로운 학문이 필요했다. 선조 25년(1592) 임진왜란이 터질 만큼 사회는 부패해 있었다. 심지어 율곡도 '10만 양병설'을 주장했지만, 이는 정치 공학적이다. 사회 구조는 정신이 부패해 있어, 병력만으로 풀기 어려웠다. 이 때 남명, 내암 같은 레토리션이 나타난다. 그러나 영혼 없는 사대부의 사회는 그의 말을 들을 생각을 하지 않았다.

당시 율곡은 "조식이 세상을 등지고 홀로 일어서서 지행(志行)이 높고 깨끗하니, 참으로 한 시대의 일민(逸民)이라 하겠다. 그러나 그의 논저를 보면 학문에 실제도 채득한 주견이 없고 상소한 것을 보아도 역시 경세제민(經世濟民)의 방책은 되지 못했다. 이 점으로 보아 설령 그가 세상에 나와 일을 했다고 하더라도 반드시 치도를 성취하지는 못했을 것이다. 그런데도 문인들이 추중하여 그를 도학군자라 하니, 참으로 실정에 따르면 지나친 말이다."라고 했다(『栗谷全書』 권29 「經筵日記」2; 정순우, 2001, 96쪽).

율곡은 남명의 사고를 전혀 이해하지 못했고, 하려고 생각을 하지 않았다. 그의 머릿속에 성리학, 즉 수기(修己)만으로 경세제민을 할 수 있는 유일한 학문으로 생각했다. 남명은 극기(克己), 성(誠)을 통해 하늘의 뜻을 움직일 생각을 했다.

---

9) 조식은 벼슬길에 나가지 않았지만, 38세에 첫 벼슬로 참봉(參奉, 종 6품)을 받았다(허권수, 2017, 4쪽). 그 뒤 다시 전생서(典牲署, 종 6품, 나라의 제사에 필요한 희생을 관장하는 부서) 주부(主簿)라는 벼슬을 받았고, 남명이 50세 되던 해 다시 종부시(宗簿寺, 왕실의 족보를 만드는 관아) 주부의 관직을 내렸다. 그 후 13번의 관직을 부여했으나, 결국 처사(處士)로 생을 마감했다.

6) 「신명사명」의 개인주의 정신

남명은 우선 마음의 중요성은 언급한다. 이는 개인주의 사회, 시장사회로 가기 위한 준비 작업이었다. 그는 "'마음은 모든 이치가 모이는 주체이고, 몸은 이 마음을 담는 그릇이다(조식, 1995, 249쪽)'라고 하면서 '천성 안에 모든 이치가 다 갖추어져 있으니. 모든 이치가 모이는 주체로서의 마음이 세상에 대한 인간의 태도를 결정한다는 것을 확인하고 있다."라고 했다(조창섭, 2017, 2쪽).

마음의 실체를 보자. 정복심의 심통성정도(心統性情圖)는 주자의 말에 따르는데, 남명은 이를 인용하여 "우주 자연으로서의 천(天)을 인간(人)과 대비시켜 일치시키고 있다. 즉, 성(性)은 아직 움직이지 않은 것이고, 정(情)은 이미 움직인 것이다. 심은 아직 움직이지 않은 것과 이미 움직인 것을 포괄하니, 이른바 성(性)·정(情)을 통습한다는 것이다."라고 했다(조창섭, 2017, 10쪽).

여기서 성(性)의 매개로 유학의 천과 인의 개념이 연결 된다. 유학에서 "인간과 자연을 주관하는 상제와 그가 거주하는 곳인 천(天)의 개념이 결합함으로써 과거에 천지가 인간의 부모라고 하였던 생각이 변화되어 지(地)를 제외한 천만을 인간의 부모라고 생각하게 되었다. '천이 상제가 거주하는 곳이라고 간주하였던 이 시기에 상제의 개념이 희석시키는 천명(天命)이라는 용어가 등장한다.'(書經,「中虺之誥」), 천 명은 만물을 낳고 기르는 주제자인 천이 갖고 있는 힘[작용력]을 천명이라 하게 되었다."라고 했다(조창섭, 2017, 6쪽).

인간은 천명을 알기 위해 천성을 깨우칠 필요가 있게 된다. 서양에서 천명(天命)은 하늘의 뜻으로 분명하게 부각된다. 서양 중세사회에서 찾고자 했던 이성(reason)이 발전이 여기서 일어난다. 더욱이 서양은 일찍부터 위기관리에 관한 설명이 여러 곳에서 나온다. 「마르코 복음서」 13장 30절 "(무화과 나무의 교훈) 너희는 무화과나무를 보고 그 비유를 깨달아라. 어느덧 가지가 부드러워지고 잎이 돋으며 여름이 가까이 온 줄 알게 된다. 이와 같이 너희도 이러한 일들이 일어나는 것을 보거든, 사람의 아들이 문 가까이 온 줄 알아라. 이 세대가 지나기 전에 이 모든 일이 일어날 것이다. 하늘과 땅은 사라질지라도 내 말은 결코 사라지지 않을 것이다. 그러나 그 날과 그 시간은 아무도 모른다. 하늘의 천사들도 아들도 모르고 아버지만 아신다. 너희는 조심하고 깨어 지켜라. 그때가 언제 올지 너희가 모르기 때문이다. 그것은 먼 길을 떠나는 사람의 경우와 같다. 그는 집을 떠나면서 종들에게 권한을 주어 각자에게 할 일을 맡기고, 문지기에게는 깨어 있으라고 분부한다."라고 했다(장익, 2005, 「마르코 복음서」, 13장, 85쪽).

「마르코 복음서」에서 '깨어있어라'는 성서가 남명의 글어서 보인다. 깨어서 사람의 도리를 다하는 것이다. 선비정신이 다름이 아닌, 성(性)을 찾도록 하고, 그 천명에 따라 살아가도록 한다.

루터(LMartin Luther)의 sola fide(구원은 예수 그리스도로부터), sola gratia(오직 성령으로), sola scriptura(성서로 직접 예수를 만난다) 등이 작동하게 된다. 이는 프로테스탄트신봉자가 염원하는 개인주의 사회관이다. 동양사회에는 본성을 찾는 노력이다.

여기서 성(性)을 찾는 노력은 경험론의 선험성(先驗性, a priori)으로 볼 때, "공간과 시간이 그 경험의 내용을 성립시키는 선천적 형식과 같다는 것이다. 즉 칸트가 말한 선천성이라는 낱말의 뜻은 천부적이라는 것이 아니라, 대상적 경험보다 앞서는 형식적 조건이라는 의미로 이해해야 한다."라고 했다(김형효, 2007, 400쪽). 김 교수의 논리라면 천명은 특정한 공동체의 운명과 분리될 수 없다.

한편 남명은 중년에 김해 산해정(山海亭)과 삼가 뇌룡정(雷龍亭)에서 중년을 보내고 61세(1560)에 덕산으로 돌아왔다.

그 중년기에 덕산으로 돌아온 것이다. 남명은 「산해정에서 우연히 짓다(山海亭偶吟)」에서 절박함을 초조하게 기다리는 심정을, 즉, 레토릭의 상황을 묘사했다.

그는 "십리에 걸친 왕이 나신 땅, 긴 강물은 흘러 한조차 깊다. 구름은 대마도에 떠 누런데, 산은 계림의 푸른빛을 끌어오네."(十里降王界, 長江流恨深, 雲浮黃馬島, 山導翠雞林)라고 했다(조식, 1995, 36쪽). 이종묵은 이 시를 "대마도에는 왜구가 일기에 전운(戰雲)이 감돌고, 그래서 그곳에 떠 있는 구름을 누르다고 말한 것이다. 그러나 누런 구름을 수로왕의 탄생지인 김해에서 바라보니 대마도에 떠 있는 실경으로 볼 수도 있다. 3구는 4구에서 경주 쪽에서 뻗어 내린 산 빛이 푸르다고 하여 대를 맞춘 것도 돋보인다."라고 했다(이종묵, 217쪽).

남명은 유일신에 대한 기대를 가져봤다. 즉, 「모르코 복음서」에서 유일신의 전지전능한 모습을 닮아가고, 그 힘으로 현실의 위기를 극복하기 위해 깨어있는 인간의 모습이 남명의 글에도 나온다.

남명은 '생각하는 자아(cogito)'를 발견했다. 그 전에는 가족, 공동체, 국가 등의 구성원에 불과했다. 그러나 남명은 성리학이 아닌, 다른 논리를 편다. 인간이라고 불리는 특정한 집합체는 "심적 사건들(mental events)의 방문을 받으며, 때로는 그것들이 들어와 살게 된다. 그러한 사건들은 인간 속에 상주할 수도 있고, 밖으로부터 들어올 수도 있다. 다른 모든 대상과 마찬가지로 인간은 하나의 독자적인 행위의 원천, 하나의 '내'가 아니라[데카르트의 '코기토(cogito)'는 세계에서는 단초를 가지지 못하며, 따라서 그의 논증은 시작될 수조차 없다.], 오히려 여러 가지 영향들의 교환소인 것이다."라고 했다.

이성이 잣대가 없으니, 인간은 상대적일 수밖에 없다. 코기토는 이성적 자아를 발견하게 만든다. 남명은 이성적 잣대로 도(道)를 생각한다. 그의 용어로 敬義誠이다. 도는 과거, 현재, 미래를 엮어준다. 인간의 신명의 마음(道)는 하늘을 움직이다. 그 도에 대해 남명은 [「누항기(陋巷記)」; 안회(顔回)의 도를 기리는 글］에서 "'난목(蘭木)이 비록 하찮아 보이더라도 그것을 필마(匹馬)와 바꾸는 것은 귀한 것이 있기 때문이며, 원구(元龜 ; 배 가죽을 불로 지져서 금이 간 모양으로 길흉을 판단했다는 큰 거북)가 비록 죽더라도 종묘(宗廟)에 모셔 두는 것은 신령스러움이 있기 때문입니다. 비록 안회는 떠나갔지만 그래도 그 도(道)는 남아서 죽지 않은 것이 있는데 어찌 그의 죽음에 대해 그다지도 근심하십니까?' 선생께서, '그래, 그대로 기록할지어다.' 하고 말씀하셨다. 물러나 그를 위한 기문(記文)을 쓴다. 안씨(顔氏)의 도(道)는 사물의 시초에까지 극진하였고 조화(造化)의 시작에까지 아득히 닿아 있다. 천지 같은 크기로도 그의 도를 측량할 수 없으며, 일월 같은 공명도 그의 도보다는 밝을 수 없다."라고 했다(조식, 1995, 186쪽), 서구로 이야기하면 그 도는 바로 신(神; God)을 닮은 형상, 즉 이성의 존재 때문이다.

한편 남명은 이성, 즉 도를 쟁취하는 방법을 이야기했다. 이는 '생각하는 자아', 즉 자아의 발견으로 개인주의 사회로 가기 위한 교두보 역할을 한다. 남명이 말년에 지은 「神明舍銘(圖)」는 '전장(戰場)'[10]을 방불케 했다. 안보를 확보하기 위해 도구적 합리성을 버릴 수 없는 일이다. 그렇다면 남명은 지금까지 성리학 가치, 즉 도덕 지상주의를 규정적 이념(regulative ideas)을 극복의 대상으로 간주한다. 그는 가치 합리성과 목적 합리성이 공존하는 세계를 구상하고 있었다.

물론 남명의 독자(audience)는 왕과 관리이다. 왕은 '국군사사직(國君死社稷)'으로 '임금은 사직과 그 운명을 같이 하게 된다.'라는 뜻이다(조식, 1995, 123쪽). 같은 맥락에서 사대부도 죽음으로써 도를 지킬 수 없으면, 그 마음을 옳게 보전할 수 없다는 것을 말한 것이다. 영혼 없는 사대부가 생존할 자리가 없었다.

「신명사도」는 아울러 절박함(exigency)을 표출하고 있다. 벌써 김해를 중심으로 한 남부지역은 왜구들이 몰려오는 빈도가 높다. 그 상황에서 왕과 대신들은 국가를 지킬 사명감을 갖게 된다.

나머지 레토릭에서 중요한 변수는 옥죄(constrain)는 행위이다. 이들은 시

---

10) 전장(戰場)은 항우(項羽)가 쓴 사생결단(死生決斷)의 전법(戰法)인데, 이로 인해 항우는 일약 천하를 마음대로 할 수 있는 위치에 오를 수 있었다. 다만, 항우는 눈에 보이는 적과 싸우면서 이런 전법을 사용하였다면, 남명은 눈에 보이지 않는 마음의 적과 싸우면서 사생을 결단하려고 했던 것이다(이상필, 2002, 156쪽).

대의 절박함으로 정신무장을 하도록 강요한다. 아니면, 사직이 어려울 수 있기 때문이다. 남명은 신분사회의 정점에 있는 지식인이, 정신무장을 하도록 독려했다. 그는 "극기로 삼군이 피 흘리며 격렬히 싸우듯이 오직 경과 의로써 처음부터 끝까지 행하셨습니다."라고 했다(「祭先師南冥曺植先生文; 돌아가신 스승 남명 조식 선생에게 올리는 제문」, 정인홍, 2014②, 146쪽).

한편 「신명사명」의 부주(附註)에서 시살(廝殺)이란 말을 쓰고 있다. 즉, "밥 해먹던 솥도 깨부수고 주둔하던 막사도 불사르고 타고 왔던 배도 불 지른 뒤, 사흘 먹을 식량만 가지고 사졸(士卒)들에게 죽지 않고는 결코 돌아오지 않으리라는 의지를 보여줘야 하는데, 이와 같이 해야 바야흐로 시살(廝殺)할 수 있다(破釜甑 燒廬舍, 焚舟楫 持三日粮 示士卒必死無還心, 如此 方會廝殺 曺植, 「神明舍銘」附註, 南冥集 1卷(啓明大學校 圖書館 所藏本) 이 부분을 포함한 부주 15개 조항이 己酉本(1609) 이후의 『南冥集』에는 삭제되었다.]"라고 했다(이상필, 2002, 156쪽).

전장에서 가진 마음의 자세를 논의한다. 그는 "인간의 진정한 마음의 주재자인 '태일진군(太一眞君)'[11])을 실천의 문제와 직결시켜 놓고 있다. 객관적·분석적 성격이 강한 '리(理)'보다 살아 있는 유기체적 지평을 갖고 있는 '심(心)'을 중심에 두었다."라고 했다(김충렬, 1988, 70쪽), 실천의 맥락에 굳건한 뿌리를 내리게 하고 있다. 敬으로써 함양하는 주체도, 의로써 성찰하는 주인도 태일진군 외의 또 다른 명령자가 있는 것이 아니다. 태일진군 스스로가 밝아지고 그 천덕(天德)을 발휘하기 위해 재상으로 '敬' 등용하고 백규(百揆)로 '義'를 부리며 삼관(三關, 눈귀입) 경계하되 심기를 철저히 하여 귀몽(鬼夢)이 침범치 못하도록 한다."[12])라고 했다(박병련, 2001, 182~183).

---

11) 태일진군(太一眞君) '태일'은 『공자가어(孔子家語)』『예운(禮運)』과 『주역참동계발휘(周易參同契發揮)』(中)에, '진군'은 『장자』, 「제물론(齊物論)」에 보인다. 태일은 '원기(元氣)' 또는 '순수한 혼돈의 상태'를 의미하며, 진군은 형체의 참된 주인인 '마음'을 의미한다(이상필, 2002, 170쪽).

12) 「신명사명(神明舍銘)」의 원문을 보면 "太一眞君 閑邪則一 無欲則一 禮必本於太一 無邪其則 事以忠孝 明堂布政 內冢宰主 存 外百揆省 學問思辨 明明德第一工夫..."라고 한다(조식, 1995, 370쪽); 神明舍에서 신명은 『註譯』「설괘전(說卦傳)」과 「계사전(繫辭傳)」 및 『주역참동계(周易參同契)』(中), 『맹자』 우산장(牛山章) 주석 등에 두루 보이는데, 대체로 '마음', '신

「신명사명(神明舍銘)」의 아나키즘 상황에서 질서를 쟁취하기 위한 레토릭의 표현이다. 그 의미를 보면 신명은 '마음'을 『대학』에서 나오는데 "주자(朱子)의 주에 따르면 '실체는 없으면서도 신령스러워, 온갖 이치를 갖추고서 세상만사를 대처할 수 있는 것(虛靈不昧 以具衆理 而應萬事者)'이다. '사(舍)'는 '마음을 에워싸고 있는 집'이란 뜻이다."라고 했다(조식, 1995, 121쪽). 남명은 '신명의 마음'을 강조했다.

신명사(神明舍) 안의 주인은 (표 1에서 보듯)태일진군(太一眞君)이다. 이는 "'신명한 마음'을 가리키는 말로, 김우용(金宇顒)의 『동강집(東岡集)』「천군전(天君傳)」에 나오는 천군(天君)이다. 진군(眞君)은 『장자』「제물론(齊物論)」의 '백해(百骸)와 구규(九竅)와 육장(六臟)에 진군이 존재한다.' 원주의 '예의는 반드시 태일에 근본을 해야 된다.'는 것은 『공자가어(孔子家語)』「예운(禮運)」에 나오는 말이다."라고 했다(조식, 1995, 121쪽).

태일진군과 같은 맥락으로 칸트(I. Kant, 1724~1804)는 신[神, God]이 부여한 이성은 선과 악을 가르는 징표가 된다고 했다. 인간의 이성적 판단이 도덕률에서 나타난다고 본 것이다.

「신명사도」에는 태일군(太一君)의 아래, 경(敬)의 좌우에 천덕(天德)과 왕도(王道)라는 말이 있는데, 이것은 「대학」의 명명덕(明明德)과 신민(新民)에 해당하는 말로, 이는 왕정(王政)의 목표이다(조식, 1995, 123쪽). 한편 敬 밑에 총재(冢宰)라는 말이 있다. 물론 총재를 주관하는 존심(存心)이 경이다. 총재는 내정을 하는 사람인데 마음과 경의 관계는 임금과 총제와의 관계와 같으므로 명칭을 그렇게 붙였다.

천인감응설(天人感應說)로 왕정의 목표를 삼는 행위가 설득력을 얻는다. 이는 "왕조시대에 하늘과 인간이 서로 감응하는 관계면 천재지변은 하늘이 인간에게 보이는 경고로 해석된다. 천재지변을 하늘의 경고로 보면 그것에

령스럽고 밝음', '마음의 신령함과 밝음' 등의 뜻으로 쓰였다. 그러니, '신명사'는 '마음의 집'이라는 뜻이 되는데, 이는 '남명의 독창적인 용어' 后山 許愈(1833~1904), 神明舍圖銘或問 『后山集』 12卷 2張) 인 듯하다(이상필, 2002, 170쪽)

서 군주와 신하의 잘못을 반성하는 계기를 찾아야 한다."라고 했다(김영주, 1993; 215~236쪽; 오인환·이규환, 2003. 6, 30쪽).

또한「심명사도」에는 총재 밑에 '성성(惺惺), 즉 늘 깨어 있다'는 뜻이다. 총재가 제 역할을 하려면 늘 깨어 있어야 한다는 『주역』 곤괘(坤卦)의 '경이직내(敬以直內)'이다.

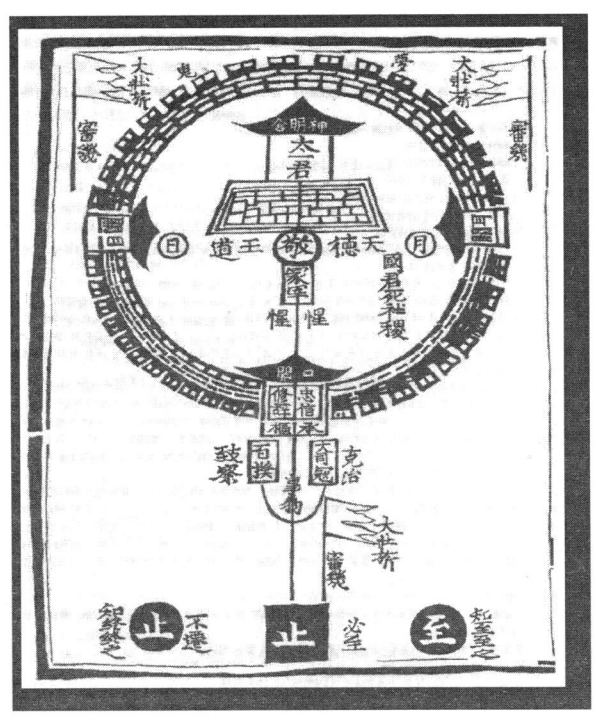

〈신명사도(神明舍圖)〉, 출처: 조식, 1995, 122쪽

한편 안에는 총재가 관장하지만, 밖으로는 백규(百揆)가 살핀다. 백규는 외정(外政)을 총괄하는 사람인데, 사물에 대해서는 의리에 맞는가를 헤아려 결단을 한다(조식, 1995, 123쪽). 이는 주역의 곤괘의 '의이방외(義以方外)'에 해당한다. 백구와 더불어 짝을 이루는 대사구(大司寇)는 외부에서 쳐들어오는

적을 물리치는 일을 맡은 사람으로, 학자가 사욕(私慾)을 이겨내는 것에 비유가 된다. 그 옆에 '치찰(致察, 극진히 살핌)'과 '극치(克治, 능히 다스림)'라는 단어를 각각 써둔 것이다.

좀 더 풀이하면 백규와 대사구를 공유하는 사물(事物)의 이치는 고원(高遠)한 것이 아니고, 다만 일상의 윤리와 사물 사이에서 극진히 궁구(窮究)하는 것이 바로 학문이다(조식, 1995, 123쪽). 남명은 일[事]의 중요성을 언급했다. 도덕과 일의 중요성에 대한 논의는 "도덕을 강조하면 나라가 건전할 것 같지만 실상은 반대다. 실용을 강조하는 시대일 때 공동체는 더 건강하고 부유했다. 실용을 높이 여긴 세종 시대는 번영했지만 도덕을 권력 명분으로 삼은 조선 중기 이후 나라는 쇠락했다. 도덕의 준거를 일[事]에 두지 않고 도덕 우위를 내세워 권력을 차지하려 할 때 공동체는 몰락한다."라고 했다(이한수, 2018.1.10.).

남명은 분명 일[事]에 더욱 관심을 가졌다. 일은 과학기술이 필요로 하고, 도덕은 이성이 필요하다. 논리(logic)은 과학기술과 이성이 만난다. 남명은 이성 못지않게 노력이 없이는 아무 것도 할 수 없다고 봤다.

그는 "『신명사도』를 대표하는 상징의 대장기(大壯旂, 안테나) 밑에 '심기(審幾)'라는 말이 있는데, 여기서 기(幾)와 미(微)는 같은 뜻으로서 '기미(幾微)'라고도 하며, 이는 선과 악이 갈라지는 부분, 또는 그 '낌새'라는 의미를 지닌다. 선악이 갈라지는 이 순간을 잘 살피지 않으면 똑똑 떨어지는 물이 하늘까지 치솟을 수도 있고, 조금씩 타들어가는 불이 온 들판을 다 태울 수 있는 것과도 같으므로, 귀 눈 입의 세 관문에 대장기를 세워 그 낌새를 살피라고 한 것이다."라고 했다(조식, 1995, 126쪽).

남명은 대장기에서 인지의 '기미'와 동기의 '낌새 살피기'를 같이 사용하고 있다. 즉, 기미를 살펴 신명한 마음을 지키고, 그 낌새를 살펴 행동으로 옮기게 된다. 그는 지식과 직관을 같이 사용하고 있다. 직관은 행동으로 옮길 때 유용하다.

마지막으로 義가 참여하는 과정을 이야기했다. 그는 극기를 완성하거나, 혹은 전투를 승리로 이끌게 한다. 그리고 학자와 장수는 '승리를 임금께 보고 하니.'라고 했다. 「신명사도」에서 밑 부분은 "사악한 무리들을 완전히 제거하였음을 태일진군에게 보고한다는 뜻이다. '사악함을 막는다[閑邪]', '정성을 존재시켜 둔다[存誠]'고 한 것이다. '지(止)는 도달하여 그 상태에서 퇴보함이 없이 머물러 있다.'는 의미인데, 「신명사도」의 가장 밑에 적어둔 지(止)와 조응이 된다. 이 네모 안에 든지(止)의 좌우의 동그라미 안에 지(至)와 지(止)가 있고 각각이 곁에 '지지지지(知至至之)와 지종종지(知終終之)'라는 말이 있는데, 이는 『주역』의 「건괘(乾卦)」의 문언에 '이를 곳을 알아 이르니 기미(幾微)에 참여할 만하며, 마칠 곳을 알아 마치니 의(義)를 두는 데 참여할 만하다[知至至之 可與幾也 知終終之 可與存義也]'라는 말에서 온 것이다."라고 했다(조직, 1995, 126쪽).

「신명사도」에서 敬, 義가 설명이 된다. 경으로 나라를 바로세우고, 의로 사람과 사람의 윤리와 사물을 극진히 궁구(窮究)한다. 더욱이 심(心)의 주체가 되는 「태일진군(太一眞君)」에 대해 "나라에는 두 임금이 없으며, 마음에는 두 주인이 없다. '국군사사직(國君死社稷)'은 임금의 처지에서 국가를 지키려는 마음자세를 나타낸 것이고, 이 명은 신하의 차지에서 옳은 임금을 보위하면서 나라를 지키려는 마음 자세를 드러낸 것이다."라고 했다(이상필, 2002, 158쪽). 결국은 나라의 백성은 한 마음을 가지는 것이다.

하느님이든, 태일진군이든 신명의 마음에 의존하면서, 현실의 문제를 풀어간다. 깨어 있는 자만이 현실을 돌파할 수 있다. 이 부분에서 남명은 사상적으로 가장 익숙한 성리학에서 근거를 두지 않을 수 없다. 여타의 사대부가 그가 법가류(法家類)의 사상을 가졌다는 것을 거부하는 대목이다(김충열, 2008, 370쪽). 그는 미래의 발전을 위해 가장 적절한 해결책을 찾았다. 그 방법으로 사회의 지식인들은 항상 깨어있고, 행동하기를 독려했다.

남명은 "'내가 학자에게 경계하는 바는 깊은 잠에 빠지는 것일 뿐이다.

눈을 뜨고서 천지의 일월을 볼 수 있어야 한다.'하였으며 '사색의 공부는 심야에 더욱 전일해지니 학자는 잠을 많이 자서는 안 된다.'고 했다(이종묵, 2001, 231쪽).

남명은 제자들에게 현실 문제를 언급했다. 현실의 절박한 문제를 풀어가는 지혜를 권고했다. 그는 '오늘의 폐단은 대부분 고원해지려는 데만 힘쓰고 자신의 병통을 살피지 않는 데서 발생한다. 성현의 학문은 애초부터 일용(日用)과 상행(常行)에서 벗어나지 않았으니, 이를 버리고 깊은 성명(性命)을 엿보고자 하면 이는 사람의 일로 하늘의 이치를 구하는 것이 아니며, 성(性)을 다하고 천명을 아는 것이 효제에 근본하는 것과 같다.'라고 했다. 같은 맥락에서 이론적으로 남명은 "많은 학자들은 거경(居敬)과 궁리(窮理), 敬과 義를 언설문자(言說文字)로 분석하고 다양한 맥락에서 분절적으로 설명하는 데 반해, 남명은 거경과 궁리를 실천성의 맥락 속으로 통합하여 그 통일적 구조를 명백히 체험적으로 드러내 주었다. 즉 남명에게 거경궁리(居敬窮理), 존양성찰(存養省察)은 분리되어 있는 것이 아니라 실천성의 토대 위해서 상호 순환적, 합내외적인 통합을 이루는 것이었다."라고 했다(박병련, 185쪽).

물론 하느님, 태일진군 등 유일신이 정착된 다른 곳에서도 레토리션이 기능을 했다. 위기는 구체적 시간과 공간 안에서 일어나는데 벌써 그리스부터 진리상대주의자, 레토리션, 즉 궤변학자(sophists)가 존재하였다. 이들 레토리션이 나타나 시대의 절박함을 풀려고 했다. 그 구체적 형태를 보면 시대가 혼란스러울 때, 레토리션이 먼저 자리를 차지했고, 시대가 태평성대 할 때 철학이 앞서갔다.

서구의 지성사는 양자 간의 싸움으로 봐야 한다. 그러나 조선사회는 철학자만 존재했다. 그 철학자는 형이상학(metaphysics)을 했지만, 현실감 없는, 시·공간을 제외시킨 물리학(physics)을 학습했다. 콘텍스트가 없는 남의 학문을 수용하는데 급급했다. 너머(meta)의 형이상학은 공허하기 짝이 없었다. 판단의 합리성은 속 빈 강정이 된다.

당시 그전 왕과는 달리, 선조는 남명의 학문에 적극 수용하고, 사림을 중앙정부에 수혈을 했다. 선조 1년 사림이 중앙정부에 등장하면서, '사림의 정신', '사림의 전통'이 필요했다. 정치 현실에 뛰어든 내암(來庵) 정인홍은(鄭仁弘)은 남명(南冥) 조식(曺植) 같은 정신적 멘토가 필요했다(손영식, 2003.6, 308쪽). 당시 사회는 사화로 피폐해진 지식인, 또한 그 사회를 지탱해주던 농민들이 삶의 의미를 잃어가고 있었다.

남명은 처사로 자청하면서 항상 그들과 함께 했다. 여기서 는 선진유가(先秦儒家) 이래 높은 덕과 식견을 갖춘 채 산림에 은거한 선비들을 일컫는 보편적 개념이었다(정순우, 2001, 85쪽). 남명 자신도 "임종할 때 그는 저술했듯 제자들에게 사후에도 관작을 내세우지 말고 처사로 호칭할 것을 당부하였다. 그리고 그것이 평생의 뜻이었음을 술회하였다[宇顥請曰 萬一不諱 當以何號稱先生乎 日用處士可也 此吾生平生之志 若不用此而稱爵 是棄我也;『南冥集』「年譜」; 정순우, 2001, 85쪽)]"라고 했다.

물론 여기서 처사는 서구의 '의견지도자(opinion leaders)'로서의 역할이 강조되나, 서구에서 정보를 갖고 있는 지식인뿐 아니라, 수련을 통한 덕을 갖춘 지식인을 뜻한다. 즉, 당시 남명은 경(敬), 의(義), 성(誠) 등을 통한 결심학(結心學), 즉 내적 커뮤니케이션을 완성시켰다. 그는 유가의 수기(修己)를 넘어 극기(克己), 도심(道心), 천리(天理)까지 확장시켰다. 사람과 세상에 대해 한 걸음 물러나 관조하는 자세, 이것이 극기복례를 위한 남명의 태도이다(정순우, 2001, 105쪽). 항상 이성이 작동하도록 했다. 더욱이 남명은 오연(傲然)을 앞세웠고, 극기와 도심을 통해, 탁월한 시적 감각과 예술성을 융합시켜, 언어를 구사했다. 즉, 그는 학문을 함에 있어 여러 가지 자신의 담력과 지구력과 인내심을 기르는 수련을 쌓았다(김충열, 2008, 60쪽).

남명은 언어가 삶의 현장에 나타난 오연함의 태도로 콘텍스트를 충분히 흡수할 뿐 아니라, 곧고 강직하게 삶을 영위했다. 그 삶의 양식은 내암 정인홍 삶에서 잘 나타난다. 내암(來庵)은 "턱 밑에 칼을 꽂아 놓고 수련한 것은 스승인 남명의 기풍을 그대로 이어받았다."라고 했다(한형조, 2001, 57쪽).

7) 제도권 언론의 역할 강화

현대 언론인 교육의 지식만을 강조하고, 인내심을 통한 지혜의 훈련이 필요한 시점이다. 남명의 경의사상(敬義思想)에서 내적 커뮤니케이션의 틀을 제공했다. 물론 그렇게 할 이유가 있었다.

퇴계, 남명 등 사림(士林)의 사대부는 원래 인격 수양론자들이다(손영식·조남호, 2002, 5쪽). 그 중추였던 조식은 "벼슬에 나아간 선비보다, 속세에 있으면서 도학을 닦고 그것으로 국정을 비판한 처사의 공헌이 더 원대함을 알았다."라고 했다(김충열, 20008, 101쪽). 남명에게 상소의 경세학적 위력은 당시 괄목할 위력을 발휘했다.

남명과 더불어 사림(士林)은 주로 지방의 지식인으로서 성리학의 이념에 따라 인격을 수양하였다. 그러나 선조 때부터 사림은 본격적으로 중앙정치에 참여하여 정치에서의 도덕성을 따지기 시작했다. 이성과 합리성의 원천을 도심과 도덕심에 기초를 두었다. 농경사회의 공동체 유지가 절박한 시대였기 때문이다. 물론 이들은 칼과 무력에 의존했던 고려시대의 논리를 부정하면서, 정치의 도덕화, 인격화를 주장했다. 더욱이 무력이 아닌, 이성의 존재에 더욱 관심을 두었다.

선조 1년(1568) '산림유(山林儒)'가 제도권 언론의 중추였던 대간(臺諫)을 기점으로 중앙 정부에 대거 유입되었다. 내암은 '신이 삼가 듣건대, 사류(士類)는 국가의 원기(元氣)이고, 공도(公道)는 사류의 명맥이라 하였습니다「大司憲時五不仕辭職箚子; 대사헌 때 다섯 가지 출사할 수 없는 것으로 사직하는 차자」, 1602년 3월 8일, 선조 35; 정인홍 2014①, 135쪽, 138쪽).

산림유가 반드시 대우받는 분위기는 아니었다. 내암은 자신을 폄하하는 분위기도 언급을 했다. 그는 "신이 삼가 이귀(李貴, 1557~1633)의 상소를 보니, 신의 죄를 차례로 열거할 때마다 조정이 벼슬아치들을 끌어들였는데 모두 근거가 있었습니다."라고 했다(『大司憲時五不仕辭職箚子; 대사헌 때 다섯 가지 출사할 수 없는 것으로 사직하는 차자』, 1602년 3월 8일, 선조 35; 정인홍 2014①, 138쪽, 138쪽).

물론 이귀 등의 비판에 관여한 것이 없다고 하더라도 내암은 겸손했다. 즉, 그는 "벼슬을 그만두어야 할 나이(40세에서 시작하여 70세에 끝내는 관례)에 도리어 벼슬을 시작하게 된다면, 또한 어렵지 않겠습니까. 비록 미관말직의 대열에 참여하고자 하더라도 오히려 부끄러워할 만한데, 하물며 이 풍헌(風憲, 사헌부)의 직책이겠습니까. 그런데도 뻔뻔스럽게 버젓이 자리를 차지한다면, 염치가 이미 상실되고 풍기와 지조가 먼저 떨어질 것입니다. 자신을 돌아보아도 다시 볼 만한 것이 없으니, 밖으로 남의 조롱을 받고 안으로는 마음속에 부끄러울 것입니다."라고 했다(「大司憲時五不仕辭職箚子」, 135쪽, 137쪽).

내암의 주장에는 절제가 있었다. 물론 당시 시대적 상황을 보면 사림의 위치를 알 수 있다. 당시 사림의 상소하는 시대적 분위기는 전술했듯 명종 말기에 모후(母后) 문정왕후(文定王后)가 죽고 난 후, 명종 말년과 선조 초년에 동고(東皐) 이준경(李浚慶, 1499~1572), 쌍취헌(雙翠軒), 권철(權轍, 1503~1578) 등과 같은 비교적 사림파에 우호적인 재상(宰相)들에 의해 정치 개혁의 분위기가 조성되면서 사림파들이 정치 전반에 진출할 수 있는 기회를 잡게 되었다(권인호, 2002, 262쪽).

이 전후로 조정은 사림파에 말벗을 할 수 있는 분위기가 형성되었다. 같은 맥락에서 조식은 「단성현감(丹城縣監, 乙卯辭職疏) 사직소」에서 "훈척정권에 의해 초래된 국가적 위기상황을 신랄하게 비판하면서 문종에게 군자·소인 가운데 누구를 선호하는지 분명하게 밝힐 것을 요구하였다."라고 했다(『남명집』, 권2, 「疎狀奉事」; 설규석, 2009, 279쪽).

남명은 번번이 충격적인 콘텐츠, 심지어 침묵으로 상황을 반전시키고,

독자들에게 다가간다. 남명은 문정왕후를 '과부', 문종을 '고아'로 묘사했듯 일반 관리에겐 있을 수 없는 일이었다. 명종 왕은 불경군상죄(不敬君上罪)로 다스리기를 원했으나, 당시 사관과 경연관들이 들고 일어나는 바람에 왕은 그만 자기의 경솔함을 시인하게 이른다.

결국 남명의 상소는 한바탕 풍파를 일으켰으나, 이를 계기로 사림의 언로가 크게 신장되었다. 상소의 위력이 발휘된 것이다. 따라서 선비들은 구차(苟且)와 퇴완(頹頑)을 딛고 일어나 국가의 사(事)에 적극적인 관심을 돌리기 시작했다(김충열, 2008, 112쪽).

「을묘사직소」로 선조가 남명의 뜻을 받아들여, 중앙에 사림을 대거 수혈한 것이다. 남명은 통제할 수 없는 환경의 현실을 통제 안으로 끌어들이도록 했다. 이 상소의 내용이 소개되었다. 이수정 연구자의 "남명 상소문의 담화분석-체계기능언어학 기법(SFL)을 중심으로-"에서 그 내용을 소개하면 "상소문을 구성하는 문장에서 문제적 상황을 18.6%의 참여자/행위자로 내세우며 구체적인 양상을 표현하고 있다."라고 했다.[13]

또한 「을묘사직소」에 나타난 프로세스를 분석한 결과, "프로세스의 내용적 측면에 있어서는 물질적 프로세스(75.4%), 정신적 프로세스(13.8%), 관계적 프로세스(10.8%)순으로 빈도의 순위가 나타났다."라고 했다(이수정, 2016, 52쪽). 남명의 상소는 경세론(經世論)을 중시했다.

당시 조식은 4대 사화로 퇴상한 사기를 다시 진작시켜 관권에 맞서서 관의 횡포를 견제할 수 있는 사림(士林)의 힘을 길렀던 장본인이다(김충열 2008, 59쪽). 그들은 농민과 더불어 생활함으로 민권을 우위에 두고, 사대부에 대해 사존관비(士尊官卑)를 주장했다. 사회도덕이 붕괴되고, 공동체가 붕괴된 역사적 현실을 직시한 것이다. 임진왜란 전후 상황은 서인 사대부의 정체

---

[13] 구체적으로 참여자/행위자로 국왕 24.0%, 남명 19.1%, '문제적 상황', 18.6%, 수호 가치(요소) 14.2% 등으로 봤다. 그 중 '문제적 상황'은 상해, 죄, 냇물이 마르고 좁쌀비가 내리는 조짐, 음악이 슬프고, 흰옷을 입은 형상, 피부와 거죽의 질병, 거울이 텅 비지 않음, 저울이 공평치 않은, 사기꾼들 등으로 언급했다(이수정, 2016, 41쪽).

성을 상실하고 있음을 알 수 있었다.

남명은 누구보다 시문(詩文)과 그 예술성에 강한 메시지로 당시 레토리션으로 인정을 받았다. 그는 언어의 귀재였다. 선조는 남명 사후 사제문(賜祭文)을 보내, 그의 영혼을 위로하고, 그 벼슬을 통정대부(通政大夫) 사간원(司諫院) 대사헌(大司諫)의 직책을 부여했다(김충열. 2008, 116~117쪽). 그 사제문(賜祭文)를 보면, "문장은 여사(餘事)로 삼고 오직 도를 향해 매진하니 그 이른 경지가 홀로 높았다. 언론을 말함에 의기가 순정(純正)하고 사장(辭章)이 엄위(嚴威)했다. 누가 말했던가, 이는 봉황의 소리라고? 모든 사람의 입에서 재갈을 벗기니 간신들의 뼈를 서늘하게 하였고, 여러 벼슬아치들의 얼굴에 땀이 흐르게 하였다. 위엄은 종사(宗社)에 떨쳤고, 충분(忠憤)은 조정을 격발시켰다. 사람들은 공을 위태롭게 걱정했지만, 공은 조금도 겁내지 않았다."라고 했다(김충열, 2002, 71쪽). 남명은 제도권 언론의 사표를 줄만한 제시할 만큼 메시지의 특성과 개성을 갖고 있었으며, 동양의 수사학(洙泗學)을 넘어 서양의 수사학(修辭學)을 구사했다.

남명은 지금 언론인의 좌표가 되어도 손색이 없었다. 현재 우리 사회는 '자기진실성(authenticity, 자기에게 진실하라!)'이 무너지면서 사회는 걷잡을 수 없는 소용돌이에 싸여 있다. 언론인은 나팔수하고, 정치인은 자기 정치만 일삼는다. 정신세계의 황폐화는 가시화되고 있다. 정신 질환이 엄습해오고, 자기 정체성을 상실하면 폭력사회가 눈앞에 전개될 전망이다. 그곳에서 삶의 행복이 있을 이유가 없다. '레토릭의 상황(rhetorical situation)'이 전개되고 있다. 물론 여기서 레토릭은 기존 이론의 문제가 아니라, 구체적 상황 하에서 시대의 절박성과 관련이 있는 실천적 학문이다.

사회의 폭력적 상황이 눈앞에 펼쳐지고 있다. 언론인을 포함한 국민들은 '경의(敬義)'의 마음이 붕괴되고 있다. 개인의 이기성은 우주의 원리와 접목하는 성(誠)의 개념이 상실되게 마련이다. 정체성의 붕괴는 사회에 갖가지 폭력이 움트게 만든다. 중기 조선시대의 '모이면 도적이 되고, 흩어지면 농민이 된다.'라는 표현을 상기시킬 필요가 있다.

본 논의는 임진왜란 전후의 레토릭의 상황에서 남명 조식과 대사헌 내암 정인홍이 경(敬), 의(義), 성(誠) 등과 더불어 경세론(국가정책론)을 통하여 어떤 정체성을 확립한 것에 관심을 두고 있었다.

현재 시점에서 문제점을 갖고 과거를 반추한다. 물론 이들이 갖는 레토릭의 상황처리는 퍽 사변적이고, 비과학적이다. 물론 이들은 사변론적 사고보다는 실천을 강조했다. 즉, 조식은 "이처럼 현장 중심, 주관의 살아 있음과 실천을 중시하는 것이 깊이 깔려 있다. 그는 별다른 이론적 설명을 하지 않았으나, 깨어 있는 실천이 인간에게만 적용된 것이 아니라, 이 우주 전체가 살아 있다는 것을 주장한다."라고 했다(손영식, 1999, 170쪽).

또한 남명은 "배운 것을 실천하지 않으면 이는 안 배움만 못하고, 오히려 죄악을 범할 것이 된다."라는 사고를 갖고 있었다(김충열 2008, 59쪽). 남명은 실용성[用]을 강조했다.

그 이론과 실천의 과정을 통해 그들의 주장한 경의(敬義), 성(誠) 등 사상을 현대의 측면에서 조망한다. 이 논의는 현실적 적용보다 그들의 이론 정립의 시대적 상황과 주장을 이해에 더욱 관심을 가졌다.

남명은 「단성소(丹城疎, 54세, 1555년)」에서 "신이 요사이 보니, 변경(邊境)에 일어 있어(왜구의 침약으로 전라도 일대가 함락된 을묘왜변을 말함), 여러 높은 벼슬아치들이 제 때 밥을 못 먹을 정도로 바쁜 모양입니다만 신은 놀라지 않습니다. 신은 이 일이 벌써 이십 년 전에 일이라고 한대도, 전하의 신성(神聖) 한 힘 때문에 지금에 와서야 비로소 발발한 것이지, 하루아침에 갑자기 발발한 것이 아니라고 생각합니다."라고 했다(허권수, 2017, 6쪽).

남명은 시대의 절박함을 제자들에게 수사학(洙泗學)과 더불어 수사학(修辭學)강론을 했다. 그 실천이 소개되었다. 전술했듯 남명은 69세(1569) 때,「민암부(民巖賦, 백성이 위험할 수 있다)」라는 글을 지어 임금과 벼슬아치가 읽도록 했다. 임금이 백성의 안전을 도모하지만, 그렇지 못할 때 백성은 왕을 떠받드는 일을 포기하게 된다. 남명의「민암부」는 임금과 관리들이 위기를 대처하는 자세를 언급했다. 구체적으로 남명은 "남해안에 왜적이 침입이 잦은 것에 우려를 갖고서, 책제(策題: 어떤 일에 대한 방안을 제시하는 글)라는 형식의 글의 제목을 내어 제자들을 시험하였다. 이 글은 국방(안보)에 대한 제자들의 식견을 알아보고, 아울러 제자들에게 국방의 중요함을 고취하려는 의도에서 나온 것으로, (이는) 남명의 국방에 대한 관심을 알 수 있는 글이다."이라고 했다(허권수, 2017, 13쪽).

물론 레토릭의 상황을 정확하게 꿰고 있는 남명은 미래에 큰 전란이 날 것을 예측했다. 아나키즘의 상황은 질서 안으로 끌고 올 때, 의미를 지닌다. 조정은 그렇게 할 능력의 부재였다. 그는「단성소(丹城疏)」에서도 왕께 경고를 했다. 그는 "천 가지 백 가지의 천재(天災)와 억만 갈래의 인심(人心)을 무엇으로 감당해내며 무엇으로 수습하시겠습니까?"라고 했다(조식, 1995, 243쪽).

남명은 '천재'와 '인심'을 통제하기 힘든 레토릭의 상황으로 묘사했다. 경세적 상황에서 남명은 국방의 비답을 시도했다. 남명은 나라를 지켜야 할 명분, 즉 레토릭 상황을 타개할 경세적 방향을 제시한 것이다. 남명의「신명사명」의 수사학(洙泗學)이 적중했다. 임진왜란 당시 경상도에서 70명의 의병장이 배출되었는데, 그 중 남명의 제자는 45명이었다고 한다. 그들 중 망우당 곽재우(郭再祐), 내암 정인홍(鄭仁弘), 송암(松菴), 김면(金沔), 죽유 오운(吳澐) 등이 이들에 속한다(허권수, 2017, 14쪽).

절박한 시대를 풀어가는 "남명의 경세적 판단은 정확했던 것이다. 조식의 처세, 출처관에 대한 논정은 세상에 나가지 않은 은일지사(隱逸志士)로, 벼슬하지 않고 초야에 묻혀 고고하게 살아간 산림처사의 태도였다."라고 했다(김충열, 2008, 81쪽). 그의 경세론은 제도권 밖에서 더욱 빛을 발했다.

남명은 레토릭 학자로서 처사로 행동을 했다. 개인의 지성뿐 아니라, 직감의 판단에 의존했다. 즉, "조식은 과거 출신 벼슬아치가 아닌, 산림처사요, 나라의 녹을 먹지 않는 식토지민(食土之民)이었기에 벼슬아치들처럼 왕에게 깍듯하게 신예를 갖출 필요는 없었다."라고 했다(김충열, 2008, 85쪽).

그는 자유로운 지식인으로, 또한 땅을 파먹고 사는 백성으로서, 군신지의 같은 것에는 관심이 없었다. 그 자신도 "나는 결코 백성 편에 서 있는 사람이지 왕이나 벼슬아치 쪽과는 인연 관계가 없는 사람이라고 스스로 경계를 확실히 하고 있는 것을 보면 조식의 출처관에서 또 다른 저의를 발견할 수 있다."라고 했다(김충열, 2008, 86쪽).

조선 중기 사회는 이런 사림의 지식인들이 많았다. 물론 당시 시대의 절박성, 레토릭의 상황을 직업적으로 풀어가는 제도권 언론인의 존재했다. 당시 조선시대 제도 언론은 이목(耳目)이라고 한 사헌부(司憲府)·사간원(司諫院) 등이 주동을 이룬다. 사헌부는 감찰 업무를 주고 맞으며, 그 수장은 대사헌(大司憲)[14]이다. 나머지 왕의 고문 역할을 하는 곳이 집현전(集賢殿), 그리고 집현전의 후신 성종 24(1493년)이 세운 홍문관(弘文館)이다. 이들은 조선시대 언론 3사(三司)라고 칭한다.

한편 사헌부와 더불어 사간원(司諫院)[15]은 3사(司) 중의 한 기관이다. 사간원은 국왕과 더불어 나라 일의 시비, 간쟁을 한다(조맹기, 2011, 31쪽). 즉 간쟁은 왕의 생활 주변의 부조리한 요소를 제거하고, 왕으로 하여금 유교 국가의 군주로서 지녀야 할 덕을 베풀고, 정치하기 위한 언론이다.

언론 3사 중 다른 하나는 홍문관(승문원)이다. 이는 집현전(集賢殿), 정종(定宗) 원년 설립의 후신으로서 경적(經籍)을 모아 전고(典故)를 토론하고 문한을 다스려서 왕의 고문 역할을 담당하는 기관이었다(조맹기, 2011, 33쪽).

---

14) 대사헌은 사헌부(司憲府)의 수장으로서,『경국대전』에 의하면 사헌부는 대사헌(종2품, 1), 집의(執義, 종3품, 1명), 장령(掌令, 정4품, 2명), 지평(持平, 정5품, 2명), 감찰(監察, 정6품, 24명) 등이고, 이들은 논집시정(論執時政), 교정풍속(矯正風俗), 규찰탄핵(糾察彈劾) 등의 업무를 수행하고, 이들은 풍헌관(風憲官)인 동시에 정치의 시비를 논하는 언관적 성격을 갖고 있었다(조맹기, 2011, 28쪽).

15)『경국대전』은 사간원의 직분을 간쟁(諫諍)·논박(論駁)으로 규정하고 구성원을 대사헌(大司諫, 정3품 당상, 1인), 사간(司諫, 종3품, 1인), 헌납(獻納, 정5품, 1인), 정언(正言, 정6품, 2인) 등으로 분류하고 있었다.

그 기능은 세조의 정변 후 명칭을 바꾼 것이지 집현전16)과 다를 바가 없다. 이곳은 인재 양성, 문풍의 진작 등을 통하여 정치·제도·문화·사상적 유교 국가의 이념을 정착시키는 데 기여를 한다(조맹기, 2011, 33쪽).

집현전은 유학 정치가들이 이상으로 한 3대(하(夏)·은(殷)·주(周))의 고제(古制)[의례(儀禮), 제도(制度), 중국역사(中國歷代)의 치란지적(治亂之迹) 등]를 연구하여 유교주의적 국가 확립에 기여한다.17) 세종 24년부터 세자로 하여금 서무를 전결케 하여 세자의 서연(書筵)을 담당했던 집현전 학자들이 대거 국가 대사에 참여하게 됨으로써 학문과 정치가 체(體)와 용(用)이라는 관계를 실현한다. 그 외 홍문관과 더불어 승문원(承文院), 교서관(校書館) 등이 자문역을 담당했다.

제도권 언론인은 주로 장원급제를 한 수재(秀才)들이 자리를 차지한다. 조선중기 사림(士林)은 주로 언론 3사(司)에 많이 유입된다. 그 중 대사헌이 활약이 두드러진다. 선조 1년(1568년) 전 후로 한 조선 중기의 시대의 절박성은 대사헌(大司憲)을 지낸 율곡(栗谷) 이이(李珥)의 어록에서 시대상이 잘 반영되었다.

김형효 교수는 율곡 사고를 '초점불일치'라고 했다. 다른 말로 정교하기로 유명한 율곡이 초점의 불일치 할 만큼 사회 곳곳에 시대의 절박성이 존재했다. 즉, 성리학으로만 풀 수 없는 절박한 레토릭의 상황이었다. 남명은 명종 10년 1555년 10월 19일 「을묘사직소(乙卯辭職疏)」, 즉 「단성소(丹城疏)」에서 "전하의 나라일이 이미 그릇되어서, 나라의 근본이 이미 망했고, 하늘의 뜻은 가버렸으며, 인심도 이미 떠났습니다."라고 했다(조식, 1995, 245쪽). 마

---

16) 집현전은 시강(侍講)과 서(書)를 목적으로 설치되었으나, 그 기능이 점차 확대되어 직위도 영전사(領殿事)·대제학(大提學)·부제학(副提學)·직전(直殿)·응교(應敎)·교리(校理)·부교리(副校理)·수선(修選)·부수선(副修選)·박사(博士)·저작(著作)·정자(正字) 등 32명까지 숫자가 불어난다. 그들의 업무도 사대(事大) 문서작성(文書作成)·가성균관직(假成均館職)·서연관(書筵官)·사관(史官)·시관(試官)·지제교(知製敎)·고제연구(古制研究)·편찬제술(編纂製述)·풍수(風水)·지리(地理)·종학(宗學)·교관(敎官) 등의 업무를 맡은 최고의 인재 보유 기관이었다.

17) 최승희(崔承熙), 「집현전연구(集賢殿研究)(上)」, 『역사학보(歷史學報)』 31, 1966. 12, p.48.

치 '지구촌'이 엄습해 오면서 통제할 수 없는 요인이 과다함으로써, 어떻게 살아야 할지 정체성 상실, 즉 방향감각을 상실한 현재의 모습과 흡사했다.

「단성소」를 게재한 『실록』은 "오늘날 공도(公道)는 쓸어버린 듯이 없어졌고 사문(私門)이 크게 열려서, 떼 지어 쫓아다니는 자는 공사(公事)를 받들 생각은 하지 않고, 오직 자신의 이익만을 일삼으면서 아무 것도 하는 일 없이 세월을 보내며 나라 일이 어떻게 되가는지 모르니 통탄스럽다."라고 했다(이종묵, 2001, 234쪽).

한편 김형효 교수는 "그 당시 조선조 사회가 앓고 있던 병의 증후들은 이이의 소차(疎箚), 계(啓), 의(議) 등과 같은 상소문 등을 통하여 그려져 있다. 정치적으로 기존 행정제도의 고식적 경화현상으로 위민적 정치가 마비상황에 빠졌고, 거기에 동서의 당쟁까지 점차로 심화되어 당쟁적 이기심과 질투심이 유교적 정치이념의 본디 모습을 왜곡화시켰고, 경제적으로 토지제도의 문란과 세금의 과중한 부과 등으로 농민들은 수탈되어 전국으로 유랑하는 신세계에 이르는 절대빈곤의 악순환에 신음하고 있었고, 지배관료는 타성적인 인습에 젖어 그것을 혁파할 의지를 갖지 않고 무사안일에 젖어 있었고 군역은 부패하고 문란하여 조그만 외침에도 나라의 방역이 무너질 기미를 이미 내부적으로 안고 있었다."라고 했다(김형효, 1995, 6, 3~4쪽).

시대의 절박성이 뼛속의 사무침으로 변해있었다. 조식은 「무제(無題)」에서 "노(魯)나라 들판에서 기린은 헛되이 늙어 가고, 기산엔 봉황새도 날아오지 않네. 빛나던 문물도 이제 끝장이니, 우리 도는 마침내 누굴 의지해야 하나"(魯野麟空老 岐山鳳不儀 文章今已矣 吾道竟誰依; 조식, 1995, 43쪽).

그 시대의 절박성은 성리학자 퇴계가 풀 수 있는 문제는 아니었다. 그는 남명의 실천적 지성과는 금을 긋고 있었다. 남명은 성리학자라고 볼 수 없는 인사여서, 자신의 차별성을 강조했다. 퇴계(退溪)는 "이름을 훔치고 사람을 속이려는 뜻은 없었지만, 성리(性理)를 담론하다 보니 실없는 소리가 사방으로 흐른 것 같았다. 그(남명)의 말을 약석(藥石)으로 삼아 더욱 실천궁행

(實踐躬行)에 힘쓰자"라고 했다(한형조, 2001, 51쪽).

시대의 절박성을 성리학자, 즉 철학에게 맡겨둘 처지는 아니었다. 사화(士禍)의 한 복판에 있는 선비는 "내적으로 엄정한 자기 훈련을 통해 공적 자아를 확보하고, 외적으로는 구세의 의지로 권력의 전횡에 맞서는 굳센 인격을 뜻한다."라고 했다(한형조, 2001, 51쪽).

이런 맥락에서 남명은 안보의식에 투철했다. 그는 『학기유편』에서 국방에 관여하여 남명은 "문무(文武)가 함께 나라를 근심해야 한다는 정치적 신념을 가지고 있었다. 또한 남명은 '임명할 관리의 재목과 재주를 가늠할 수 있는 것이 어찌 문재(文才)뿐이겠는가.'"라고 했다(권인호, 2002, 274쪽).

국방에 관해 남명은 레토릭 상황에 맞게 이론을 적용시킬 것을 권고했다. 남명은 현장 중심의 '현장의 합리성(rationality of reality)'을 이야기했다. 결국 그는 다른 성리학 명분보다 상황적 논리가 우선임을 알려주는 대목이었다. 『학기유편』에서 남명은 "중종(中宗) 8년(1513년 8월)에 변방을 소란하게 하던 야인 추장 속고내(束古乃)를 쳐서 붙잡으려 했으나 술수를 써서 잡는 것은 불가하다는 조광조(趙光祖, 1482~1519)의 지치주의(至治主義)에 바탕을 둔 반대에 부딪혀 좌절된 적이 있다. 조광조의 지치주의는 국방에 대해서만큼은 유교 도학적인 이상 정치에 불과하였던 것이다. 결국 그의 주장에 따라 당시 세력이 미약하던 건주위(建州衛) 야인(野人, 후일 후금)을 제압하지 않은 결과 백 년이 채 지나지 않아 강성해진 그 세력에 의해 온 나라의 민중이 어육(魚肉)이 되고 국토가 초토화된 사실을 상기해 볼 때, 남명의 국방론은 시의 적절한 것이었다고 보인다."라고 했다(권인호, 2002, 274쪽).

한편 '경의검(敬義劍)'을 찬 남명의 전술이 소개되었다. 이론이 시·공의 상황이 다를 때는 같은 효과를 나타낼 수 없다. 남명의 『학기유편』은 "중앙이나 지방의 수령들 대부분이 '무(武)'를 몰라 외적의 침입에 속수무책인 경우, 북쪽 평야에서 말만 잘 타는 북쪽 오랑캐(胡)가 배를 부리고, 남쪽 바닷가에서 배만 잘 부리는 남쪽 나라(越) 사람이 말을 타는 것과 같이 제대로 될 수가 없다는 것을 비유를 들었다. 이는 남명이 당시 사회·정치 제도와 현실을 제대로 파악하고 있었을 뿐만 아니라 실질적인 학문과 기술의 중요성을 인식하고 있다는 것을 말해주는 것이다."라고 했다(권인호, 2002, 275쪽).

남명은 국방론에 철저한 나머지 마치 종군 기자의 전술을 언급하는듯 그의 신명사도(神明舍圖)는 "창칼이 춤추고 피와 땀이 튀며, 생사가 엇갈리는 전쟁터를 연상시켰다. 군사와 전투의 이미지는 도학을 지키기 위한 결사(決死)의 저항을 위해 피할 수 없는 선택이다."라고 했다(한형조, 2001, 54쪽).

8) 공론의 공도

당시 조식은 선비의 이런 기개(氣槪)를 기린 여러 문장을 남겼는데, 그 중 으뜸은 '벽립천인[壁立千仞; 천길 절벽 앞에 우뚝 서 있음]'이라는 말이 그 단적인 예다. 남명은 퇴계(退溪, 1501~1570) 사후 1572년 11월 '묘갈명(墓碣銘)'에 지어준 이름으로 조식은 확실히 기질이 꼿꼿하여 벽립천인과 같다고 한다.

언론의 기개(氣槪), 즉 대쪽 정신을 나타내기에 충분하다. 제도언론의 수장 대사헌(大司憲) 서거정(徐居正, 1420~1488)은 『동문선(東文選)』[1478, 성종 9년]에서 "항내정 도부월 이불사(抗雷霆 刀斧鉞 而不辭, 벼락이 떨어져도 목에 칼이 들어와도 서슴지 않는다.)"라는 말을 사용했다.

선비의 사림(士林)은 선조 1년부터 본격적으로 제도권 언론에 진입했다. 서인, 즉 훈구파와 격돌이 예상되었다. 율곡의 독백과 중얼거림이 자주 포착된다(김형효, 1995. 6, 9쪽) 말하자면 사림은 '사림유(士林儒)'라고 하고, 경기 지방의 기호학파 서인에 맞선 영남학파로 동인(東人)세력을 구축으로 하고 있었다.

물론 이들이 서로 대화를 나눌 수 없을 정도는 아니었다. 율곡은 도학자로서 정암(靜庵) 조광조(趙光祖)와 퇴계(退溪) 이황(李滉, 1501~1570)에 대한 높은 숭앙을 가졌다(김형효, 1995, 613쪽). 율곡의 『성학집요(聖學輯要)』은 당시로서는 퇴계와 내암이 공유하는 영역이었다. 성리학의 뿌리가 다를 이유가 없었다.

그러나 실제 현실 문제엔 율곡과 퇴계 후학들 간에 부딪힘이 있었다. 그 첨예한 일은 병조판서 왜구의 침입에 대해 율곡(栗谷, 1542~1607)은 '십만양병설'을 주장했다. 율곡은 호조좌랑으로 관리를 시작하여, 사간원 정언, 사헌부 지평, 홍문관 대제학 등 직책을 두루 역임했다. 그의 기세는 꺾이지 않았다. 이젠 나라를 구할 사병 육성까지 들고 나왔다. 선조 왕께 올린 1583년 2월 선조대왕께 「시무육조(時務六條)」에서 '십만양병설'을 주장했다. 당시 대사헌 유성룡(柳成龍, 1542~1607)은 경연(經筵)에서 율곡에게 일격을 가했다. 율곡은 곧 경세론(經世論) 주장에 어떤 성과도 거둘 수 없었다.

더욱이 그는 1583년 6월 당쟁을 조작했다는 이유로 탄핵되어 병조판서 자리를 내놓고 파주로 낙향했다(이이, 2008, 620쪽). 사림의 표상으로 제도권 언론의 기세가 등등하여, 조정을 좌우한 것이다. 당시 서애(西厓)의 입장에서 볼 때, 1583년 '10만양병설'을 주장하면 명목상 '농번기에 병을 모집할 수 없다.'라고 했지만, 실제 명나라는 별 이유 없이 병력을 증강시키는 것을 그냥 두고 볼 이유가 없었다. 또한 집집마다 노비를 양산하고 있는 양반이 사병을 내놓을 이유가 없었고, 10만이면 그 부역자들까지 합하면 20~30만 명을 필요로 했다. 조정이 그런 능력자체가 없었다.

대외 정보가 밝은 율곡이 『대명률(大明律)』의 존재를 모를 이유가 없었다. 그러나 아무리 사헌부, 사간원, 홍문관 출신의 율곡이지만 선조 이전에는 제도권 언론이 그렇게 힘을 쓸 수 없었으나, 선조 재임 이후 제도언론의 기세는 과거와 달랐다. 대사헌 출신 율곡도 거부할 수 없었다.

역시 동인 출신으로 서애(西厓)와 내암(來庵)이 등장했다. 유성룡은 퇴계 제자이고, 정인홍은 남명의 제자였다. 유성룡은 경상좌도의 맹주였고, 정인홍은 경상우도의 맹주가 되었다. 대사헌 출신 정인홍(鄭仁弘, 1535~1623)이 유성룡과 함께 사림의 영남학파 거두로 등장했다. 그는 1575년 정 6품 황간현감으로 처음 관직을 받았으나, 1년 후 사헌부 지평, 1580년 정 4품으로 사헌부 장령으로 임명받았다. 내암은 사헌부 주변을 오갔다. 언론의 역할이 빈번히 그렇듯 그는 서인을 탄핵하는 선봉장에 섰다. 비타협적 성격은 여타의 관리들과 빈번히 마찰을 이뤘다. 더욱이 그는 스승 남명으로부터 받은 칼을 차고 다니는 선비였다. 그의 성격에 따라 거침없이 서인 숙청에 나섰다. 그는 서인 정철(鄭澈)·윤두수(尹斗壽) 등을 탄핵하려다가 도리어 해직당하고 낙향하기도 했다.

제도권 언론의 수장답게 행동한 것이다. 내암은 사헌부 장령, 사간원을 두루 거친 제도권 언론 출신 뿐 아니라, 1602년 대사헌(大司憲)으로 발탁이 된 후 대사헌도 몇 번 낙마, 임명을 거듭했다.

그의 이름 뒤에는 항상 조식 스승의 벽립천인이라는 말이 따라다녔다. 그는 올곧은 제도권 언론 수장이었다. 광해군 때 영의정('광해군'18) 6년)에 임명되기도 했고, 내암은 조식 스승을 위해 사액서원(賜額書院) 3개를 광해군께 윤허를 받기위해 노력했다. 그 후 남명의 추존 사업이 진행되어 진주의 덕천서원(德川書院), 삼가의 용암서원(龍岩書院), 김해의 신산서원(新山書院) 3개 서원이 사액되었다(신병주, 2007. 11. 35쪽).

한편 남명, 내암의 강직성에 비해, 서애는 퍽 인화적 태도를 취했다. 서애는 서인과 동인의 통합을 주장했다. 그는 1566년 승문원권지부정자(承文院權知副正字), 예문관검열, 춘추관 기사, 서장관, 그리고 사간원 정언(정6품)

---

18) 광해군은 선조와 공빈(恭嬪) 金씨 사이에 난 둘째 아들이었다. 선조에게는 공빈 말고도 8명의 후궁이 더 있었고, 광해군에게는 친형 임해군(臨海君)을 포함하여 이복형제만 12명이 있었다. 광해군이 3살 때 공빈은 세상을 떠났다. 어린 나이에 생모를 잃었던 데서 오는 외로움으로 유년 시절부터 미묘한 정치적 환경을 겪었던 경험은 광해군의 성격 형성에 크게 영향을 미쳤던 것으로 보인다(한명기, 2010.11, 61쪽). 그 성격은 위기를 맞을 때 '긴급하고도 돌출적인' 성격이 강했다. 광해군이 집권한 계기는 왕세자로서 임란 당시 분조(分朝)를 잘 이끌어 왕의 자리를 차지할 수 있었다. 물론 선무공신(宣武功臣)으로 정인홍과 이이첨(李爾瞻)이 있어 광해군에게 도움을 줬다. 전란 당시 의병이 총 22,900명이었으나, 경상우도의 의병이 10,000명이었다. 그로 인해 분조를 지탱했던 핵심 인물이었던 정인홍과 이이첨 등 의병장 출신이 버티고 있었다(한명기, 2010.11, 61쪽).

으로 제도권 언론으로 뼈가 굵은 정통의 관리는 아니었다. 그러나 서애는 동남서인들을 가리지 말고, 인재를 등용하여 국가를 운용하도록 바랐으며, 사림들의 올바르고 정당한 의견을 받아들이기에 애썼던 학자였다.

　서애의 통합론에 대해 내암은 오히려 동인 사이에도 남인과 북인을 가를 만큼 자신의 주장이 강했다. 원래 철학과 레토릭은 서구의 지성사에서 발전한 시기가 각각 다르다. 레토릭은 진리가 상황에 따라 춤을 출 때, 수사학이 득세한다. 그러나 철학은 절대적 진리를 수용할 수 있을 때 적절한 학문이다. 남명과 서애는 레토릭과 철학의 전통을 각각 갖고 있었다.

　시대가 흔들릴 때 레토릭의 좌충우돌은 오히려 정국을 불안하게 만든다. 더욱이 조선 중기는 서구가 중세에서 현대를 준비하는 시기였다. 데카르트의 생각하는 자아가 설득력을 지녔고, 곧 '15, 16세기 농노가 해방'(독일)되고, 새 시대가 열릴 준비가 되어 있었다. 율곡과 서애는 예문관, 홍문관 출신으로 누구보다 그 현실을 꿰고 있었다. 서애는 임진왜란(1592)는 시대의 절박성에 따라 임진왜란 와중에 면천법(免賤法)을 관철시켰다. 서애는 내암과는 달리 오히려 당시 더욱 경세론에 앞서, 이념적 정립에 더욱 관심을 가졌다. 그는 중국의 고전을 한국화, 즉, 전통의 도(道)에 관심을 가졌다.

　물론 당시 사림유(士林儒)의 반발도 만만치 않았다. 정여립난(鄭女立亂, 1589년 10일. 선조 22년)]19)이 일어났다. 전란에 휩싸일 시기에 동인 서인의 당파싸움이

---

19) 정여립난은 기축옥사(己丑獄事, 1589.10)라고 하는데 그 발단은 황해도관찰사 한준(韓準)과 재령군수 박충간(朴忠侃), 안악군수 이축(李軸), 신천군수 한응인(韓應寅) 등이 전 홍문관 수찬이었던 전주사람 정여립이 역모를 꾀하고 있다고 고변함으로써 시작되었다. 이들의 고변에서 열거된 정여립의 역모죄상은 그가 벼슬에서 물러난 뒤, 전주와 진안·금구 등지를 내왕하면서 무뢰배와 공·사노비들을 모아 '대동계(大同契)'라는 단체를 만들어 매월 활쏘기를 익혔다는 것이다. 또 당시 민간에 유포되어 있던 도참설을 이용해 민심을 현혹시킨 뒤, 기축년말에 서울에 쳐들어갈 계획을 세우고, 그 책임 부서까지 정해 놓았다는 것이다. 이 사건으로 동인에 대한 박해가 더욱 심해지고 서인인 정철(鄭澈)이 옥사를 엄하게 다스려서 이발(李潑)·이 길(李洁)·김우옹(金宇顒)·백유양(白惟讓)·정언신(鄭彦信)·홍종록(洪宗祿)·정언지(鄭彦智)·정창연(鄭昌衍) 등 당시 동인의 지도자급 인물들이 연루되어 처형 또는 유배당하였다. 그 가운데 이발은 정여립의 집에서 자신이 보낸 편지가 발견되어 다시 불려가 고문을 받다가 죽었으며, 그의 형제·노모·자식까지도 모두 죽임을 당하였다. 같은 해 12월에는 호남 유생 정암수(丁巖壽)를 비롯한 50여 인의 상소로 이산해(李山海)·나사침(羅士忱)·나덕명(羅德明)·나덕준(羅德峻)·정

격렬하게 전개 된 것이다. 임진왜란 3년 전에 일어난 일로 그 희생자만도 1,000명이나 되었다(http://terms.naver.com/entry.nhn?docId=551502&cid=46622&categoryId=46622). 억울하게 죽은 사람이 많다는 소리가 된다. 그 상처는 임진왜란 이후에도 오랜 동안 치유될 수 없는 깊은 상처로 남았다.

서인이었던 정여립은 동인으로 갈아타면서, 서인이 동인에게 빌미를 잡고, 일망타진한 사화였다. 기호학파인 서인에 도전한 동인, 즉 사림파의 견제가 막바지에 온 것이다.

물론 동인 출신 서애는 오히려 광국공신 3등으로 풍원부원군에 봉해졌다. 그는 공신첩을 받고 정승의 대열에 올랐다. 한편 서인의 강경파 송강 정철(鄭澈, 당시 옥사를 관장)는 기축옥사가 끝난후 세자책봉 문제를 언급했다, 삭탈관직이 되어 유배하게 되었다.

서인과 동인 간의 관계는 기축옥사 이후 골이 깊어지고, 그 여파로 서인을 온건하게 다루는 퇴계 문인들, 즉 유성룡, 김성일, 이덕형 등은 남인이 되고, 서인을 과격하게 다룬 사람들이 남명 문인, 즉 이해산(李山海), 정인홍 등은 북인이 되었다. 그러나 선조 국왕도 서애 유성룡, 백사 이항복(李恒福)에 동조함으로써 난은 평정의 기미를 보였으나, 정인홍은 강하게 반발하고, 삭탈관직을 당하고 만다. 정인홍은 기축옥사로 이발(李潑)과 최영경(崔永慶)을 잃어 물러설 수 있는 입장이었다(김충열, 2007; 신병주, 2007.11, 33쪽).

기축옥사로 북인이 구심점을 잃게 되었다. 내암은 직에 연연하지 않고, '벼락이 떨어져도 목에 칼이 들어와도 서슴지 않는다.'라는 제도권 언론의 정신을 갖고 있었다. 그 정신이 선비 정신의 표상이고, 사림 정신의 정수, 즉 도(道)였다.

현실에 타협을 잘 하는 현대 언론인과는 많이 다르다. 남명의 경우는 제

인홍(鄭仁弘)·한효순(韓孝純)·정개청(鄭介淸)·유종지(柳宗智)·김우굉(金宇宏)·윤의중(尹毅中)·김응남(金應男)·유성룡(柳成龍)·유몽정(柳夢井)·조대중(曺大中)·우성전(禹性傳)·남언경(南彦經) 등 30여인이 연루되어, 처형되거나 혹은 유배되었다(한국민족문화대백과, 한국학중앙연구원). 동인 출신 정인홍, 유성룡도 포함되었다 (http://terms.naver.com/entry.nhn?docId=551502&cid=46622&categoryId=46622).

도권 언론인과 달리, 현실감이 충만한 것도 아니다. 설령 그렇더라도 절박한 시대를 벽립천인 정신으로 이겨내는 용기와 인내심을 높이 살만하다.

광해군 일기에 정인홍을 벽립천인으로 평가한 대목이 이목을 끈다(『光海君日記』. 권4 광해군 5년 癸丑條; 신병주, 2007.11, 33쪽). 한편 율곡은 정인홍의 이런 성격을 강직하나 용병에 비하면 돌격대가 적합하다고 했다(『石潭日記』 선조 14년 8월조; 신병주, 2007.11, 33쪽). 정인홍은 올곧은 제도권 언론인임에는 틀림없었다.

남명과 정인홍이 정립한 사림의 도가 형성되는 과정을 살펴보자. 남명은 직에 연연하지 않았다. 그는 선조1년 구언(求言)의 형식에 답한 「정묘사직정승정원상(丁卯辭職呈承政院狀)」(1567)에서 "지금 저는 나이(66세)가 시제에 이르고, 늙고 병든 가운데 죄는 중한데, 부르시는 명에 달려갈 수가 없었습니다. 성상(聖上)께서 은택을 베풀어 너그럽게 용서하사, 죄를 다스리지는 않으셨지만, 만 번 죽는 것이 마땅 하옵기에 처벌을 기다리옵니다."라고 했다(조식, 1995, 247쪽). 남명은 선조 1년 뜻을 펼 좋은 기회였지만, 끝까지 처사(處士)로서 5년 후 생을 마감했다.

그래도 그는 조정의 일에 조언하는 것에는 적극적이었다. 동 상소는 "엎드려 생각하옵건대, 주상께서 늙은 백성을 부르시는 뜻은 변변치 못한 늙어 빠진 몸을 보고자 하심이 아니라, 진실로 한 마디의 말이라도 들어서 만에 하나 임금님의 덕화에 보태려 하시는 것입니다. 그러므로 '구급(救急)'이라는 두 글자로써 나라를 부흥시키는 한 마디로 삼아, 제가 몸바치는 일을 대신하기를 청합니다."라고 했다(조식, 1995, 247쪽).

남명은 나라의 기강이 무너짐을 직시했다. 그는 현실에서 출발하여, 논리적 정당성을 확보하기 위해, 이론을 끌고 왔다. 그에게 들어오는 인상이 중요하게 언급되어있다. 동 상소는 "제가 엎드려 보건대, 나라 근본은 쪼개지고 무너져서 물이 끓듯 물이 타듯 하고, 여러 신하들은 거칠고 게을러서 시동(尸童) 같고 허수아비 같습니다. 기강이 씻어 버린 듯 말끔히 없어졌고,

원기가 온통 나른해졌으며, 예의가 온통 쓸어버린 듯하고 형정(刑政)이 온통 어지러워졌습니다."라고 했다(조식, 1995, 247쪽).

남명은 계속해서 사회 전반의 경세론을 언급했다. 그 당시는 철학자가 필요한 시기가 아닌, 현실을 풀어가는 수사학 전공자가 필요하였다. 그 형성과정은 사람을 교육시키고, 관리하는 일이였다. 그는 "선비의 습속이 온통 허물어졌고, 공공(公共)의 도리가 온통 없어졌고, 사람을 쓰고 버리는 것이 온통 뒤섞였고, 기근이 온통 갈 데까지 갔고, 창고는 온통 고갈되고, 제사를 지내는 것이 온통 더렵혀지고, 세금과 공물은 온통 멋대로 걷고, 변방의 방어가 텅 비었습니다. 뇌물을 주고받음이 극도로 달했고, 남을 헐뜯고 이기려는 풍조가 극도에 달했고, 원통함이 극도에 달했고, 사치도 극도로 달했고, 공헌(貢獻)이 통하지 않고, 이적(夷狄)이 없이 여겨 쳐들어오니, 온갖 병통이 급하게 되어 하늘 뜻과 사람의 일도 또한 예측할 길이 없습니다."라고 했다. 임진왜란이 일어나기 25년 전이다. 남명이 구체적으로 경전 이름을 밝히고, 인용한 것은 주역(周易)뿐이라했다(권인호, 2001, 91쪽). 주역은 질서를 기술한 것이 아니라, 변화를 극복하는 책이다. 그 사회를 통째로 바꾸는 방법은 사람을 바꾸지 않으면, 난세를 극복할 수 없을 지경에 이른 것이다.

남명은 자기 대신 '산야에 버려진 사람을 찾아 어진이를 구한다.'라고 건의한다. 남명이 말한 '산야에 버려진 사람'은 바로 '사림(士林)'[20]을 이야기한다. 이로 인해 선조 1년에 사림이 대거 천거되는 일이 벌어졌다. 남명의 경

---

[20] 조선시대 사림(士林)은 사림파(士林派)로 알려진다. 그 학맥은 한훤당(寒暄堂) 김굉필(金宏弼), 일두(一蠹) 정여창(鄭汝昌), 정암(靜庵) 조광조(趙光祖) 등으로 이어진다. 이들은 실천적 유학사상을 계승하여 사변적인 학문 탐구를 비판하고, 자신을 올바르게 세워 현실에 쓰일 수 있는 학문을 이루려고 노력했다(전병철, 2016, 13쪽). 남명 조식은 사림의 학을 집약하여 '경의(敬義)'로 표현했다. 그는 그림「신명사도(神明舍圖)」와 명문(銘文)으로 표현된「신명사명(神明舍銘)」을 남겼다. 「신명사도」에 따르면 일월(日月)은「천지신명(天地神明)의 주인이고, '敬'은 '인심신명(人心神明)'의 주인이다. 더 구체적으로 日을 이(耳)에, 月을 목(目)에 비유했고, 조식은 '敬義'는 집안의 일월로 봤다.(전병철, 2016, 27쪽). 집안이 잘 다스리지 못하면, 국가가 온전하게 다스려질 이유가 없다.

세론(經世論)은 '인사가 만사'라는 말을 하고, 새로운 사람이 수혈되어야 함을 이야기했다. 남명은 더 이상 훈구 대신으로 국가의 운명을 구할 수 없다고 했다.

사림이 제도권 언론에 중추적 역할을 담당했다. 그 주요 인사가 남명의 수제자(首弟子) 내암 정인홍이었다. 그는 선조 35년 1602년(1602. 3.17) 「대사헌 정인홍의 올린 차자」에서 "삼가 생각건대 신의 도서에 돌아오던 날 바로 노회하고 병이 들어 출사(出仕)할 수 없다는 사실을 들어 성청(聖聽)을 번거롭게 하였고."라고 했다(선조 148권, 25(1602 임인/명 萬曆 3월 17일; http://blog.daum.net/truthonly/10572900). 내암은 제도권 언론인이 자리에 연연하지 않음을 쉽게 알 수 있다.

내암은 사림(士林)에 대한 확고한 믿음이 있었고, 더불어 글쓰기는 상당한 기억력, 그 내용이 확실하고, 충실하였다. 그는 '규찰탄핵'의 최고 책임자 대사헌으로서 사실의 부정확함을 언급한다. 당시 조선시대 성행했던 풍문의 공론, '풍문탄핵(風聞彈劾)'의 피해를 논의한 것이다.

패거리 사회로 공론이 이뤄지는 과정을 설명했다. 율곡은 「시폐(時弊)에 대해 진달한 상소」에서 "부의(浮議)란 것은 어디에서 나온 것인지도 모르는 것인지도 모르는 것으로 처음에는 아무 미세하지만 점차 치성해져 나중에는 묘당(廟堂)을 동요시키고 대각(臺閣)에 파란을 일으키기까지 하는데 온 조정이 거기에 휩쓸려 누구도 감히 저항하지 못합니다. 들뜬 의논의 위력은 태산보다도 무겁고 칼날보다도 예리한 것으로 그 칼날에 한번 저촉되면 공경도 그 존귀함을 잃게 되고 뛰어난 인재들도 그 명성을 잃게 되며."라고 했다(이이, 1582, 2쪽).

절제를 상실한 공론 현실이 공개된 것이다. 내암은 "신이 도성에 들어온 이래 시일은 얼마 경과되지 아니하였지만 진신지사(縉紳之士)의 행패를 잘 보았습니다. 그들의 마음이 천백 갈래로 갈려져 조금만 자기와 뜻을 달리하면 바로 한쪽 편의 사람을 배척하여 그 당사자로 하여금 어쩔 수 없이 편당이 되게 하고 그 말이 공론이 될 수 없도록 만들고 있으니, 그 편파적이고 괴이한 형상을 이루 다 형언할 수가 없습니다."라고 했다(선조 148권, 25(1602) 임인/명 萬曆 30년 3월 17일; http://blog.daum.net/truthonly/10572900).

내암은 조선시대 고질병으로 풍문의 공론은 당파성 싸움의 진원지가 됨을 인식했다. 콘텐츠(事)보다 관계성에 집착하는 전통 유학의 문제점이 부각된다. 정치관계성이 항상 문제가 된다. 물론 서구라고 예외는 아니었으나, 대중신문이 출현하면 달라졌다. 1833년 미국의 대중신문은 정치권력으로부터 멀어지고, 인간의 관심사를 논의했다. 그들은 의견, 즉 정파성이 아닌, 사실, 공정성, 실증주의, 객관주의 등으로 사실들을 기술하기 시작했다. 의(義)의 당위성을 논하기 전 엄밀, 정확, 형식화 등으로 과학이론의 분석이 필요했다. 정확한 사실이 필요한 시점이었다.

한편 내암은 당위성만을 강조하는 피해를 언급하고 있다. 이는 스승 남명이 처사(處士)로 평생을 지닌 이유가 설명이 된다. 동 차자는 "신은 삼가 이귀(李貴)의 상소를 보니, 여러 진신(縉紳)들의 말을 인용하여 신의 잘못을 차례로 열거했는데 모두 근거가 있었습니다. 그 상소문 중에 있는 자들은 당연히 보고 들었을 테니 어찌 근거 없이 날조한 말이라 하겠습니까. 신이 비록 스스로는 인정하지 않는다 하더라도 실제로 남에게 이처럼 죄를 얻었으면서 여전히 뻔뻔스럽게 직위를 차지하여 명기(名器)를 욕되게 하고 죄를 무겁게 할 수 있겠습니까?"라고 했다(선조 148권, 25(1602) 임인/명 萬曆 30년 3월 17일; 기묘 2번째 기사; http://blog.daum.net/truthonly/10572900).

풍문은 곧 나라 근간을 흔들고, 그 흔들림에도 정심(正心), 공정성을 갖도록 권장했다. 동 차자는 "신이 일찍이 남중의 사우(士友)와 이야기하다가 가슴이 아파 입 밖으로 뛰어나오는 과격한 말을 깨닫지 못하고 '간흉 정철'을 사주하여 고현(高賢)을 죽이는가 하면 우리 국맥(國脈)을 상하게 하고 피로 우리 사림(士林)을 더럽혀 욕되게 한 자는 성혼이요."라고 했다(선조 148권, 25(1602) 임인 /명 萬曆 30년 3월 17일; http://blog.daum.net/truthonly/10572900).

내암은 나라를 구할 구원자로 사림을 생각함을 알 수 있다. 선조의 새로운 시대는 개인의 직분에 따른 역할을 할 것을 말하고 있다(선조 148권, 25(1602) 임인/명 萬曆 30년 3월 17일; 기묘; http://blog.daum.net/truthonly/10572900).

동 차자는 사림의 중요성을 다시 언급했다. 그리고 왕이 이말 저말 듣고 좌충우돌하는 측면을 강조한다. 내암은 선조 왕께 경(敬), 즉 정성스런 마음을 주문하고 있다.

남명에게 경은 글이 아니라 몸으로 익히는 것이다(정순우, 2001, 115쪽). 경이란 실천의 세계이다. 아래로부터 위가 형성되는 것이다. 이념이 먼저고 실행이 나중인 수기가 아니다. 그게 남명의 도(道)이고, 사림의 도와 일맥상통하는 점이 있다. 경(敬)이 있고, 의(義)가 있어 남명과 내암의 도가 완성이 된다. 내암은 37세 1572년 남명의 임종 당시 內明者敬 外斷者義(안으로 마음을 밝히는 것은 敬이요, 밖으로 행동을 결단하는 것은 義이다.)라는 말을 받게 되고, 남명은 내홍에게 경의검(敬義劍)을 선물했다(http://cafe.naver.com/geochips/4052). 남명은 국난을 내다봤고 이 훈련을 받는 사람이 바로 사림(士林)[21]이다. 이것이 나라를 지탱하는 힘이었다.

동 차자는 "신은 삼가 들으니 사류(士類)는 국가의 원기(元氣)이고 공도(公道)는 사류의 명맥이라 하였습니다. 전하께서는 시비가 난무하고 사정(邪正)이 분분하게 엇갈리는 것을 보시고는 이것도 옳고 저것도 옳다는 식으로 크게 포용하여 공존케 함으로써 도리어 고식적인 습성으로 굳어지게 하였으므로, 기강이 무너져 그릇된 것이 올바른 것을 제압하기도 하고 사가 정을 이기기도 하고 있습니다."라고 했다(선조 148권, 25(1602 임인/명 萬曆 30년 3월 17일; http://blog.daum.net/truthonly/10572900).

---

21) 사림은 산림(山林)에서 온 말로서, 산림은 산림처사(山林處士), 산림숙덕(山林宿德)를 줄임말로서 '재야에 머물면서 학문과 덕행을 닦아 일세를 풍미할 정도의 영향과 경륜을 지녔으되, 이름이 알려지기를 구하지도 벼슬을 탐하지도 않는 선비'를 말하였다. 이들의 권세를 말할 때 '열사람의 정승이 한 사람의 왕비(王妃)만 못하고, 열 사람의 왕비가 한 사람의 산림만 못하다.'라고 했다(http://cafe.naver.com/geochips/4052). 사림은 산림에서 관리로 나와 조정에서 한 당파를 이룬 선비들이다.

3장.
사림의 도(道)

1) 경의성(敬義誠)

정인홍이 강력하게 믿고 있는 사림의 사고와 행동양식을 숙의할 필요가 있다. 그 스승 남명 조식은 평시에도 칼을 소지할 만큼 무(武)에 대해서도 깊은 관심을 가지고 국방의 중요성을 역설한 사람이었다. 그는 선비이면서 문무의 균형을 강조하고 현실의 문제점에 대해 과감하게 비판하는 직선적인 성향의 처사였다(신병주, 2007.11, 25쪽). 당시 성리학의 문에 치우지는 것을 비판하고, 실천이나, 실용(일)에 관심을 가졌다. 이는 "율곡의 '일용지간(日用之間)' 생활 속에 도가 있다."라는 논리이다(『栗谷全書』, 상, 권9, 書1, 答成浩原, 186쪽; 김형효, 1995.6, 16쪽). 이들 지식인들은 앞으로 전난(戰亂)이 눈앞에 펼쳐질 것을 예견한 것이다. 이때 남명은 관리의 길보다 처사(處士)[1])의 길을 자임했다.

---

1) 조식은 도를 닦는 것을 본업으로 한 이유, 즉 처사로 남은 이유로 1545년 인종(仁宗)이 죽고 명종(明宗)이 즉위하자 외척 윤원형(尹元衡) 일파가 집권하여 사림에 무참한 화를 키웠다. 1545년 을사사화에 남명의 절친한 벗 이림(李霖), 성우(成遇), 곽순(郭珣) 등이 화를 당했고, 1547년 양재역(良才驛) 벽서사건(壁書事件)에 연루되어 남명의 절친한 선배 송인수(宋麟壽)가 사약을 받았다. 이런 일련의 사건을 겪으면서, "남명은 학문을 통해 道를 부지하는 것이 자기 시대를 구제하는 유일한 길이라고 생각했던 것이다."라고 생각했다(조식, 1995, 22쪽).

군자는 '道를 닦는 것'을 본업으로 간주했다(신병주, 2007. 11, 27쪽), 경세론으로 정책을 펴는 것도, 절개를 지키는 것도 도로 간주했다. 율곡은 「대사간을 사직하는 상소」에서 "선비가 이 세상에 태어나서 나아가면 도를 행하고 물러나면 뜻을 지키는, 이 두 가지 이외는 다른 길이 없습니다. 도를 행하는 방책은 뛰어난 재능과 높은 덕으로 이룬 공이 백성들에게 고루고루 퍼지게 하는 자가 아니면 감당할 수 없으나, 뜻을 지키는 절개 같은 것은 부끄러움을 알고 스스로 몸을 깨끗이 하는 자도 거의 할 수 있습니다(이이, 6권, 1쪽)."라고 했다.

율곡은 자신이 도를 펴는 일에 적합하지 않는 이유를 실천을 하지 않는 것에 두고, "타고난 성품이 경박해서 자중하는 데에 부족하고, 성현(聖賢)의 글을 읽지 않는 것이 아니고 의리(義理)의 미묘함을 궁리하지 않는 것이 아니지만 한갓 말로만 표현하고 몸과 마음으로 실천하지는 못하였습니다."라고 했다(이이, 6권, 1쪽)."라고 했다.

한편 남명은 도를 행하는 방법을 敬, 義, 誠에 두고 실천하는 것에 관심을 두었다. 그 사이도 '온정주의'로 감싸는 것이 아니라, 칼로 무를 자르듯 명료하게 풀이한다. 남명은 「묘갈문」에서 "학문하는 방법으로는 敬을 간직하는 것보다 중요한 것이 없다. 하여 주일(主一) 공부에 몰두, 늘 정신을 밝게 깨어 있게 하고 몸과 마음을 거두어 하나로 집중시켰다."라고 했다(김충열, 2008, 438쪽).

여기서 주일(主一)은 정주학파(程朱學派) 공부론의 주요 개념이다. 즉, "맹자의 '求其放心, 立其大本'과 같이 마음을 하나로 모아 잡념이 없는 상태에 이르고, 이것이 일신을 주재하는 이치를 가질 수 있도록 길러진 상태를 敬이라고 한다. 『논어』 「학이」 집주에 '敬은 주일무적(主一無適)한 상태를 이른 것'이라 했다. 정자는 말하기를 주일 상태를 敬이라고 하고, 무적 상태를 一이라 한다고 했다. 주일이란 만근의 힘이 화살촉 끝에 집중된 상태요, 무적은 그것은 조금도 흐트러짐이 없이 하나의 목표에 관주된 상태이다. 그러므로 이 화살이 목표에 명중될 때는 정곡을 찌름은 물론 어떠한 장애도 뚫는 위력을 갖는다. 선이 악을 싸워 이기는 힘도 이와 같다."라고 했다(김충열, 2008, 438쪽).

남명은 『성리대전』을 인용하여, "'경'이 '정신집중'에 그치면 '쓸모없는 죽은 경(死敬)'이 되고 '의'와 융합되어야 '쓸모 있는 살아있는 경(活敬)'이 된다면서 경의 양면성을 지적했다.[2] 자기 내면수양에만 작용할 것으로 생각되는 '경'이 '죽은 경'과 '산 경'으로 2중 작용을 있을 것이라는 예감을 주고 있다."라고 했다(조희환, 2014, 59쪽).

물론 활경은 '신명(神明)의 마음'으로서 성리(性理)도 될 수 있지만, 누구나 공유할 수 있는 이성(reason)의 힘을 지칭할 수 있다. 여기서 이성이 무엇을 할 수 있는 것은 아니어서, 합리성(rationality)을 필요로 한다. 즉, 이성은 추론(reasoning)이 가능하지만, 직감을 통한 경험세계가 뒷받침이 때만 힘을 받을 수 있다. 서양속담에 '보이는 것만 믿다(seeing is believing)'라는 말이 있다. 개인은 인지하는 감각을 변형시키나 해석을 한다(Philip Emmert and William C. Donaghy, 1981, p.76). 그 전제는 인지가 사물이나, 사람을 있는 그대로를 인지하지 못하고, 인지하는 어떤 방법으로 그들을 본다. 여기서 인지는 "우리 주변의 환경으로부터 받는 자의적 자극을 조직화하는 과정인데, 그들을 변형시키고, 그들에게 의미를 부여한다."라고 했다(Philip Emmert and William C. Donaghy, 1981, p.78). 경험세계는 인지과정을 통해 축적된다. 인지는 수동적이어서, 능동적 힘이 필요한데, 그것을 동기(motivation)라고 한다. '동기'[3]는 느끼는 것(needs)을 갖고자 한다. 어떤 것을 하거나, 하지 않으려고 하는 원

---

[2] 『성리대전』 제46권 學四 存養 743조 有死敬 有活敬 若只守着主一之敬, 遇事不齊之以義 辨其是非, 則不活 若熟後敬便有義 義便有敬 靜則察其敬與不敬, 動則察其義與不義 須敬義夾持循還無端 則內外透徹(曺植편, 경상대학교 남명학연구소 역주, 『학기유편』, 한길사 2002, 184~185; 조희환, 2014, 59쪽).

[3] 동기는 여러 가지 종류로 나눠지는데, 본능적 필요(drive reduction needs), 연속적 필요(consistency needs), 관계적 필요(interpersonal needs), 가치적 필요(values needs) 등으로 나눠진다(Philip Emmert and William C. Donaghy, 1981, p.55).

인이 된다(Philip Emmert and William C. Donaghy, 1981, p.54).

성령(聖靈), 혹은 신앙은 보이지 않는 것도 믿지만, 대부분의 지식은 경험세계를 도외시 할 수 없다. 설령 볼 수 없어도 유추할 수 있다. 그렇다면 경험론에 근거한 합리성은 행동으로 옮길 때 쓰이게 됨으로써 이성과 함께 하게 된다. 개인은 시·공간 안에서 kairos 시간의 도움을 받게 되고, 합리성을 안착시키게 된다. 이 논리로 직관과 경험세계가 함께 할 때 공부론도 의미를 지니게 된다.

더불어 敬과 義는 생각과 행동을 같이 할 때만 의미를 지닌다. 남명은 한 명(銘)에서 "마음의 소리는 메아리와 같고, 그 자취는 인장(印章)과 같으니라(心聲如響 其跡如印)"라고 했다. 아무리 '신명의 마음'도 행동으로 옮기지 않으면 의미를 상실하게 된다. 물론 경과 의가 같이 하는 맥락에서 '자신을 아는 것(know thy self)'이 윤리의 첫걸음이다.

일반적으로 윤리는 '책임 있는 사고(responsible thinking)'로, "윤리적 커뮤니케이션은 인간의 가치와 존엄(human worth and dignity)이어서 진실성, 공정성, 책임성, 정체성 그리고 자신과 다른 사람을 존경하는데서 길러질 수 있다(Isa N. Engleberg and Dianna R. Wynn, 2015. p.13). 뿐만 아니라, 윤리는 커뮤니케이션 행위가 선과 악의 협약된 표준을 이행하는지의 이해를 요구한다(Richard L. Johannesen, 2002, p.1; Isa N. Engleberg and Dianna R. Wynn, 2015. p.13).

윤리 의식은 마음에서 시작하는데 사실 인간의 이성(reason)은 선악을 판단하는 기준에서부터 시작한다. 그 판단은 물론 마음에서 이뤄진다. 마음은 언어로 외부에 표출된다. 바른 언어의 사용은 레토릭의 으뜸 요소이다. 남명은 '언행수양에 관심을 가졌는데, '집의(集義)'는 언행수양과 동의어이다(조희환, 2014, 70쪽). 즉, '행한 일이 도의에 합당함'이라야 한다.

한편 남명이 즐겨 쓰는 신명(神明)은 '마음'을 가리키는 말로, 『대학』 첫 구절의 주자(朱子) 주석에서 이른바 '실체는 없으면서도 신령스러워, 온갖 이치를 갖추고서 세상만사를 대처할 수 있는 것[虛靈不昧 以具衆理 而應萬事者]'

이다. 사(舍)는 '마음을 에워싸고 있는 집'이란 뜻이다(조식, 1995, 121쪽). 온갖 생각을 버리는 마음이 있은데 '허정(虛靜)'은 노장학파의 도가에서 잘 쓰이는 말ㅓ로, 유가에서는 '정(靜)'을 선호한다. 허정은 여러 가지 잡념이나 망상을 버리고 마음을 텅 비운다. '마음이 텅 비우고 조용해진 상태'가 되어야 차근차근 새로운 창의나 자기성찰이 있게 되고, 정신적으로 새로운 출발이 가능해지는 정신수양이 이뤄지게 되는 것이다(조희환, 2014, 70쪽).

남명은 마음 수양, 즉 정신수양을 바로 '거경(居敬)형 정신수양이라고 했다. 거경은 '항상 마음을 바르게 하여 품행을 닦음,' '마음을 공손하게 가짐' 등의 뜻으로서 '정신수양의 실질에 완전히 일치하기 때문이다(조희환, 66~67쪽).

한편 義는 '외행[언행] 수양을 위한 어떤 작용'임이 틀림이 없다. 신유학자들이 주장한 '의'의 내용이나 방법을 검토해보면, '위엄을 갖춤', '알맞게 행동함' '도리에 맞게 행동함' '정도(正道)에 따라 옳게 처리함' 등의 뜻이다(조희환, 2014, 50쪽).

한편 경, 의는 誠을 요구한다. 정이천(程伊川)은 '일자(一者)를 성(誠)이라 하고, 주일자(主一者)를 敬이라 하며 誠은 본체의 표준이 되는 것이요, 경은 성을 실천하는 과정과 방법이다(『學記類編』(丁巳本) 권1, '程子曰, 主一者謂之敬, 一者謂之誠, 誠則無不敬, 未至於誠, 則敬然後誠; 금장태, 2002, 247쪽).

경의 훈련이 미비한 곳에서 의가 잘 수행될 수 없다. 정인홍은 임진왜란 와중에 敬이 부족한 관료의 난맥상을 이야기했다. 그는 "문신은 부화함을 숭상하고 실용적인 것을 멸시하며, 무신은 통솔력만을 취하고 담력과 용맹을 버립니다. 대간(臺諫)이 되면 사사로운 감정을 급선무로 하고 공의는 마음에 두지 않으며, 장수가 되면 벌주고 죽이는 것에는 용맹하고 적개심을 품는 데에는 겁을 먹습니다. 수령이 되면 오직 사신의 비위만 맞추고 백성의 일을 도외시하며, 창고는 개인의 저장고로 여겨 전지(田地)를 마련하고 노비를 사면서 꺼리는 바가 없으며, 백성의 굶주림을 구휼하지 않고 사사로운 사람을 기르면서 누가 감히 나를 어떻게 하겠느냐고 합니다."라고 했다(「辭義將奉事」; 의병장을 사직하는 봉사, 1593, 선조 26; 정인홍, 2014①, 97쪽).

내암은 1602년 그의 나이 67세 때 「사동지차(辭同知箚)」에서 의가 부족한 영남인의 폐습을 이야기했다. 그는 "문장지사(文章之士)와 명환지사(名宦之士; 벼슬 좋아하는 선비)는 끊이지 않지만 정작 필요한 도덕지사(道德之士)는 거의 없다고 했다. 모두 명예를 다투고 이익을 좇는 습관 때문이라 보았다(『來庵集』上, 145쪽). 정인홍은 쟁명(爭名)과 추리(趨利)를 말세적 현상으로 보고, 이것이 지속되면 결국 집안이 망한다고 했다. 가정과 향리, 나라와 조정에서 온통 문예로 장단을 다툰다면서, 이를 버리고 마음을 기르는 길, 즉 도덕적 자아를 확고히 하는 방향을 나아가자고 했다."라고 한다(정우락, 2006, 215쪽).

말하자면 敬(경건함)이 부족하니, 義(공경)이 있을 수 없고, 결국 정성의 지극한 誠에 문제가 따르게 마련이다. 물론 敬과 誠이 함께 하는 말의 무게는 큰 주제에 알맞다. 우선 정일(精一)이 내면을 향한 정밀한 심화 과정을 거치고, 그 후 주일(主一)은 높은 표준을 목표로 지향하는 일관된 공부라 할 수 있다(금장태, 2002, 248쪽).

한편 시대의 절박성은 레토릭의 주제로 대두된다. 아리스토텔레스는 『레토릭에 관하여』 1권에서 스피치의 종류를 3가지로 분려했다. 화자는 개인들의 집합인 타자들에게 스피치를 시도한다. 이들 레로릭은 통제 밖에 있는 사람을 스피치를 통해 통제 안으로 끌어온다.

여기서 그 구체적 사례를 들어보자. 우선 ①예식의 연설(epideictic speech)이 그 하나이다. 남명과 내암은 묘갈문(墓碣文), 제문(祭文), 비분 등 수많은 글을 남겼다. 그 예를 하나씩만 들어보자. 남명은 '충효의 증표로 벼슬을 내렸다'라는 글을 쓰고 있다. 신분을 유지 및 보존, 즉 지탱함으로써 신분의 명예를 얻고, 식업(識業)까지 챙기게 된다. 신분이 곧 라이프 스타일을 결정하고, 신분이 경제적 이익관계를 형성시킴으로써 사회의 전형적 형태이다.

남명은 「묘지(墓誌)」에서 "가정황제 39년 경신(1560) 봄에 왕이 좌부승지 이정(李楨)에게 명하기를 '돌아가 네 모친을 살펴라. 내가 너의 충효를 아름답게 여겨서, 너의 모친을 봉양할 몇 가지 음식 약간을 내리노니, 네 가더라도 나를 멀리하지 말라.'하였다. 이 해 가을 8월에 거듭 유후(留侯)로 임명하시어 동경(東京)을 다스리도록 한 것도 모친을 섬기도록 한 때문이었다. 그리고 왕이 이르기를 '너의 아비 담(湛)에게 가선대부(嘉善大夫) 호조 참판 겸 동지의금부사(同知義禁府事) 작위를, 어미 정씨(鄭氏)에게는 정부인(貞夫人)으로, 조부 이번(以蕃)은 통정대부 공조참의(公曹參議)로."라고 했다(贈嘉善大夫戶曹參判兼同知義禁府事李公神道碑銘, 幷序; 조식, 1995, 314쪽).

한편 내암은 한 묘지명에서 敬義와 수사학(洙泗學)의 교육장, 신분의 명예, 즉 선비정신을 실현할 할 것은 언급했다. 그는 "고을 선비들의 (교육장인) 남계서원 원장(盧裕)으로 추대되었다. 어느 날 뜻하지 않게 병이 들더니 오래도록 낫지 못하고 갑진년(1604, 선조 37) 10월 10일에 돌아갔으니 운명이었다. 향년 60세였다. 군은 우아하고 중후하였으며 단정하고 어질었다. 모습에 게으른 면이 없었고 말씨는 비루하지 않았다. 고요하고 평안한 성품을 지녔으나 행동은 과감하였고, 온화하고 부드러웠으나 결단력과 자제력이 있었다. 다른 사람의 허물을 들으면 진심으로 도와주었고 선한 점을 보면 마음으로 좋아하였으니, 모두가 천서에서 나왔다."라고 했다(「益山郡守盧君墓誌銘」;『내암집②』, 2004②, 303쪽).

그들의 글은 현대에도 예식의 연설로써 충분히 사용할 수 있다. 많은 사람 앞에서 제의(祭儀), 왕이나, 대통령의 신변에 관한 내용, 혹은 국가의 기본 방향을 정할 때 사용한다. 전 국민의 흩어진 마음을 한데 모으는 작업에 알맞다. 무정부 상태에서 질서의 개념을 확립시킬 수 있다. 이때 구어체가 아닌, 문어체 연설이 적다. 사실, 증거 중심으로 논리를 전개시킨다. 현대사회의 법의 지배(legal domination)에서 사용하며, 전문직 사회의 파일(files) 등으로 정보사회를 이끌어 간다.

다른 한 면으로 ②'법정의 연설(forensic speech)'은 증언, 사실을 갖고 이야기한다. 실용성(pragmatic), 과학성(scientific)의 성격을 강하게 작동시킨다. 현대사회 언론이나, 검찰·법정에서 많이 사용한다.

법정의 연설은 증거를 중심으로 한다. 사실의 직시, 즉 '과부'와 '고아' 등이 여기에 속한다. 이때 언론은 정보의 정확성을 생명으로 한다.

나머지 하나는 숙의의 연설(deliberative speech)이다. 이는 정책을 두고, 논쟁하는 형태이다. 경세론을 주창하는 사람들이 늘 관심을 갖는 형태이다. 남명은 처사(處士)로 야(野)에 존재했다. 명종, 선조 당시 각 왕들은 공론장을 형성하기 위해 심혈을 기울였다. 조선 중기 중심이념이 된 위민, 애민 그리고 백성을 위한 정치를 이상으로 했기 때문이다. 남명과 내암은 설령 관리를 맡지 않아도, 끝까지 공론의 정치에 참여했다.

서경덕(徐敬德)은 같은 처사의 신분이었지만, 항상 세상을 등지려고 했으나, 남명은 화담과 달리, 세상일에 적극적이었다. 그는 "당시 민심의 추이나 민생 문제에 밝았고 정치의 허실을 정확히 알고 있었기에 나름대로 자기의 주장에 확신을 갖고 있었다."라고 했다(손병욱, 2002, 314쪽).

내명자경(內明者敬)은 항상 경건한 사고를 갖고, 생각을 하고, 격물치지(格物致知), 즉 사물을 잘 관찰하여, 자기의 지식을 만든다. 거경궁리(居敬窮理), 즉 경의 자세로 만물의 이치를 터득한다. 이는 사물, 일 그리고 타인을 대할 때 갖는 마음의 자세이다.

남명은 경건한 마음으로 항상 사리를 따지고, 상소로 이 뜻을 펼치기로 했다. 그런 측면에서 율곡이 경연(經筵)에서 더 좋은 숙의의 연설을 할 수 있었다. '율곡은 경연에서 성취하는 실상이 없다.'라는 명제를 언급했다. 그는 「만언봉사」의 신분사회에서 "삼공(三公)의 관직을 두었으니, 사(師)는 임금에게 교훈으로 인도해주었고, 부(傅)는 덕의(德義)를 가르쳐 주었으며 보(保)는 신체를 잘 보전하게 해 주었습니다. 이러한 법도가 폐지된 뒤로는 사·부·보의 책임이 오로지 경연(經筵)에 있게 되었습니다. 명종, 조선, 광해군 대(代)에 수사학이 활기를 띠고 있었다. 그러므로 정자(程子)가 말하기를, '임금의 덕의 성취는 그 책임이 경연에 있다'고 한 것입니다. 경연을 설치한 것은 다만 글을 강독하여 장구(章句)의 뜻이나 놓치지 않도록 하려는 것이 아니라, 의혹을 풀어 도를 밝히고 교훈을 받아들여 덕을 진취시키고 정사를 논하여 올바른 다스림을 마련하기 위한 것입니다."라고 했다(이이, 1574, 9쪽). 경연에서 진실, 진리가 밝혀진 것이다.

국가의 질서가 사대부의 敬, 義로만 형성되는 것이 아니라, 경연의 공론장을 통해서 형성된다고 봤다. 제도권의 질서가 경연이 제대로 작동하지 못해 시의를 상실하고, 실공(實功)을 행사할 줄 모르게 된다.「만언봉사」에서 "정사는 시의(時宜)를 아는 것이 귀하고, 일은 실공을 힘쓰는 것이 중요하니, 정사를 하면서 시의를 모르고 일을 당하여 실공을 힘쓰지 않으면 비록 성군(聖君)과 현신(賢臣)이 서로 만난다 하더라도 치적(治積)이 이루어지지 않을 것입니다."라고 했다(이이, 1574, 2쪽).

남명의 수양과정은 개인의 경, 의의 실천을 강조하므로 율곡과는 전혀 다르다. 즉, 남명의 도학(道學)은 율곡과 비유된다. 율곡은 어머니를 잃고 슬픔에 금강산에 들어가 불교 선학(禪學)을 공부한 것에 대한 반성문으로 「자경문(自警文, 1555)」을 남긴 것과는 남명의 것의 정도를 달리한다.

율곡은 관직 가까이에 있었다면, 관직을 도의 실천 방편으로 삼았던 남명과 내암과는 그 마음의 자세가 확연히 달랐다. 현대 언론인이 직업에 목숨을 거는 이유와 완전 딴판이다. 내암이 직책에 연연하지 않았던 것도, 스승인 남명의 성품과 무관할 수 없었다. 물론 내암은 관학파(官學派), 즉 퇴계학파의 유성룡에 대한 평가도 서로 다르다. 그러나 경상좌우도로서 서로 '평생경앙(平生景仰)'을 애써 유지했다(신병주, 2007. 11, 28쪽).

남명은 은일지사(隱逸之士)로 학문을 열성으로 하고, 실행에 힘썼으며, 도를 닦는 덕을 쌓았으니, 정통한 학식과 해박한 전문을 더불어 비교할 사람이 적었다(신병주, 2007. 11, 29쪽).

남명의 수양방법은 극기가 강렬하고 독특했다. 율곡은 몸을 닦고(修己), 백성을 보살펴(安民), 천명(天命)을 영원히 연장할 수 있는 시책을 말했다(오인환·이규환, 2003.6, 21쪽). 한편 남명은 敬義誠을 율곡과 같은 차원에서 논의 하나 그 강도가 달랐다. 남명은 "젊은 시절부터 깨끗한 그릇에 물을 가득 담아 꿇어앉아 두 손으로 받쳐 들고 기울어지거나 흔들리지 않은 채로 밤을 새우며 자신의 정신을 가다듬고, 옷 띠에 쇠 방울을 차고 다니면서 그 소리를 듣고 정신을 깨우쳐 자신을 성찰을 하는 것이었다."라고 했다(허권수, 2017, 2쪽).

더욱이 남명이 자처한 처사(處士)는 세상을 잊고자 하는 망세적(忘世的) 성격과는 전혀 다르다. 그는 "세상에 적극적으로 개입하고자 관여적(關與的) 기운이 더욱 강렬했다. 남명에게 '물러남'은 결코 퇴영적이고 수세적인 은둔이 아니었다. 그의 호 남명(南冥)은 북쪽의 큰 [새 붕(鵬)]이 구만 리 장천을 날아 도착한 남쪽의 어두운 바다이다."라고 했다(정순우, 2001, 87쪽).

피비린내 나는 사화의 생생한 기억이 그의 글에 언제나 불쑥불쑥 나타난다. 그렇더라도 현세를 염세적으로 보는 것으로 만족하지 않고, 시대의 절박함을 제도권(체제) 밖에서 적극적으로 풀어가는 레토리션의 경세적 대안을 항상 갖고 있었다.

제도권 언론이 가져야 할 마음 자세도 남명에게는 큰 과제였다. 후산(后山) 허유(許愈, 1833~1904)가 지은 「신명사도명혹문(神明舍圖銘或問)」에 따르면 남명은 이목구(耳目口)의 3가지 관(關)을 이야기했다(전병철, 2016, 29쪽). 남명은 중앙 정치를 항상 생각하면서, 그 정치의 레토릭 상황을 개혁한 요체를 설명하고자 했다. 그에 따르면 日[目]은 낮이여, 月[耳]는 밤이다. 낮과 밤에 듣는 것을 입으로 말을 한다. 즉, 밤낮에 듣고 보는 것을 입으로 말을 한다. 전 교수는 "학자가 뜻[意]을 막는 일이 성곽이나 나라가 관문에서 폭도를 대비하는 것과 같습니다. 귀는 소리의 관문이고, 눈은 형색의 관문이며, 입은 음식의 관문입니다. 세 관문이 엄격하지 않으면 신명사도가 편안하지 못합니다."라고 했다.

후대 학자 허유의 「신명사도명혹문」을 좀 더 풀이하면 "세 관문 중에서 구관(口關)이 최고의 요해처이다. 마음의 진실하고 망령됨 및 그릇되고 바름, 몸의 길하고 흉함 및 영화롭고 욕됨이 이것으로 말미암아 나오지 않음이 없다. 충신이 아니면 수사(修辭)할 수가 없으며, 수사가 아니면 충신도 가라앉고 요동치게 되어 서서 머무를 수가 없다."라고 했다(전병철, 2016, 30쪽).

선조 원년에 사림은 조선시대에 사헌부, 사간원(臺諫)의 자리를 차지하게 되었다. 말하자면 제도권 안에서 사림의 언론행위가 이뤄졌고, 남명은 제도권 밖에서 사림의 언론행위를 시도했다. 수사학으로 교육을 받은 사림은 ① 같은 신분을 누릴 수 있고(status conferral), ②사회 규범을 강화할 윤리화를 실현할 수 있었다(Paul Lazarsfeld and Robert Merton, 1964, pp.95~118; Charles R. Wright, 1985, p.18).

2) 경의성의 실천

개인, 집단에 대한 교육받은 메시지는 사회의 이슈에 관한 것이고, 이에 대한 관심을 가진 사람이 그 문제에 관해 집중시킴으로써 공적 견해의 중요성을 증가시켜준다(Charles R. Wright, 1985, p.18). 그 메시지가 시대의 절박함을 나타낸 것이면, 이를 공유하는 사람들은 같이 풀려고 한다. 그 사이 그 관심 영역의 사람들은 같은 주제에 사고하고, 토론하고, 사회적 행위로 연결시킴으로써 새로운 신분집단의 성격을 갖게 되고, 그 혜택도 함께 누리게 된다.

또한 그에 따른 사회의 가치, 규범, 믿음 등이 강화하게 된다. 여기서 敬과 義가 함께 하게 된다. 義가 제의(祭儀)를 치르듯 반듯하다. 사람에게는 공경이 일어나고, 사물을 대할 때는 쓰임새 있는 객관적 지식을 만들 필요가 있게 된다. 객관성, 공정성, 고증성, 과학성, 실용성 등이 사실적 자연현상 풀이에 요구된다. 남명은 천리와 인륜을 함께 논의했다.

이런 맥락에서 남명은 "경과 의는 둘 다 실천 덕목으로써 경체의용(敬體義用)의 상보적 관계를 맺었으며, 이때 義는 理, 합리성과도 연관시켰다. 따라서 행의(行義)를 위해서는 궁리(窮理)가 요청된다고 보는 것이 성리학자들의 일반적인 견해다. 그러나 남명의 경우 행의가 궁리와 연결되는 측면은 아주 약하며 그는 궁리를 상대적으로 경시하고, 대신 행의(行義)에 큰 비중을 두고 있음을 알 수 있었다."라고 했다(손병욱, 2002, 338쪽). 이런 사고는 실사구시와 관련을 맺는다.

지행합일(知行合一)의 같은 패러다임을 공유하는 사람들에게는 공통적 윤리의식을 갖게 된다. 만약 이런 행동이 폐쇄된 집단 안에서 강압적으로 이뤄지면, 종파(cult)의 성격을 지닐 수 있었다.

정인홍에서 종파적 성격이 義로 표출되었다. 전투에서 죽은 사람이 얼마인데 화의를 말하는가? 의병장답게 생각했다. 그는 「무계를 지나다(過茂溪)」 시에서 "필마로 옛 전장을 지나니. 흐르는 강과 남은 한(恨) 모두 길구나. 지금 누가 회의론을 부르짖는가. 장사들은 그 해에 억울하게 죽었는데(匹馬經過舊戰場 江流遺恨與俱長 於今誰唱和戎說 將士當年枉死亡; 정인홍, 2014①, 50쪽).

내암은 외교에서의 사대주의도 비판했다. 그는 백성에 대한 의를 주장했다. 즉, 내암은 "보수파 서인은 천리와 인륜도 덕을 주장했지만 후일 오히려 민중의 청나라 오랑캐의 포로가 되어 '호로(胡虜; 奴)자식'과 '화냥년(還鄉女)'이 되도록 하였다. 그렇게 때문에 그 천리와 인륜이 짓밟히는 서인의 맹목적 사대주의보다 진정한 천리와 인륜을 지키자."라고 했다(권인호, 1995, 218쪽).

사림의 갖고 있는 敬義 사상의 학맥은 이렇게 구성되었다. 물론 조선시대는 기득권의 묘당유(廟堂儒)가 한 종파의 형태로 전승되었다면, 그 대척점에 선 사람이 사림유(士林儒)이다. 사림으로 은일(隱逸)의 관리로 임명되어야 장령·지평 등 탄핵 기관에서 일하고, 종 2품에서 그치고 말았으나, 남명의 엄격한 사풍은 정승 대열에 오를 수 있도록 했다(김충열, 2001, 62쪽). 내암 정인홍(鄭仁弘), 우암 송시열(宋時烈, 1607~1689), 미수 허목(許穆, 1592~1682) 등은 그 과정을 밟아 명신대노(名臣大老)의 반열에 올랐다.

물론 조선시대의 위기의식은 지역에 따라, 사림의 집단에 따라 다르게 나타난다. 대사헌 출신 정인홍은 敬義를 통한 저돌적, 종파적 성격이 강하게 나타난다. 율곡은 정인홍을 평하여 "강직(剛直)하나 식견(識見)이 밝지 못하니 용병에 비유한다면 돌격장(突擊將)에 적격이다."라고 했다(『선조수정실록(宣祖修正實錄)』, 卷15, 선조 14년 7월 壬戌條: 이수건, 2002, 140쪽).

또한 사림의 집단으로서 "정인홍을 비롯한 남명 문도들은 스승의 감화를 받아 대개 공통의 기질과 처세술 및 학문적 경향을 띠고 있었다. 내암은 강려(剛戾)한 성품과 지나치게 경의를 내세우는 행동으로 좌충우돌하는 대인관계로 인해 많은 물의를 빚었던 것이다."라고 했다(이수건, 2002, 141~142쪽).

강직한 그들은 제도권 언론을 중심으로 언론활동을 펴게 된다. 사림은 제도권 언론의 수장 대사헌(大司憲), 대사간(大司諫)을 맡게 되었다. 사림들의 중심의 된 언론 활동은 기존의 이념과 다른 가치관, 규범을 심게 되었다.

더욱이 선조 원년은 지금까지 성리학(性理學), 즉 사변학(思辨學, 철학)으로 풀 수 없는 상황에 놓이게 되었다. 수사학(洙泗學)에 변화를 요구했다. 말하자면 조선 중기 선조 당시 현실적 적용을 강조한 원시유학이 성행할 시기가 왔으며 서구의 수사학(修辭學)의 상황적 논리가 득세한 시기가 온 것이다.

경연에서 경세론을 주도한 사대부가 대사헌이다. 이이, 유성룡, 정인홍 등은 대사헌 출신들이다. 선조는 이들을 정점으로 나라를 운영하기에 이른다. 그 제도적 언론의 이론적 맥락을 문무를 겸한 조식이 제공한 것이다. 조식 학문의 요체는 전술했듯 '敬'이다.

허유의 「신명사도명혹문」에서 "'경의 뜻을 듣길 원합니다.'- '경은 마음의 주재(主宰)입니다. 마음 밖에 별도로 경의 주체가 있지 않습니다.'"(전병철, 2016, 25쪽). 자기진실성(authenticity)을 마음서 찾았고, 경세학의 시작을 마음에 두었다. 즉, 정책학을 정치공학에서 찾는 것이 아니라, 심성의 내적 커뮤니케이션[인문학]에서 찾았다.

물론 남명에게 마음이 스스로 주재하는 것이 곧 경으로 봤다. 이는 "흠

첫 놀라 거두어들이며 삼가 두려워하는 것이 스스로 주재하는 방법입니다.'"라고 했다(전병철, 2016, 25쪽).

마음의 적용에 대해 논의 한다. 허유의 「신명사도명혹문」에서 "임금이 사직을 위해 죽을 마음이 없다면 자가 나라를 보존하지 못한다. 학자가 도(道)를 위해 죽을 뜻이 없다면 자기 마음을 보존하지 못한다. 그러므로 공자가 목숨을 걸고서 도를 잘 행한다(『論語』「泰伯」)라고 했으며, 맹자는 목숨을 버리고 의로움을 취한다."라고 했다(전병철, 2016, 28쪽).

남명은 선조 1년(1568년) 「무진봉사(戊辰封事)」 상소(上疏)에서 도(道)의 방법을 마음의 敬에서 찾았다. 그는 『논어』「헌문」에서 나오는 말로, 공자께서는 "'敬'으로써 몸을 닦는다."라고 했다(조식, 1995, 248쪽). 즉, 여기서 敬은 정제하고 엄숙히 하여, 항상 마음을 깨우쳐서 어둡지 않게 하는 것이다. 한 마음의 주인이 되어 만사에 응하는 것은, 안은 곧게 밖은 방정하게 하는 것이다.

敬은 경으로 끝나지 않고 예(禮)와 관련을 맺고 있다. 남명은 내면을 밝히는 실천덕목인 경에 예가 결합되어야 그 진면목을 발휘할 수 있다고 생각하였다. 예의(禮義)의 사전적 의미는 '관계 속에서 생활하는 인간이 관계를 맺는 상대에게 공손하며 삼가는 말과 몸가짐을 갖는 것'을 의미한다. 예의범절을 갖추어 처신 처세하는 것은 상대를 존중하는 마음자세와 삼가 하는 몸가짐으로 우러나오는 말과 행동인 것이다. 그러므로 예의범절이 경과 결합할 때 상대를 존중하는 인존 사상이 발현되는 것이다(조창섭, 2017, 19쪽).

왕도 경의 마음을 가질 뿐 아니라, 예를 갖추게 될 때 실천덕목이 완성된다. 예(禮)는 천명, 즉 공동에 유지와 관련이 있고, 의로 인도하는 길이 된다. 남명은 70권이 넘는 『성리대전(性理大全)』을 요약한 『학기유편(學記類編)』에서 경에 의가 가세되면 학문이 깊고 넓어져 아무리 사용하여도 다함이 없다고 했다(조창섭, 2017, 17쪽).

물론 여기서 '학기(學記)'는 『예기(禮記)』의 편명이기도 하면서 남명의 자신의 저술이 아니라 독서하는 도중 자신에게 절실한 구절을 그때그때 수록(手錄)한 것으로써 그의 평생 독서와 궁리·수양의 교본(敎本)이 되었다(금장태, 2002, 208~209쪽). 그 내용은 남명과 내암에게 경세학(經世學)의 '경(經)' 부분에 속하고, 수사학(洙泗學)의 교본이 된다.

남명에 따르면 경과 의를 아울러 가지면 아무리 써도 다함이 없다. 우리 집안에 이 두 글자 즉, 경과 의가 있는 것은 마치 하늘에 해와 달이 떠 있는 것과 같으니 오래도록 세월이 흘러도 바뀌지 않을 것이다. 성현의 모든 말씀이 그 요점과 결론이 여기에서 벗어나지 않는다(敬義夾持, 用之不窮 吾家有此二字, 如天之有日月, 亘萬古而不易, 聖賢千言萬語, 其要歸不出於此)(조식, 『남명집』 부록, 6, 「편연(編年)」; 조창섭, 2017, 17쪽).

남명에게 敬義로 선비정신이 형성되었고, 그의 상소에서 치도(治道)가 언급된다. 남명은 "백성을 잘 다스리는 도는 다른 데에서 구할 것이 아니오라, 요점은 임금이 선을 밝히고 몸을 정성되게 하는데 있을 뿐입니다. 이른바 선을 밝힌다는 것은 이치를 궁구함을 이름이요, 몸을 정성되게 한다는 것은 몸을 닦는 것을 말합니다. 천성 안에는 모든 이치가 다 갖추어 있으니, 인(仁)·의(義)·예(禮)·지(智)가 본체이고, 몸은 마음을 담는 그릇입니다. 몸을 닦는 요체가 되는 것은 예가 아니면 보지도 듣지도 말하지도 움직이지도 않는 것입니다."고 했다(조식, 1995, 249쪽).

남명은 용인술의 도에 관해서 논의 했다. 그는 "사람을 취하는 것은 솜씨로 하지 않고, 반드시 몸으로써 합니다. 몸이 닦이지 않으면 자기 마음속의 저울과 거울이 없으므로, 선악을 분별치 못하여 사람을 쓰고 버리는데 실수하게 됩니다. 또 옳은 인물이 쓰이지 않으면 누구와 함께 도를 다스리는 일을 이룩하겠습니까? 옛날에 남의 나라 염탐을 잘하던 사람은 그 나라 국세의 강약을 보지 않고, 사람을 얼마나 잘 쓰고 못 쓰는가를 보았습니다."라고 했다(조식, 1995, 250~251쪽).

현재 조정의 신료들이나, 사대부들은 절박한 이슈로 '모이면 도적이고 흩어지면 백성이다.'을 처리할 수 없이 부패했다. 그 대처하는 관리의 명예(honor)가 없는 심성이 소개되었다. 그 실상은 "조정에는 제 한 몸을 온전히 지키고 자리를 보전하여 한때의 명예와 이익을 도모하는 자들이 많고 충성스런 마음으로 나라를 위해 목숨을 바쳐 성조를 위한 긴 안목을 펼치는 사람이 적습니다. 사사로이 편당을 짓는 폐습은 날로 깊어지고 더욱 고질화하고 있으며, 군주의 세력은 날로 높아지지만 더욱 외로운 처지가 되고 있습니다."라고 했다(「辭益山郡守奉事; 익산 군수 사직 봉사」, 1586, 선조 19년 10월; 정인홍, 2014①, 72쪽).

현실적 레토릭 상황을 타개하는 방법으로 새로운 인재를 수혈하는 일이다. 내암의 경세른은 새로운 인재의 수혈에 두었다. 그는 "전하(선조)께서 즉위하신 이래로 인재를 구하는 일을 급선무로 여기는 마음이 간절하셨으니, 산림의 선비로서 등용되지 않은 인물을 염두에 두고, 찾아서 등용한 인물이 몇 명이나 되는지 모릅니다. 이는 실로 천 년 동안 없었던 성대한 일이었으니, 초야에 버려진 현안이 없는 아름다운 모습은 수천 년 만에야 다시 볼 수 있었습니다(「辭益山郡守奉事; 익산 군수 사직 봉사」, 1586, 선조 19년 10월; 정인홍, 2014①, 70쪽).

물론 사림이 등용된다고 모든 일이 성사되는 것은 아니다. 다음은 마음을 쓰는 일이다. 임금이라고 예외일 수는 없었다. 이성과 직관이 하늘의 뜻에 따르지 않으면, 일관성이 있을 수 없다. 과거, 현재, 미래는 계속 엇박자를 내고 움직인다. 예측하는 힘은 그만큼 떨어진다.

남명은 마음을 쓰지 않는 임금을 언급했다. 공론에 끌려 다니는 모습을 언급했다. 그 때는 선악의 구분뿐 아니라, 시비의 판단이 흐려짐을 언급했다. 말하자면 남명은 "언관이 논박하여 마지않은 뒤에야 힘써서 억지로 따라간다면, 선악(善惡)의 소재와 시비(是非)의 분별을 알지 못해서 그 임금의 도리를 잃게 됩니다."라고 했다(조식, 1995, 253쪽). 남명에게 공정성은 결국 마음에서 온다. 공정성을 잃으니, 세상의 갈등이 첨예할 수밖에 없다.

그렇다면 마음의 실체는 무엇일까? 우선 敬에 대한 마음, 誠의 자세이다. 남명은 관념적으로 성(誠)을 생각하는 것이 아니라 구체적인 사태에서 사악함을 제거해야 간접적으로 성이 보존된다고 했다(「誠圖」, 左下, 思無邪, 心正意誠 無不敬 正心誠意; 손영식·조남호, 2002, 157쪽). 즉 "'생각함에 사악함이 함이 없는 것'은 마음이 바르게 되고, 생각이 성실하게 됨이고, '경건하지 않음이 없는 것'은 마음을 바르게 하고, 생각을 성실하게 하는 것이다."라고 했다.

물론 성실한 마음은 도덕적 판단을 하게 된다. 성실된 마음은 하늘을 움직이고, 그게 이성의 잣대가 되고, 인간 공동체를 움직이는 원리가 된다. 더욱이 공동체의 결속력 때문에 그런 생각을 강화시켰다. 마음은 공정성의 잣대가 된다. 남명은 이때 '살아있는 신명의 마음'을 언급하는데, 그 용기와 지혜는 살아있는 마음의 두 양상일 것이다(손영식·조남호, 2002, 39쪽). 즉, 이 '마음'은 근원이 되는 샘[源泉], '큰 근본[大本]', '살아있는 용[生龍]', '칼', '신명(神明)' 등으로 묘사되고, 이는 인간의 근본이며, 이 세상일을 만들어 내는 근본으로 작동한다. 남명은 우주의 질서 안에서 인간의 삶을 규정한 것이다.

마음 훈련은 흔들리지 않으면서, 강직한 면을 선보인다. 물론 남명의 경의에 의한 도덕심 함양에는 당연히 시대적 맥락과 관련이 있다. 국가는 피폐해졌고, 왜구는 침략의 시기를 잡고 있었고 시대의 절박함이 엄습하고 있었다.

더한 것은 서구 개인주의 사상의 유입이다. 데카르트(Rene Descartes, 1596~1650)는 '나는 생각한다(cogito)'라는 명제를 가져왔다. 그는 '본성을 생각한다.'라고 했다(김형효, 2007, 71쪽). 시대의 절박한 선험성이 문제가 된다. 남명은 사적 자아가 사라진 상태의 敬義를 이야기했다.

본성[性]의 사유라면 "부자가 되어도 탐욕스럽지 않고, 벼슬이 높아도 거만하지 않고, 학식이 많아도 잘난 체하지 않는다. 그러므로 존재론적 욕망은 아의 욕망이 아니라 본성의 욕망이 것이다."라고 했다(김형효, 2007, 71쪽). 사림은 직위와 직분에 따라 시대의 절박성을 풀어간다. 이 정신이 곧 본성의 회복정신이고, 선비정신이다.

남명은 탐욕스런 관리에 대해 일침을 가했다. 그는 "훈구 척신의 지식인 탄압에 대해서 강하게 맞섰다. 그가 시종 은둔을 고집한 것은, 그들과 타협하지 않으려는 의지의 표현이면서 동시에 지식인의 더 높은 기상을 중시했기 때문이다."라고 했다(손영식·조남호, 2002, 10쪽). 그는 흔들리지 않는 마음의 세계관을 가진 것이다.

한 사람 마음의 주인인 임금도 다를 바가 없다. 왕은 깨달음의 마음을 갖고 경세론을 풀이하는 정치를 한다. 남명은 명종 10년 1555년 임금께 올리는 「을묘사직소(乙卯辭職疏)」에서 "전하께서는 반드시 마음을 바로 하는 것으로써 백성을 새롭게 하는 요점으로 삼으시고, 몸을 수양하는 것으로써 사람을 쓰는 근본으로 삼으셔서, 왕도의 법을 세우십시오. 왕도의 법이 왕도의 법답지 않으면 나라가 나라답게 되지 못합니다. 밝게 살피시길 엎드려 바라옵니다."라고 했다(조식, 1995, 246쪽).

남명은 임금의 공정심과 도심을 가지도록 상소를 했다. 그는 유교의 근본이념의 「내성즉외왕(內聖卽外王)」을 요구한다. 난세에 필요한 요소이다. 내성의 없는 외왕은 자기 정체성을 파괴할 수 있다. 통제할 수 없는 환경적 요소가 엄습할 때 자신을 망각하기 마련이다.

물론 남명은 성인만을 위한 정치를 이야기하지는 않는다. 더욱이 그는 철학자의 경세론을 펴는 것이 아니라, 레토릭의 경세론을 편다. 그의 경세론은 '이(利)'의 표현에서 나타난다. '이(利)'란 ①세상을 이롭게 한다는 것이며, ②칼날이 날카롭다는 뜻이다(손영식·조남호, 2002, 71쪽).

그가 말한 利도 시·공간 안에서 사람 관계성의 상황의 철학을 벗어날 수 없다. 그는 왕이 부여한 직위를 사직하는 이유로 "당시의 나라 사정을 벌레가 백 년 동안이나 목심(木心)을 갉아먹어 수액(樹液)이 다 말라서 곧 쓰러지게 된 큰 나무에 비유하여, 당시의 폐단을 조목조목 통렬히 지적하고 자신이 나아갈 수 없는 몇 가지 이유를 밝혔다."라고 했다(조식, 1995, 22쪽). 다른 말로 철학을 할 수 있는 상황이 아니라, 오히려 레토릭에 맞는 상황을 언급한 것이다.

초기 자본주의적 욕망이 분출하고, '완물상지(玩物喪志)'의 욕구가 강하게 부각되었다. 인간과 자연, 인간과 물질, 인간과 사건 등에 관한 인식론적 요구가 발생했다. 그 욕구가 사림의 마음을 흔들었다. 그러나 따지고 보면 敬은 마음 안의 일[事]이고, 義는 사람과 물건 사이에 부딪치게 되는 일[事]이다.

남명이 생각하는 의는 퇴계의 것과 다르다. 퇴계는 문순(文純)이라는 시호를 얻었으나, 남명은 문정(文貞)이라는 시호를 얻었다(한형조, 2001, 15쪽). 시호의 뜻과 같이 남명은 '과격한 성격'을 가졌다. 물론 의는 정의와 절제를 강조하고, 무인적(武人的) 기질은 상벌에 엄격한 측면이 존재한다.

물론 당시 조식은 천인합일론에 근거하여 설명한다. 즉, 인간과 자연이 같은 구조를 가졌다는 것이다(손영식·조남호, 2002, 17쪽). 義는 인간 간의 관계에서 옳은 관계를 유지한다면, 물건과의 관계는 진실을 밝히게 된다.

여기서 당연히 인간의 마음은 육체적인 것(즉, 氣)에 의존한다(손영식·조남호, 2002, 14쪽). 이 마음은 자신과 사물에 대해서 끊임없이 욕망하여[人欲, 物慾]의 악으로 치닫는 경향이 있다. 이런 당시 사회적 경향으로 전개되는 사회상은 과거 사변적 성리학의 이론적 논리가 설득력을 상실해가고 있었다.

율곡이 언급했듯, 사회는 레토릭을 요구하는 상황이었다. 사회는 백성들에게 실망을 안겨줬고, 더 이상 그들은 왕조를 신뢰하지 않았고, 왜곡된 공론은 흉흉해지고, 서구의 물질문화는 유입되기 시작했고, 살림살이는 팍팍했다. 이 시기의 피지배자는 '모이면 도적이 되고, 흩어지면 백성들이다.'라는 말이 적합했다. 해체의 시대는 레토릭으로 질서를 주길 원했고, 어떤 이념적 성향도 설득력이 있을 이유가 없었다. 그 다양한 변수를 수용하는 자세는 마음공부가 절실했다. 경의(敬義)의 마음 수련은 이때 설득력을 얻어갔다. 마치 현대의 '지구촌' 사회에서 통제할 수 없는 변수가 허다했다. 남명은 해체의 시대를 레토릭으로 질서를 잡아주길 원했고, 어떤 이념적 성향도 설득력이 있을 이유가 없었다. 그 다양한 변수를 수용하는 자세는 마음공부가 절실했다. 경의(敬義)의 마음 수련은 이때 설득력을 얻어갔다. 마치 현대의 '지구촌' 사회에서 통제할 수 없는 변수가 허다했다. 남명과 내암은 레토릭적 사고를 제도권 언론에서 실현하려고 했다.

내암은 임진왜란이 났을 때, 늙은 몸으로 경상우도의 의병대장으로 '산림정승(山林政丞)'이란 말을 들을 만큼 이론과 실천, 생각과 행동을 일치시키는 일을 계속했다(http://blog.naver.com/PostView.nhn?blogId=withha75&logNo=220919672884; 김익재, 1983).

물론 실천의 강조는 이론의 부실로 여겨진다. 실천의 일[事]를 통해, 직감을 활용하고, 도덕심을 강화시킬 수 있고, 이성의 법칙을 작동시킬 수 있다. 물론 남명과 내암은 시대의 절박성을 인식했다고 하더라도 남명은 주자학의 격물치지(格物致知)에 물건을 인식하는데, 세밀하고, 적극적이 않았고, 관찰, 실험, 예증, 권위 등 실증주의 방법론을 구체적으로 논의하지 못했다. 실생활을 강조하지만, 논리적 구체성이 떨어지니, 현대 물리학에서 이야기하는 자연의 법칙을 정밀하게 분석하지 않았다.

그럴지라도 남명은 완물상지(玩物喪志), 격물치지(格物致知)로 자연의 인식, 사람과의 관계, 타인과의 관계 등을 논했다. 조식의 박학다식한 소옹, 장재, 주돈이 등이 했던 자연 탐구에 가깝게 다가갔다. 이는 우리의 물리적 구조와 인간사의 현실적인 측면을 연구하는 것이다(손영식, 1996, 84쪽).

주희(朱熹)의 이론에는 인간 사회의 도덕률을 연구하는 격물치지의 측면(義理學)과 자연 현상을 물질적 법칙적으로 연구하는 측면(象數學)이 동시에 존재한다(손영식, 1996, 84쪽). 이는 인간이 생존하는 사회의 도덕률을 설명할 때 동원되는 법칙과 규칙이며, 음양오행은 자연의 물리적 변화를 설명하는 법칙이며 패턴이다.

물론 주희는 자연과 인간이 동일한 구조를 가졌다(天人合一)고 보기 때문에 그것이 일치한다고 봤다. 내암은 45세 때인 1580년 수도강학처인 부음정(孚飮亭)에서 『주역』의 한 구절로 "하늘에 바라는 것이 없고 사람에게 구하는 것이 없으며, 경영해서 이미 성찰하고 마음이 스스로 한가롭고 편안하니 마시는 터전이다. 한가롭고 고요하게 스스로 마음을 길러 알아주지 않아도 원망하지 않으며 푸성귀 먹고 물 마시면서도 좋은 음식을 원하지 않으니 마시는 맛이다."라고 언급했다(『내암집』 上, 513쪽; 정우락, 2006, 223쪽).

자연과 인간은 엄연히 벽이 존재한다. 같은 원리로 현대 자연과학과 사회과학에서는 뛰어넘을 수 없는 벽이 있으며, 자연 법칙이 그대로 인간의 사회의 법칙에 적용할 수 없다. 그러나 주희는 그것이 일치한다고 보아서 음양오행을 자연과 사회 인간에 적용하듯이 理도 똑같이 적용시켰다(손영식, 1996, 83쪽). 그 만큼 주희는 정밀성이 떨어지고, 우주의 원리를 주관적으로 서술했다.

같은 맥락에서 『대학』에 격물치라는 말이 있다. 이는 '사물에 대하여 깊이 연구하여(格物) 지식을 넓히는 것(致知)'라고 한다. 주희는 이 학문을 의리학(義理學)으로 명명한다. 理는 원리를 말하는 것이고, 의(義)는 옳음, 즉 당위를 뜻한다. 물론 격물치지에서는 '물'은 사건, 사물, 사람 등으로 표현한다. 사람(人)은 타인을 이야기한다. 다른 말로 타인을 대상화시킨다. 마르크스는 노동의 가치를 대상화시키고, 교환경제에서 착취가 생긴다고 봤다.

정인홍은 『학기유편』에서 '격물(格物)'을 '앎이 지극해진다.'라고 했다. 즉 격물을 통한 자득(自得)이 있다고 했다(정우락, 2017, 6~7쪽). 물론 자득에는 '활수(活水)', '활학(活學)', '활물(活物)', '활경(活敬)' 등의 원리가 포함한다. 여기서 "활(活)은 스스로가 살아 있기 때문에 다른 사물을 살리는 기능을 한다."라고 했다(정우락, 2017, 6~7쪽). 살아 움직이는 세계의 주체는 개인이다. 절대적 주체의 개인은 자신이 살아가는 세계를 활기가 넘치게 한다. 그 열린 세계는 서구의 개인주의 사고, 언론의 자유 사상을 더욱 활성화할 생각을 갖고 있었다. 개인은 항상 깨어 살아가는 마음을 갖고 있어, 남명은 새 시대를 준비하고 있었던 것이 틀림없다.

4장.
레토릭 메시지의 성격

1) 언어를 통한 하늘의 뜻, 이성, 직감

조선 중기 정계에는 사화(士禍)가 끊이지 않았다. 그 사화를 피해 지방에서 사학(私學), 강학(講學)이 발달되었다(웅예회, 2001, 270쪽). 남명이 후일 왕께 인정을 받은 사액서원만도 3개가 되었다. 산림유(山林儒)들은 강학을 통해 수사학(洙泗學)을 가르치고, 배웠다. 이들은 공자(孔子)뿐 아니라, 다양한 학문을 가르쳤다. 물론 서구의 실용적 학문의 수사학(修辭學)과 동양의 인문학의 수사학(洙泗學)은 근본에서 다르다. 전자는 지극히 개인적 성취와 관련이 있다면, 후자는 공동체 유지, 즉 수기(修己)를 통해 본성(本性)을 찾아 바르게 교육을 받고, 바른 정치를 구사한다.

호흡이 짧은 설득의 수사학(修辭學)은 임진왜란 전후로 공론을 형성하기 시작했다. 구체적 시·공간 안에서 일어나는 현실이었다. 특히 조선 중기에 들어오면서 사물을 인식하고, 그 경험론에 의한 학문이 성행하기 시작했다.

남명은 「학기도」, 『학기유편』 등 초기 작품을 제외하고, 많은 부분 수사학적(修辭學的) 관점에서 시를 쓰거나, 산문을 즐겨 썼다. 더욱이 남명은 구체적으로 시(詩)[1], 명(銘), 서(書), 부(賦), 그림 등은 같은 차원에서 이미지를

---

[1] 남명은 "항상 시가 사람의 마음을 황폐하게 한다는 경계를 지니고 계셨는데, 시인은 의치

썼다.

　레토리션들은 청중 앞에서 말을 간결하게 표현하고, 언어 사이를 은유법(상상력)으로 겪는다. 화자는 상상력으로 언론자유를 구사하면서, 청중을 자기 안으로 몰입시키게 한다. 여기서 이미지는 "허공 혹은 무(無), 그것은 자유이면서 가능성이다. 나아가 자아(self)란 바로 그 자유이면서 가능성이다."라고 했다(손영식, 1999, 166쪽).

　수사학(洙泗學)이든, 수사학(修辭學)이든 레토릭을 하는 목적이 가장 행복을 누릴 수 있는 방법을 택한 것이다. 더욱이 인간은 사회적 동물이어서, 개인뿐 아니라 집단이 살기 위해, 발전, 행복을 위해 커뮤니케이션 행위를 한다(Isa N. Engleberg and Dianna R. Wynn, 2015, p.18).

　커뮤니케이션은 사회적(social), 상징적(symbolic), 문화적(cultural) 기능에 관심을 갖게 된다. 그 현실적 과제 하에서 의식적, 무의식적 설득의 노력을 계속하게 된다. 조식은 「학기도(學記圖)」, 『학기유편(學記類編)』에서 성리학 내용을 언급했으나, 그의 시, 명, 부, 론, 편지, 상소문 등은 자아의 이론을 펼친다. 그는 실천의 극한에서 자아를 추구했다(손영식, 2003.6, 283쪽). 그는 개인주의, 시장사회를 열어가고 있었다.

　이를 규명하기 위해 "조식 철학의 정체를 밝히는 데, 텍스트만 유효한 것은 아니라 조식의 생애도 중요할 것이다. 조식이 주로 공부했던 것은 성리학 문헌이었으며, 양명학은 당시 조선에는 아직 생겨나지도 않은 사상적 조류였다는 점도 중요하다(당시 양명학의 『전습록』, 왕수인(王守仁)의 『곤지기』도 수입됨). 그러나 이는 부차적이다. 양명학 문헌을 보고 양명학자가 될 수도 있지만, 자기 스스로 그 비슷한 발상으로 나갈 수도 있었기 때문이다."라고 했다(손영식, 2006.6, 285쪽).

　조식뿐 아니라, 당시 지식인은 인간의 의식적, 무의식적 문화의 구성요

(意致)가 텅 비어 크게 학자의 병통이 된다고 여기셨다. 그래서 시 짓기를 즐겨하지 않으셨고, 또 선생의 시문을 제대로 수습하지 못하여 버려지고 흩어진 것이 이미 많았다."라고 했다(「序」; 『남명선생시집』 서, 1604, 선조 37년 8월 ; 정인홍, 2014②, 139쪽.)

소를 연구하게 된다. 그 구성요소들을 분석하고, 그들을 같은 문화속의 다른 요소들(문화상의 양식, 문장구성, 문법, 이데올로기)과 비교하려고 노력하며, 그렇게 함으로써 그 기반이 되는 세계관(world view)의 윤곽(outline)에 도달하게 하게 된다(Paul Feyerabend, 1984, 264쪽).

커뮤니케이션은 어떤 윤곽을 그리기 위해 갖가지 콘텍스 안에서, 혹은 넘어서 의미 창출을 시도하고, 언어적, 비언어적 메시지로 그 의미를 담는다(Isa N. Engleberg and Dianna R. Wynn, 2015, p.2). 커뮤니케이션 개념에서 중심 의미는 의지를 창출하기 위한 것이다. 자유(刺楡)로운 영혼의 의지로 각종 미디어에 담는다.

이런 관점에서 보면 언어도 하나의 미디어이다. 자신의 생각, 즉 의미를 언어라는 매체를 담아 다른 사람과 커뮤니케이션한다. 그러나 최근 미디어는 최근 증폭시킬 기술을 사용한다. 신문과 방송, 컴퓨터, 모바일을 사용하여 내용을 증폭시킨다.

매개한 상황(mediated context)을 만들어내고, 매개한 커뮤니케이션(mediated communication)을 시도한다. 그 중 매스 커뮤니케이션은 조직화된 커뮤니케이션의 형태이다. 고독한 예술가나, 필자의 낭만적 이미지가 아닌, 매스 커뮤니케이션의 커뮤니케이터는 확장된 분업 형태이거나 많은 경험을 가진 복잡한 조직 안에서 일을 하고 있다(Charles R. Wright, 1985, p.8).

더욱이 요즘 인공지능(AI)을 사용하여 말을 하면 컴퓨터가 알아서 말을 글로 바꿔 사용하게 한다. 영상예술은 방송과 같은 커뮤니케이션, 영화, 그리고 블로그, 웹사이트, '컴퓨터 매개 커뮤니케이션(computer&mobile mediated communication)'이 이뤄진다.

레토릭에선 커뮤니케이션 콘텍스트 안에서 누가 발표하고, 어디에서 발표가 이뤄지고, 모인 사람들의 전반적인 태도 등이 중요하다. 이런 행위가 따로 떨어져서 존재하는 것이 아니라, 체계(system)로 움직인다. 그 체계가 견고하면 개인의 자유가 위축된다. 위축된 패턴의 형태로 기술적 요소가 첨가된다. 남명의 시대는 기술은 필사 언어로 즉, 종이와 먹이라는 도구를 사용하여 설득 커뮤니케이션을 했다. 이들 매체에 따라 매개된 상황을 표출하고, 의미를 농축시켜왔다.

남명의 문화 양식을 보자. 「신명사명(神明舍銘)」의 태일진군에서의 敬은 '신명의 마음'을 얻는 존재와 노력이다. 경의 순간을 언어로 표출한다. 이들 매개된 상황과 의미 창출의 노력이 남명의 작품에 용해되었다. 그는 한 명(銘)에서 "사악한 마음을 막아 정성을 보존하며, 언어의 표현을 다듬어 정성스런 마음을 세우라. 정밀하고 한결같은 경지를 추구하려거든, 敬을 통하여 들어가라(閑邪存 修辭立 求精一 由敬入)"라고 했다(조식, 1995, 129쪽). 역자는 수사(修辭)를 언어로 간주했다.

또 다른 명(銘)의 표현으로 '언어의 표현을 다듬어 정성을 세우고(修辭立誠)'라고 했다(조식, 1995, 131쪽). 언어 선택은 훌륭한 레토리션의 필수요소이다. 남명(南冥)은 남쪽 어둡고, 침침한 심해(深海)를 가리킨다. 남명에게 바다는 백성의 숲 속이다. 물론 바다에는 항상 배가 떠다니게 마련이다. 왕은 배이고, 사대부는 선원이 된다. 배를 잘 운행하려면 바다의 지형과 속성을 잘 알아야 한다. 그러나 바다는 언제나 또 다른 힘의 개입이 작동하면서 파도를 일으킨다. 처사로 평생을 지낸 남명은 앞으로 다가올 환란의 낌새[幾微]를 벌써 알아차린 것이다.

이를 통제할 수 없을 때, 시민혁명까지 일어나 조정의 분위기를 완전히 일신시킨다. 더욱이 불만이 고조될 때는 그 바다의 파고가 배를 삼키는 꼴이 된다. 레토릭 주창자는 설득 커뮤니케이션의 언어로 백성의 민심을 통제 안으로 끌고 온다.

한편 이소크라테스(Isocrates)에게 언어는 모든 사고와 행위를 인도하는 수단이었다(Sharon Crowley and Debra Hawhee, p.29), 레토릭은 항상 설득의 언어로 이뤄진다. 언어의 마술사가 곧 레토릭의 선구자가 된다. 언어로 포장한 믿음을 서로 교환하는 것이 커뮤니케이션이다. 인간은 살기위해서 커뮤니케이션을 하고, 가장 효율적 방법으로 커뮤니케이션 수단을 사용한다. 같은 맥락으로 커뮤니티는 대략 같은 신념들의 체계로 작동하는 사람들의 집합이다. 남명은 새로운 개인주의 가치관을 갖고, 새로운, 호흡이 짧은 수사학(修辭學)을 통한 공동체를 형성시키려고 했다. 그 사회가 과거의 신분 사회가 아닌, 요즘 말하는 시장사회이다.

후일 이런 언어의 질서는 더 정밀한 사실(facts)의 질서로 바뀐다. 현대사회는 가장 효과적인 방법으로 왜곡이 없는 설득을 시도하며, 사실이 교환되는 시장, 곧 시장사회, 즉 정보사회이다. 노동이 돈으로 계산되고, 착상(ideas, inventions)이 곧 돈이 되는 시대가 도래한 것이다. 사실은 누구에게나 교환이 가능하다. 의견은 아이디어로 포장하고, 값진 의견, 즉 사상만이 쉽게 시장에서 교환된다.

남명은 「신명사명」에서 시·공 안에 일어나는 낌새를 언어로 받아, 그 언어를 승화하여, 개인성을 완성시키고, 이성(reason)이 작동하도록 한다. 하늘의 뜻, 이성, 직감이 함께 어우러진다. 그 과정을 자세히 보자. 이성이 작동하도록 돕는 것은 우선 5감(感)에서 들어오는 인지를 걸러내면서, 이로 고정관념을 형성시키고, 변하지 않는 신명의 마음을 갖는다. 직감, 이성, 하늘의 뜻이 함께 유기적 관계를 맺고 있다.

남명은 「신명사명」에서 귀, 눈, 입의 세 관문에 대장기(大壯旂)를 세워뒀다. 그러나 사람과 사람을 인지하고, 그에 대한 어떤 감정을 갖는다. 대장기는 감정을 절제하는 도구가 된다. 더욱이 커뮤니케이션에서 "감정은 모든 관계에서 주요 역할을 한다"(Isa N. Engleberg, and Dianna R. Wynn, 2015. p.127).

물론 감정은 개인이 경험하는 느낌이다. 감정은 교화적이고, 윤리적 커뮤니케이션의 기초이고, 결정적 기여를 한다. 개인이 관계를 발전시키고, 유지하고, 강화시키는데 감정은 결정적 역할을 한다(Isa N. Engleberg, and Dianna R. Wynn, 2015. p.127). 감정 중 으뜸은 사랑이다. 값진 사랑은 신(神)에 대한 사랑, 이웃에 대한 사랑, 부부의 사랑 등이 있다. 물론 이 사랑에는 성의 희열도 포함한다. 종족의 번식이야 문제가 없지만, 절제 없는 사랑은 이성적 잣대를 붕괴시킨다.

일반적으로 사랑은 행복과 수용의 배경이 되고, 경멸은 화남과 혐오의 조합이 된다. 양자는 칼 위를 춤추는 행위가 같아 언제나 변할 수 있다. 과학자 골러만은 "동기를 유발시키거나, 감정을 조정하거나, 다른 사람과의 관계를 조절하는데, 자신의 감정을 인지하거나 다른 사람의 감정을 인지하는 능력으로서 감정의 지성(intelligence)을 규정했다."라고 했다(Daniel Goleman, 1998, p.317; Isa N. Engleberg, and Dianna R. Wynn, 2015. p.127).

직감을 사용할 때, 감정적 요소는 도외시할 수 없는 변인이다. 감정을 극대화하는 것은 상황적 요소가 중요할 수밖에 없고, 감정을 극대화하는 것은 현대판 소피스트로 간주할 수 있는 부분이다. 부정적으로 볼 수만 없는 것이 많은 인간의 의사결정은 일정 부분 감정에 의해 결정 된다. 물론 직접 받는 감정도 있지만, 성찰적 감정이 존재하게 마련이다. 경험주의에서 감정의 연구는 빠트릴 수 없는 중요한 확률적 요소이다.

더욱이 현대 커뮤니케이터는 전술했듯 조직적으로 이뤄지고, 체계로서 작동하게 된다. 여러 사람이 많은 경험을 갖고, 분업체계에서 이뤄진다. 그만큼 통합된 감정을 서술하는 능력은 쉽게 풀리지 않는다. 그렇지만, 여기에도 패턴을 갖고 연속적으로 일어난다. 이런 커뮤니케이션 영역은 '예술(arts)'로 승화될 수 있고, 축소시킬 수 있다. 이는 레토릭에서 화자가 무엇을 말하고, 말하는 것을 허용하고, 메시지를 보내는 방법, 참여자의 성격, 어떻게 서로 상호 작용하는가 등이 하나의 체계, 혹은 조직적으로 이뤄진다(Roy M. Berko and Andrew D. Wolvin and Darlyn R. Wolvin, 2007, p.13). 이런 커뮤니케이션이 지속적으로 하나의 패턴으로 이뤄진다. 감정의 절제가 되지 않으면, 일관성을 상실하게 된다.

전통 사회에서 커뮤니케이션은 순간적으로 변화하는 감정의 커뮤니케이션은 레토릭에서 가능한 제외시킨다. 감정은 현실적 인간에게 으뜸의 덕목이지만, 감정에 근거해 과거, 현재, 미래를 엮기에는 제약이 따른다. 개인의 이성이 마비되고, 국가정책은 포퓰리즘으로 갈수록 이성의 잣대가 혼란에 빠진다. 조선 중기 사회의 역사성이 어느 때 보다 필요한 시점이었다.

이성이라고 모든 역사과정에서 동일할 수 없다. 레토릭은 '커뮤니케이션의 예술(communication art)'라는 측면에서 일정한 부분 공유할 수 있다. 객관적이며, 일반적 정당성의 판단은 주관적으로 봤다. 이성이 작동하면, 이 주관성은 객관성도, 논리적으로 설명할 수 없는 미학적(美學; aesthetic) 판단으로 간주한 것이다(Immanuel Kant, 2004, p.39).

이성은 신의 선물이고, 미학의 판단은 시, 산문, 상소, 명, 서, 묘갈문 등 상관없이 누구에게나 공감을 가질 수 있게 된다. 더욱이 이성적 판단에 미학은 과거, 현재, 미래를 엮는 착상이다. 동양이라고 이런 기본적 사고가 다를 바가 없다.

누항기(陋巷記)는 절제된 삶으로 감정을 줄이고 자연의 질서의 순리에 따라 살아간 안회(顔回)의 이야기를 엮는 것이다. 이 글은 "누추한 마을에서 어렵게 살다가 요절한 안회의 성대한 덕을 기리는 내용인데, 안회의 동문인 증삼(曾參, B.C. 505~B.C. 435)이 기록하는 형식을 취하고 있다(조식, 1995, 185쪽). 『논어』「옹야(雍也)」에서 공자가 '어질도다, 안회여! 한 그릇 밥과 한 표주박의 물만으로 누추한 마을에서 지내는 것을, 남들은 그것을 괴로움으로 여겨 견뎌내지 못하지만, 안회는 그것을 즐거움으로 여겨 변치 않았으니, 어질도다, 안회여!(賢哉回也 一簞食 一瓢飮 在陋巷 人不堪其憂 回也不改其樂 賢哉回也)'

남명은 변치 않는 도(道)의 마음으로 표현했다. 인간은 누구나 태일진군(太一眞君)의 마음, 즉 신명(神明)의 마음을 갖고 있다. 이는 곧 동학(東學)의 인내천(人乃天; 사람이 곧 하늘이다) 정신이다. 그 정신은 같은 신명의 마음을 갖게 됨으로써 공동체를 유지하기에 충분하다. 즉, 언어는 사람을 함께 하게 하고, 문화를 형성시키고, 공동체를 계속 유지시킨다. 자기 표출이 레토릭의 설득 행위를 통해 공동체가 형성되는 것이다.

외부에서 오는 낌새로 받은 정성스런 언어는 공동체를 움직이고, 하늘을 움직일 수 있게 된다. 실제 언어는 여러 가지 표현 수단이 있다. 남명은 구체적으로 '시어(詩語)', 명, 그림 등은 같은 차원에서 이미지로 썼다. 그 과정을 보면 언어는 사람들에게 다르게 인지하도록 한다. 이는 남자/여자, 선/악으로 구분할 수 있게 한다. 같은 형태로 개인은 시공, 혹은 감정에 따라, 언어를 달리 쓸 수 있다.

남명은 인간이 사악함과 사욕이 아니라면, 평상심을 가질 수 있다고 봤다. 같은 논리로 "그리스 인은 로고스(logos), 라틴은 이를 ratio(reason)라고 했는데 서구 사고에서 언어로 귀속되어진 이런 힘은 말하고, 쓰는 것보다 생각하는 것과 관련 된다고 생각했다. 또한 아리스토텔레스는 「logic」에 관한 논문에서 구어는 정신 경험의 상징이고 문어는 구어의 상징이다."라고 했다(Sharon Crowley and Debra Hawhee, 2004, p.29). 언어 선택은 이성적 사고로, 누구에게나 동일한 기준이 있다고 본 것이다.

한편 남명은 "사악한 것을 막으면 마음이 한결같아지고, 사욕이 없으면 마음이 한결같아진다."라고 했다(조식, 1995, 121쪽). 즉, "태일(太一)이 한결같지 못하게 되는 까닭은 사악함과 사욕이 그 사이에 끼어들었기 때문이다. 사악함을 막아 그 정성을 보존할 수 있고, 사욕을 줄여서 없어지는 경제에 이룰 수만 있다면, 고요할 적에는 마음이 비어 있고 움직일 적에는 마음이 곧아서 어디서든 '크게 한결같지[太一] 않음'이 없다. 요컨대 사악함을 막는다는 말과 사욕을 없앤다는 말을 통하여 한결같음을 이루는 요점을 보여주고 있다."라고 했다(조식, 1995, 121쪽).

남명은 태일(太一)의 신명한 마음을 갖는다면 시, 명, 그림 등이 같은 생각을 표출할 수 있다고 본 것이다. 신명의 마음을 가진 레토리션들은 간결하게 표현하고, 언어 사이를 은유법(상상력)으로 겪게 한다. 청중 앞에 화자는 상상력으로 언론자유를 구사하면서, 청중을 자기 안으로 몰입시키게 한다. 이미지 사용은 "허공, 무(無)인데 그것은 자유와 더불어 가능성이다.

남명이 시(詩)를 쓰는 문장에 관해 논의했다. 그는 "세상의 문장을 잘 보는 자는 『시경』을 외우고 『서경』을 읽으면서 반드시 그 세상을 논하는데, 화려한 문장의 아름다움에 현혹되지 않고 반드시 그 내면의 실상을 궁구하여, 말로 인하여 덕을 숭상하고 글을 완미하여 도를 구했다."라고 한다(「序」; 『남명선생시집』서, 1604, 선조 37년 8월 일; 정인홍, 2014②, 139쪽).

또한 남명은 그의 도를 구현하는 도구로서 사용했다. 그는 "글을 지어 실 때 애초 생각을 가다듬지 않고 바람과 우레가 몰아치는 것처럼 신속히 짓고서 수정하지 않으셨다. 기이한 말과 심오한 뜻은 비록 숙유(宿儒)라도 혹 꿰뚫어볼 수 없었고, 서리 내린 하늘에 새로 뜬 달 같은 기상은 마음의 눈을 갖춘 자는 모두 볼 수 있었다. 선생은 세차게 흐르는 강물 속 지주석(砥柱石)의 표식과 용맹하게 나아가 학문을 쌓는 곳과 때로는 숨고 때로는 멈추는 도와 같다. 우러러 상상하여 터득함이 있는 것은 근본이 있는 시문이니."라고 했다(「序」; 『남명선생시집』서, 1604, 선조 37년 8월; 정인홍, 2014②, 141~142쪽).

2) 레토릭의 성격

레토리션은 경험을 이야기하거나, 예증을 사용하거나, 설교를 하거나, 신명의 마음을 설명한다. 그 순간 '착상(invention)'이 언어로 표출된다. 그 언어는 레토릭 예술(art of rhetoric)이다. 아리스토텔레스는 퍽 분석적, 체계적으로 착상을 이용했다. 그가 과학자로 평가받는 이유이다. 그는 주어진 케이스에 사용하기 위한 술[예술, art]로서 공공장소(topic, commonplace), 약식삼단논법(enthymemes), 예증(examples), 맥심(maxims), 사인(signs) 그리고 윤리 증거(ethical proofs), 애수 증거(pathetic proofs) 등을 언급했다(Sharon Crowley and Debra Hawhee, 2004, p.12).

어떤 예증, 혹은 논리를 쓰던 레토리션은 자신의 논리에 따른 시대의 절박성을 이야기한다. 물론 레토리션의 경험세계, 사욕과 욕심 그리고 남과 다른 낌새가 존재한다. 여기서 이성의 주체인 개인이지만, 그에게는 '내가 누구인가', '왜 당신이 그런 사람이 되었는가?'라는 자아 개념(self concept)이 존재한다. 「신명사명」의 분석틀이 된 자아는 항상 다른 사람과 비교하면서 살아가고, 끊임없이 낌새에 따라 사회적 현실을 판단하고, 다른 사람의 반응을 기다리게 된다. 자기가 속한 국가, 신분집단, 시장 상황과 보조를 맞춘다. 그리고 자신이 처해진 상황에서 따라 역할을 담당한다. 그 바탕 하에 자기 정체성을 갖는다. 개인에게는 신명의 마음이나, 이성이 존재하지만, 자신의 경험세계를 도외시할 수 없게 된다.

개인이 접하고 있는 레토릭의 상황은 시간과 공간 그리고 절박한 이슈이다. 다른 말로 콘텍스트의 이슈가 강하게 부각된다. 그리스 말로 카이로스(kairos), 즉 시간과 공간의 콘텍스트 하의 이슈이다. 로마의 레토릭 교사 쿠인틸리안(Quintilian)은 시간과 공간, 상황(circumstances)을 kairos로 불렀다(Sharon Crowley and Debra Hawhee, 2004, p.12). 이것과 달리, 그리스의 chronos는 측정할 수 있는, 달력과 시계의 연속적 시간이다.

한편 kairos는 상황의 시간이다. 시장적 상황에서 보면 kairotic를 사용한다. 이는 이익을 가장 많이 남기기 위해 주식을 사거나, 팔거나, 무역을 하거나 등을 결정할 때 사용한다. 합리적 판단이 필요하다. 레토릭은 가장 큰 효과적 설득을 얻기 위해 체제로 접근하고, 가장 좋은 상황을 이용한다. 이런 레토릭의 조건을 전제로 남명이 쓰는 절박성의 상소문을 보자. 남명은 상소문에서 시대의 절박성, 즉 레토릭 상황을 「음식을 내려 주신 은혜에 감사드리는 상소문」(「사선사식물소(謝宣賜食物疏)」)(1571.5.15)에서 이야기하고 있다. 동 상소에서 "전하의 나랏일이 이미 글러 한 가닥도 손댈 곳이 없는데, 모든 관원은 둘러서서 보기만 하고 구원하지 않습니다. 이미 어떻게 할 수 없음을 알고, '어떻게 해야 할까?'라고 생각도 하지 않은 지가 오랩니다. 만약 전하께서 보고서도 알지 못하신다면 밝음이 가리운 데가 있는 것이고, 알고서도 혁파할 생각이 없으시면 나라에 주인이 없는 것입니다. 큰

장대비로 적셔 주지 않으면 칠 년 가뭄에 시들어진 풀은 윤기가 나게 할 방법이 없다고 말씀드렸습니다. 지금 말씀드린 지 여러 해가 지났습니다만, 전하께서 바삐 은혜와 위엄을 내리셔서 기강을 세웠다는 것을 듣지 못했습니다."라고 했다(조직, 1995, 256~257쪽).

절박성을 산문 언어에 맞게 잘 표현했다. 시어만으로 표현할 수 있게 잘 엉켜있다. 남명의 글쓰기 형태는 ①칼로 물건을 자르는 듯한 분명한 말로 정곡을 찌르고 있으며, 누구를 두둔한다거나 무엇을 완곡하게 빙 돌려서 말을 하지 않았다는 점이다. 또 약간 언급하고 그치는 것이 아니라, 남김없이 모든 이야기를 다 했으며, 한 이야기가 끝나면 곧 바로 또 다른 이야기를 잇는 식으로 하여 어기(語氣)가 직설적이고 날카롭다는 점, 그리고 조급해 하는 말로 주장을 다 펼치려다 보니 반복하여 형용하고 과장한 특징을 보인 점이다. ②정감이 강렬하다는 점이다. 직설적이고 강건함은 남명 산문의 주된 품격이라고 했다(熊禮匯·韓相德, 2001. 291쪽).

같은 맥락에서 그는 단순하면서도 사물을 꿰뚫어 본다. 내암의 「부음정기(孚飲亭記)」의 자연의 섭리의 마음을 가짐으로써 현실을 있는 그대로를 볼 수 있다. 같은 원리로 애착을 버리고 정신세계를 탐험한다. 남명뿐 아니라, 내암은 "도학자들이 즐겨 읽었다는 『근사록』에서는 '유자지학(儒者之學)'을 내세우면서 작문해도론(作文害道論)을 적극적으로 폈다. 즉, 문장을 짓는 것은 전념하지 않으면 잘 되지 않고, 만약 전념하게 된다면 뜻이 여기에 제약받게 되니, 어찌 천자와 더불어 그 크기를 같이 할 수 있겠는가? 『서경』에 이르기를 '완물상지(玩物喪志)'한다고 했는데, 작문도 '완물'하는 것이다(『근사록(近思錄)』 2권)라고 한 것이 그것이다(정우락, 2006, 213쪽). 문장도 '화려한 것(華)'이 아니라, '유용성(實)'에 더욱 가까이 간다.

남명의 「묘갈문」에서도 "좌류문(左柳文), 『좌씨춘추』와 [유종원의 문체]를 좋아하여 문장이 우뚝하고 힘 있었다. 경물(景物)을 읊고 사연을 기술함에 얼른 보기에는 깊이 생각한 것 같지 않으나, 말과 뜻이 엄밀하고 논리가 정연하여 자연스레 법도에 맞았다."라고 했다(김충열, 2008, 438쪽).

남명의 사조(寫照)가 그대로 표출된다. 그는 "재기가 넘쳐서 가압일세(駕壓一世)하는 면이 없지 않았으나, 그것은 남다른 극기 공부에 의해 척제되었고 은거자수(隱居自修) 하면서 얻은 '세상을 바꾸려하지 않고 드러나지 않아도 부끄럽게 않은'(不易乎世不見是而無憫) 마음의 경지에 이르러서는 세상의 명리를 부운처럼 여기게 되었기 때문에, 그의 문장은 누구에게 보이려거나 사람들을 현요(眩耀)케 하려는 것이 아니었다(김충열, 2008, 342쪽).

또한 그의 산문어도 아결(雅潔)함을 나타내는데 "남명 산문의 언어는 예술 언어이다. 그 용어의 성질이 문장 품격의 변화에 따라 변함에도 불구하고 시종 분명하고 통쾌하여 아결한 특색을 가졌다. 이런 말들은 소박 담백하고 시원시원하여 구어와도 같지만, 또 구어 보다는 분명하고 정확하게 표현을 하고 있고, 그가 구사한 전아(典雅)하고 정선된 언어는 원래 문언에 속하는 것이나, 오히려 문맥이 잘 통하고 용어 사용이 적절하여 평이하고 자연스럽다."라고 했다(웅례회·한상덕, 2001, 295쪽). 그의 산문에도 비유를 섞어가면서 예술성이 풍부한 글을 쓰고 있다.

다른 형태의 시, 명 등에서 나타나는 시어들을 보자. 그의 문장은 간명하고 직절하다. 구체적으로 "시가에 있어서도 오언시가 많고, 지나치리만치 성묵(省墨)하고 있어 산수화로 치면 마치 겨울 산에 잎이 다 떨어진 교목을 보는 것 같아 한원청핍(寒遠淸逼)한 느낌을 준다."라고 했다(김충열, 2008, 342쪽).

남명의 구체적 글쓰기를 자세히 형태를 보자. 물론 레토릭 언어는 현실과 다를 수가 있다. 인간의 사고, 인지, 언어는 분명 실제 보는 바위 같은 대상물을 지칭하지 않을 수도 있음으로써 실제 현상의 사실을 지각함에서 있어, 인간의 인지는 필연적으로 어떤 왜곡을 포함하고 있다((Sharon Crowley and Debra Hawhee, 2004, p.19).

더욱이 남명의 글 형태는 "시나 명(銘)에 이미지를 이해하기 쉽게 쓰나, 시나 명들 사이의 전체적 관계에 대해서는 아무런 설명이 없다. 또한 『학기』도 마찬가지이다. 『성리대전』, 『심경』 등에서 글을 뽑되, 핵심 부분만 남기고 나머지는 잘라 버린다. 이렇게 핵심만 간결하게 다듬은 글을 그냥 적어 두었다. 별 다른 설명이 없다. 다만 짤막하게, 즉 한 두 글자 적은 것도 있으나, 그것은 극소수이다. 『학기』는 「학기도」처럼 설명이 없다."라고 했다(손영식, 1999, 166쪽).

글에 대한 전문 식견을 갖지 않고는 불가능한 일이다. 남명은 아버지 언형(彦亨, 1469~1526)의 글 솜씨를 익혔다. 남명의 부친은 그의 사춘기 시절에 제도권 언론에 근무한 경험이 있었다. 부친은 언론인이 갖는 언어선택에 관심을 가진 것이 기록에 나온다.

그렇더라도 남명은 '시(詩)의 미학적 특징'[2], 혹은 명(銘)에 대해서 별로 좋은 감정을 갖고 있지 않았다. 시는 사람을 교만하게 하고, 계율을 마음에 두고, 판단을 하게 된다는 것이다. 남명은 시에 직접 언급을 했는데 성수침(成守琛)에게 보낸 편지 「답성청송서(答成聽松書)」에서 "시는 자신에게 매번 무한히 교만해지는 죄를 더하는 것이라 생각했기 때문에 시를 읊지 않은 지 수십 년이나 된다고 하였다."라고 했고(『국역 남명집』), 정인홍의 「남명집서문(南冥集序文)」에서도 "시는 늘 마음을 거칠게 한다는 계율을 마음에 품고 있었는데, 시인들은 의치가 텅 비어있기 때문에 학자의 큰 병통이 된다."라고 했다(이종묵, 2007, 202쪽).

시(詩)는 언어 선택을 함으로써, 절대적 자아의 속성, 즉 카리스마 속성을

---

[2] 남명의 시의 미학적 특징은 "①유가적 전통 위에 서 있되 방외(方外)의 자유로운 시선을 통하여 독특한 문학적 상상력으로 풍취가 높은 시문학의 지평을 열었다. 선생은 열린 시각으로 소재와 수사를 적절히 활용하여 문체론적 아름다움을 시문 속에 정련(精鍊)해 놓았다. 산림고사(山林高士)의 시선으로 세상과 자연을 읽는 방법이 매우 초탈하며, 한편으로 간아(閒雅)하면서도 탈격(脫格)한 문장은 도도(滔滔)한 기운이 넘쳐흐른다. ②선미(禪味)는 언어를 넘어 진경(眞景)을 담고 있고, ③깎아지른 단애(斷崖)의 풍미를 남명 삶의 궤적을 따라 퇴적된 야성미로 발현되고 있고, 강인하면서 웅혼하고 처절한 알인욕(遏人慾)의 삼엄한 결의가 강인하게 표출되고 있다, ⑤남명의 시문에서 발견하는 한 아름다움은 가득한 여백미이다. 산림에 숨어살며 안빈낙도하는 처사의 삶이 무르녹아 흐르는 가득한 여백은 진경산수(眞景山水)를 그려놓은 남명 시문학의 진정한 아름다움이라 할 만하다."라고 했다(이상원, 2001, 330~332쪽).

요구하게 된다. 그의 시는 심미수용자로서 시학에 드러나는 미적 관점을 선미(禪味)의 발견, 우의(寓意)의 풍자미, 직절(直截)하는 야성미, 충만한 여백미 등으로 평가할 수 있다(이상원, 2001, 311쪽).

남명의 시는 그의 삶을 대표할 뿐 아니라, 그 내용을 레토릭에 필요한 언어를 자유자재로 구사했다. 전술한「냇물에 목욕하며(直今削腹付歸流)」, 즉 '사십 년 동안 더럽혀져 온 몸. 천 섬 되는 맑은 못에 모두 씻어 보낸다. 만약 티끌이 오장에서 생긴다면 지금 당장 배 갈라 흐르는 물에 부쳐 보내리.'에 대해 그는 "내적 수양의 위기지학(爲己之學)에 철두철미한 한사(寒士)의 처절한 의표(儀表)가 하늘을 찌른다. 냇물의 흐름은 인욕의 일렁임으로 유추되고 나타나고 동시에 허물을 흘러 보내는 통로로서의 의미로 중첩되어 있다. 줄기차게 본성(本性)을 지향하며 천리(天理)를 해치는 사특한 점의 티끌이라도 용납하지 않으려는 남명의 삼엄한 결의가 잘 드러나 있다."라고 평가했다(이상원, 2001, 324쪽).

남명은 언어선택을 통해 언론의 자유를 이야기함으로써 자기의 개성이 뚜렷하다. 자신이 갖고 있는 과거의 역사적 시간의 경험과 지금 현재 펼쳐지고 있는 공간의 영역을 함께 표출시킨다. 전자는 직감을 이용하고 있어 퍽 주관적 성격을 내포하고, 후자는 객관적 사실적 현실을 표출한다.

조식은 "세계가 아니라, 개인, 즉 사람의 자아를 문제 삼는다. 그는 개인의 절대적 주체를 추구하는데, 그 개인의 절대적 주체는 물론 이미지로 구성되어 있다. 사람의 자아(내는 조식의 표현처럼 '살아 있는 생생한 것[生龍活虎]'이다. 그것은 이황이 설명하려 했던 이 세계의 객관적 법칙과는 다르다. 객관적 법칙이 지배하는 세계는 시간적이라기보다는 공간적이다. 공간속에서 논리적으로 연결되어 있다. 반면 살아 있는 생생한 것으로서 자아는 시간 속에 있다. 살아 있다는 것은 시간 속에 있다는 말이다."라고 했다(손영식, 1999, 158쪽).

레토리션이 말하는 신명의 마음, 즉 절대적 자유는 언어 선택과 관련이 있다. 언어의 세계가 수려하면, 그만큼 주관적 자아가 활기롭게 내용 속에 포함되어 있다. 같은 맥락에서 남명의 문체는 남달리 수월했다.

이종묵에 따르면 "한강(寒江) 정구(鄭逑)가 지은 남명의 제문에서 '어려서 문장을 업 삼아 군서(群書)를 널리 통하더니, 마침내 우리의 대업이 거기에 있지 않음을 알아서 위기지학(爲己之學)에 전념하였다'고 말한 것을 보면 젊은 시절 남명은 문학도였던 것으로 보인다. 남명은 고문, 특히 『좌전(左傳)』과 유종원(柳宗元)의 고문을 좋아하여 문장이 기초(奇峭)하고 기력(氣力)이 있었다고 평하고 있다."라고 했다(이종묵, 2001, 2007쪽).

좋은 시는 가사를 붙이면, 창이 되고, 음악이 된다. 또한 남명의 「신명사도(神明舍圖(銘)」은 그림으로 그린 것인데, 그의 그림(圖)은 시나 명(銘)을 읽듯이, 그림을 통해서 이미지를 직관적으로 통찰하기를 요구한다(손영식, 1999, 160쪽).

내암은 '신명사도'와 신명사명의 순서와 의미를 언급했다. 그는 "일찍이 「신명사도」를 그린 다음 명을 지어 넣었다. 안으로는 마음을 잡아 함양하는 실체를 나타내고, 밖으로는 살펴서 사욕을 이겨 다스리는 공부를 밝혔다. 안팎이 구분 없는 본체와, 움직일 때나 고요히 있을 때 서로 가리키는 이치가 그림을 살펴보면 분명하여 눈이 있는 사람은 다 볼 수 있는데, 이것은 선생이 스스로 터득하여 손수 그린 것이다. 선유가 논한 천도, 천명, 심, 성정, 이기 등에 이르기까지 학문하는 차례와 더불어, 덕에 들어가는 노선을 손수 그림으로 그린 것이 한두 개가 아니고."라고 했다(「行狀」; 남명 조 선생 행장」, 1572, 선조 5년, 윤 2월; 정인홍, 2014②, 222쪽).

「신명사도」의 그림은 '성리학의 전통적 사고'3)를 파괴했다. 「신명사도」뿐 아니라, 「태극도」는 같은 "추상적인 도형을 그리지만, 도설(圖說)을 전혀

---

3) 이황의 『성학십도(聖學十圖)』는 ①추상적인 도형을 기본 틀로 하여 구성되어 있으며, ②이 도형들은 추상적인 관념 체계를 상징하거나, 그 체계의 구성을 일목요연하게 보여 주는 차트의 기능을 한다. 따라서 그림(圖)이 있으면 반드시 그 그림의 도형(혹은 기하학적으로 상징된/배치된 개념들)을 설명하는 말(說)이 있다. 즉 도(圖)가 있고, 거기에 딸린 도설(圖說)이 있다. 그림보다 설명이 더 중요하다(손영식, 1999, 160쪽).

붙이지 않는다. 그는 복잡하게 얽혀서 난삽한 산문을 보완하는 것으로 그림을 채택한 것이 아니다. 그림 자체가 이미지를 나타내는 것이다."라고 했다(손영식, 1999, 160쪽). 그에게는 시어, 명, 운문, 그림 등이 하나의 각각 개체를 갖는 예술로 표현했다.

이들 어느 것이든, 같은 절박한 마음의 표현이다. 같은 맥락에서 내암은 "『예기(禮記)』「王制」에 이르기를 '형(刑)은 형(侀)이고, 형(侀)은 이루는 것이다. 한 번 이루어지면 변할 수 없기 때문에 군자가 마음을 다한다.'"라고 하였고「주역(周易)」「서합괘(噬嗑卦)」에 말하기를 '정고(貞固)하게 하고 위태로운 마음을 지니면 허물이 없을 것이다.'(「謝恩食物封事」; 1607년, 선조 40년, 2월 2일; 정인홍, 2014, 218쪽).

남명의 세계관은 항상 절박함을 표현했다. 「신명사도」를 「신명사명(神明舍銘; 임진왜란 때 진주성 공방전처럼 치열한 전투를 하는 성 방어진이다.)」으로 성문, 깃발, 집 등은 이름 붙였으나, 이 책의 그림에 따른 글은 도설(圖說)이 아니라, 시(詩), 명(銘) 등과 같은 차원에서 논의했다.

남명의 마음이 아니라, 절박한 심정의 백성 전체의 마음이다. 시, 산문, 그림이 다를 수가 없다. 내암은 "안을 굳게 다스려 나라의 근본을 견고히 하고 밖을 엄히 물리쳐 멀리 있는 왜노들에게 위엄을 보이십시오, 그리고 강화를 하고 하지 않는 권한과 절제가 우리에게 있어 저들이 감히 속이지 못하게 하면, 나라를 지키고 적을 위협하는 도리를 거의 얻게 되는 것입니다(「謝恩食物封事; 음식물을 내려 주신 것에 사은하는 봉사」, 1607년, 선조 40년, 2월 2일; 정인홍, 2014①, 218쪽).

내암은 그 흩어진, 아나키즘적 현장을 소개했다. 그는 "영남 한 지방을 들어 말씀드리겠습니다. 왜적의 변란이 있던 처음에 남쪽 수령들은 호랑이보다 사나운 자가 많아서 태산(泰山)에서의 곡소리가 고을마다 들렸습니다. 그러나 백성들이 감히 마음속의 생각을 제멋대로 행하여 적에게 아첨하지 못한 것은 사대부의 집이 많아 예의(禮義)의 풍습이 조금 있었기 때문입니다. 명나라 군대가 남쪽으로 내려올 적에도 죽지 않고 남아있던 백성들이 겨우 목숨만을 보존하고 있으면서도 군량을 공급하고 운반을 수고롭게 하며 명령에 따르고 흩어지지 않은 것은, 양민이 많아서 여전히 공상(供上)하려는 마음이 있었기 때문입니다."라고 했다(「謝恩食物封事」; 1607년, 선조 40년, 2월 2일; 정인홍, 2014, 215쪽).

한 마음의 「신명사명」이 메시지로 표출된 것이다. 한편 남명의 문체가 소개되었는데, "사물을 읊고 사실을 기록할 때 처음에는 생각한 것 같지 않은데도 문사가 엄정하고 의리가 정치하여 삼연히[장엄하고 정숙하게] 법이 있다고 하였으며, 이 때문에 훗날 과거에 응시했을 때 작성한 글을 고문을 배우는 자들이 다투어 전하여 법식으로 삼았다."라고 했다(이종묵, 2001, 207~208쪽).

남명의 메시지는 "희문(戲文, 실없이 장난삼아 쓴 글)의 성격이 강한 항단기(杏壇記), 「루항기(陋巷記)」 등 초기작품은 성현(成俔)의 『부휴자담론(浮休子談論)』에 보이는 우언[寓言, 다른 사물에 빗대어서 의견이나 교훈을 은연중에 나타내는 말]과 유사한 양식으로 되어 있는데, 우언은 작가의 치열한 대사회적 의식이나 정치사회적 주장을 담기보다는 누구나 군자 수긍할 수 있는 범상한 주제를 담는 것이 특징이다."라고 했다(이종묵, 2001, 208쪽).

뿐만 아니라, 남명은 "부친이 단천군수(端川郡守)로 내려한 후 그는 허리에 성성자(惺惺子)라는 방울을 차고 다녔는데, 나태한 정신을 일깨우기 위한 것이었다."라고 했다(이종묵, 2001, 208쪽). 남명은 엄격하고, 준엄하지만, 때로는 냉소적이고, 해학적 분위기를 자아낼 수 있는 성격임에는 틀림이 없었다. 그는 퍽 자연, 인간, 시, 예술 등을 함께 즐길 수 있는 낭만파 시인이라고 봐도 과언이 아니다. 그의 언어는 레토릭을 구사할 만큼 충분하다.

그의 엉뚱함과 예술적 기지가 표출된다. 천왕봉 꼭대기에서 일출을 본 후 동행한 이들과 가무(歌舞)를 즐기는 장면이 소개되었다. 강정화는 "그래도 그렇지, 어젯밤의 술기운이 채 가시지도 않았을 새벽녘임에도 통소를 불고 북을 두드리고 기생들에게 노래하고 악공에게 음악을 연주하게 하는,

그런 부산함을 떤단 말인가, 그 새벽녘에 노래가 나오고 흥이 솟을까도 싶은데, 또 한편으로는 얼마나 기막힌 장관이었기에 그렇게 했을까 싶기도 하다."라고 했다(강정화, 2013, 152쪽).

이는 우연한 것이 아니었다. 남명의 동양 수사학(洙泗學)에는 정서적, 예술적 측면을 강조했다. 그는 "15세 이상의 청소년이 되면『소학』공부에 이어서 이외에도 체력연마와 예능에 관심을 가져야 한다고 보았다. 음악 감상하기, 채색하기, 무용, 오르내리기, 빨리 달리고 천천히 걷기, 목운동 등의 활동이 학습에 포함되어야 한다고 언급하였다."라고 했다(이수진, 2016, 86쪽).

남명의 독특한 수사학의 교육론은 서구의 수사학(修辭學)을 관통하고 있었다. 통제할 수 없는 레토릭 상황을 타개하기 위해 수사학 교육을 구사한 것이다. 이는 동양의 수사학과 서양의 수사학이 만나는 지점이다. 그는 "나아가 마음이 총명하게 깨어 있는 경의 상태를 유지하기 위하여 사물에 대한 막힘이 없어야 장애가 없어진다고 보았다. 따라서 경의 상태를 위하여 율력, 형법, 천문, 지리, 군사, 관직 등 다양한 영역에 대해서도 잘 알고 있어야 한다."고 말했다(손승남, 2005, 1~17쪽; 이수진, 2016, 86쪽).

더욱이 레토릭의 표현들은 언어로 구현이 된다. 즉, 언론과 레토릭을 전공하는 사람은 언어의 선택에 관심을 둔다. 레토릭의 틀에서 보면 서구에서 이야기하는 수사학(修辭學)의 개념과는 조선시대와는 근본적으로 다르나, 일치하는 면도 있다. 키케로(Marcus Tullius Cicero, BC 106~143)는 수사학의 다섯 가지 강령으로 착상(Invetio, invention), 스타일(Elocutio, style), 배열(Dispositio, arrangement), 기억(Memoria, memory) 그리고 전달(pronuntiatio, delivery)로 묘사했다. 현실의 절박한 문제를 레토릭으로 설득해 간다.

서양인들은 수사학을 쉽게 웅변이라고 했다. 그들은 전달에 더욱 관심을 두었다면, 남명은 착상과 스타일, 기억에 집중한다. 여기서 착상은 메시지 안에 포함될 사상(thought), 추론(reasoning), 배경(background)을 포함한다(Philip Emmert an William C. Donaghy, 1982, p.14). 남명의 경우 성리학, 양명학, 도학, 경의성(敬義誠)이 착상의 이론적 맥락이고, 추론은 논리적 근거이다.

레토릭은 착상의 학문이다. 청중을 웃고, 울리는 것은 표정 하나, 언어 한 단어로 상황을 반전시킨다. 또한 추론은 경의성만도 서로 떨어진 것이 아니라, 함께 엮어 논리를 전개시켰다. 그리고 배경은 그가 이론을 도출한 조선중기, 즉 명종, 선조 때의 시대적 상황이 주로 언급되었다.

스타일은 시어(詩語), 혹은 명(銘)나 산문을 일컫는다. 남명은 아버지와의 경연에서 논하는 것과 달리, 스피치에 주안점을 둔 것이 아니라, 글쓰기로 상소를 올리거나, 글로 작성한 내용을 바탕으로 후학을 가르쳤다. 즉, 통제할 수 없는 환경을 통제 안으로 끌어오기 위한 설득의 모든 수단을 포함한다. 상소 뿐 아니라, 시, 명, 서, 묘갈문 언어의 선택에도 강렬한 이미지를 선보인다.

물론 남명은 학자불필요저술(學者不必要著述)을 언급함으로써, 정신세계를 말과 소리로 표현하고자 했다. 그는 존재하는 것을 소유하는 것보다 우선시한다. 말과 소리는 문자의 외적 정보가 아닌, 신과 영혼의 내면세계를 표출한다. 남명의 敬의 '낌새'는 정신세계를 극대화하려는 의도를 가졌다. 그때 시, 산문은 영혼의 세계여서 예술, 음악 그리고 창을 읊조리는 경지까지 확산되어, 공감을 확산시킨다.

가능만 하다면 자연적 사실주의는 문자(writings)와 표지(mark)를 말소리(speech & voice)보다 더 진리의 본질에 적합하다고 여긴다(김형효, 2007, 285쪽). 남명은 말과 소리, 그리고 글을 같은 차원에서 두고, 사용했다.

남명이 사용하는 언어는 표피적 문자와는 거리가 있다. 그는 역사적 조건의 시간과 지리적 조건의 공간 경험이 독특하다. 그의 세계관은 청소년기에 서울의 연화방(蓮花坊, 이화동), 장의동(효자동) 등지에서 보냈고, 그의 부친은 사간원·사헌부의 관리를 지냈다. 피비린내 나는 사회의 참혹함을 경험하면서, 청소년기를 보냈다.

여기서 그의 언어와 문법은 우주론, 포괄적인 세계관, 사회관, 사고와 행위와 지각에 영향을 미치는 인간의 상황에 대한 견해도 함유하고 있었다. 물론 현저하게 서로 다른 문법의 사용자들은 그 문법에 의해 다른 유형의 관찰을 갖게 된다. 보르프(Whorff)에 의하면, "언어의 우주론은 낱말의 명시적인 용법에 의해 표현되기도 하지만, 그것은 명시적인 표식 없이 결합유대(linkage bond)라는 눈에 보이지 않는 '중앙교환소'를 통해서, 집합을 표시하는 다른 낱말들을 결정하도록 작용하는 분류에 의존하고 있다"(Whorff, 1956, p.121, p.69; Paul Feyerabend, 1984/1987, 255쪽).

어떤 논리를 결한 채 툭툭 던지는 남명의 언어는 그의 지식의 영역만큼 다양하다. 내적 시간의 개인사적 경험, 외적 공간의 변화무쌍함이 함께 용해되어 있다. 더욱이 원래 마음은 계기만 있으면 바깥으로 인연의 고리를 걸고 싶어 하는 탈자적 운동과 같다(김형효, 2007, 402쪽). 권력의 욕망인 지식과 마음은 함께 한다. 남명의 다독(多讀) 습관이 어우러지게 된다. 남명은 『학기유편』의 『소학』, 『대학』, 『근사록』, 『성리대전』 등 성리학자들이 주로 읽는 서적은 물론이고, 노장사상, 『주역』 그리고 실용학문 등 다른 다양한 서적을 숙독했다.

이는 대부분 수사학자들이 갖가지 다양한 학문영역과 일치한다. 남명은 "노장(老壯)과 한비(韓非)류의 글을 좋아하게 했다. 아마도 그의 오세(傲世)는 세상의 공명을 뜬구름처럼 여기는 노장에 이끌리게 했을 것이고, 그의 유협(遊俠)은 전쟁의 기술과 권력의 생리를 피력하고 있는 한비(韓非)류에 이끌리게 했을 것이다. 실제로 그는 젊은 시절 '널리 경전은 구하여, 제자백가에 두루 통달했다.'고 한다(『言行總錄』, 377쪽). 또 '음양, 지리, 의약, 도류(道流)의 대강을 섭렵했고, 궁마(弓馬) 진법(陣法)·관방·진수에 뜻을 두어 궁구하지 않는 것이 없다(상게서, 78쪽)."라고 했다(한형조, 2001, 28쪽).

레토리션은 자신의 지적 세계를 시·공간 안에서 적합하다고 생각한 것을 끌어내어 설명한다. 그만큼 그는 직감, 즉 육각(intuition)을 넓게 사용한다. 레토리션에게 어떤 사고, 사건이 벌어질지 모르는 세상의 상황이다.

해체(entropy) 상태에서 신명의 마음으로 탈해체(anti entropy)로 연결시킨다. 문제가 생기면 그 문제를 풀어가는 사회과학적 방식과 다를 바가 없다. 그들이 추구하는 합리성(과학성)으로 "우리는 과학적 탐구가 어떤 가치 있는 목표를 지향하고 있으며, 과학은 이러한 목표에 다가가도록 이끌어 주는 합리적인 수단으로서의 방법론을 가지고 있는 것으로 생각한다."라고 했다(Feyerabend, Paul, 1984/1987, 354쪽). 즉, 합리성의 목표는 시간과 공간 안에서 풀어간다. 레토리션은 자신의 목적을 두고, 그 일을 성취하기 위해 독특한 언어의 수단을 사용하여, 설득을 시도하게 된다.

보르프는 언어와 그 문법의 마술을 통해, 스타일을 결정하고, 시와 산문의 형태를 결정한다. 이 형태는 설득의 주요한 도구, 즉 레토릭의 도구가 된다. 그 원리에 따르면 서양이든, 동양이든 레토릭은 언어사용의 마술을 사용하고, 그 토양 위해서 수사학이 꽃을 피우게 된다(조맹기, 2011, 23쪽). 서구의 웅변은 비언어적 몸짓을 사용하지만, 동양은 언어적 커뮤니케이션을 주로 한다. 사물, 사람을 인지하고, 그 내용을 언어, 즉, 시나 산문을 작성하거나 상소로 공론을 일으켰다.

전술했듯 남명이 쓰고 있는 언어의 형태가 설명되었다. 그는 "문장을 조직하고 다듬지 않는 유형이었다. 착상이 일면 '바람처럼 달리고, 우레처럼 빨라 손댈 필요가 없었다.' '기이한 표현과 깊은 함축(奇辭奧義)은 노숙한 선비들도 제대로 읽어낼 수 없었다.'고 한다(『언행총록』, 78쪽)."라고 했다(한형조, 2001, 29쪽).

남명은 자연의 아름다움을 시적으로 표현했다. 물론 그 자연의 표현은 "한 송이의 꽃을 봐도 그 꽃과 존재를 나누는 한 몸이 되고 싶고, 한 마리의 산새를 봐도 그 새와 함께 교감하고 깊은 그의 욕망은 소유론적 탐욕을 넘어서는 고결한 존재론적 욕망의 희망이다. 그 희망은 존재하는 모든 것들과 함께 동기(同氣)의 우정 어린 교감을 나누고 싶어 하는 일체감에서 온다."라고 했다(김형효, 2007, 53쪽).

성리학(性理學)은 인간의 존재론적 본성의 연구와 다를 바가 없다. 자연과 인간이 있는 그대로의 존재론적 아름다움을 보는 것이다. 인간에서도 그 아름다운 존재론적 시각은 "각자는 돈 버는 일, 물건 만드는 일, 노래 부르는 일, 공부하는 일, 힘쓰는 일 등 자기의 할 일을 찾는다. 그 일을 찾아서 일에 무심으로 매진하되, 결코 남들을 속이고 괴롭히는 대가로 이익을 챙기려고 하지 않는다. 그렇게 이익을 쟁취하면 결국 무의식적으로 나쁜 습기(習氣)를 지어 나를 더욱 옭아매 더 큰 고통을 받게 된다는 것을 알기 때문이다."라고 했다(김형효, 2007, 52쪽).

존재론적 아름다움은 자연, 인간 그리고 예술을 찬미하게 된다. 낭만파 시성은 이런 존재론적 사랑에서 온다. 인간의 수기(修己), 극기(克己)를 통해 자신을 자연의 질서에 맡기고 살아가는 것이다.

남명의 경우 극기(克己)를 통해 자연 모습 그대로를 표출하고자 한다. 그게 과거, 현재, 미래를 엮어주고, 자연, 인간, 하늘이 여기서 존재의 아름다움으로 어우러진다. 개인은 평정심을 가질 때 존재가 더욱 능력을 발화할 수 있다. 남명의 시에는 간결한 언어로 인간, 땅과 하늘을 항상 엮는다. 실제 세속의 가축과 자연의 생물들이 등장한다. 하늘과 땅을 엮어주는 은유의 비룡(飛龍)이 등장한다.

구체적 시간과 공간 안에 자연이 하늘 밑에서 함께 어우러진다. 시간·공간의 개념이 상실된 현대 인위적 기술에 의한 지구촌(the global village) 개념과는 거리가 있다. 인위적일수록 현실의 실제상황에서 더욱 철저할 필요가 있게 된다. 그의 시는 구체적 장소에서 시작하고, 그 시성은 인간의 삶의 모습을 그려내고, 그 자연의 모습은 제자리를 확고하게 자리 잡고 있는 은하수와 중첩되어 묘사된다.

남명의 시는 발을 현실에 딛고 살아가는 인간이지만, 이상향의 하늘과 은하수가 빈번히 등장한다. 서로 다투는 듯 하면서 균형감각을 갖고 서로 어우러진다. 그의 시는 경의성(敬義誠)이 함께 하고, 시어(詩語)와 예술이 함께 한다.

　남명의 지리산 유람기를 보자. 남명은 지리산의 신응사(神凝寺)를 끼고 신응동 골짜기를 묘사했다. 그는 "불어난 시냇물이 돌에 부딪쳐 솟구쳐다가 부서지니, 마치 만 섬 구슬을 다투어 내뿜는 듯도 하고, 번개가 번쩍이고 천둥이 으르렁거리는 듯도 하며, 희뿌옇게 가로지른 은하수에 별들이 떨어지는 듯도 하였다. 또한 손님을 맞아 잔치를 벌인 요지(瑤池)에 비단 방석이 어지러이 널려 있는 듯도 하였다. 용과 뱀이 비늘을 숨긴 듯한 검푸른 못은 헤아릴 수 없이 깊었고, 소와 말의 모습을 한 우뚝 솟은 돌들이 셀 수 없이 널려있었다."라고 했다(강정화, 2013, 130쪽).

　남명은 현장감이 있는 직감의 언어를 사용하고, 그 언어로 정자에서 사림을 가르치거나, 주로 경세(經世)의 시를 읊고, 산문을 썼다. 그의 언어는 경상우도(慶尙右道) 사림 공동체의 유산으로 봐도 별로 빗나가지 않는다. 김해, 합천, 진주 등 사림들의 반골적 문화로 간주할 수 있고, 이는 가야(伽倻)의 후손들이 갖고 있는 기질을 대변한 것이다.

　합리성을 과학으로 간주한다면 과학은 그 사람들의 시대정신과 합치한다. 과학의 우월적 성취, 과학적 지식의 성장을 설명하기 위해서는 과학적 방법과 과학적 집단에 어떤 특별한 것이 있어야 한다고 가정할 수밖에 없다(Feyerabend, Paul, 1984/1987, 354쪽).

　사림의 문화(도)가 중앙정부로 이전했다. 김해를 중심으로 한 그들의 생활근거지는 왜구의 침략 행위를 직접 경험하고 있었다. 사림의 시대적 절박성이 중앙정부에 긴장을 주었고, 선조 25년에 일어난 임진왜란은 선조 1년 사림의 입을 통해 왕조의 주요 쟁점이 되었다. 물론 그 문화는 위기관리문화로 임진왜란(壬辰倭亂), 정유재란(丁酉再亂)을 승리로 이끌고, 광해군까지 확산되었으나, 내암 정인홍이 참수를 당함으로써 중앙정부에서 거세를 당했다.

　중앙정부로 볼 때, 사림의 문화는 기존의 합리성을 부정하는 상대주의 입장을 취하며, 회의주의가 강하고, 주관주의적이고, 비합리적 요소를 포함하고 있었다. 그러나 사림의 문화로 볼 때, 기공을 강조함으로써 퍽 경험적·귀납적·합리적인 요소를 지녔고, 향토색을 띠고 있었다. 연속성을 지닌 직감적 성격이 강하지만, 논리성은 약한 면모를 보였다.

물론 당시 남명은 관리가 아니어서 공론은 어전회의의 경연(經筵)에 나가 말할 입장도 아니었다. 그러나 그의 시나, 산문에는 레토릭 상황, 즉 시대의 절박성을 쉽게 접할 수 있었다. 이때 관찰자가 갖는 주관적인 경험은 망막에 맺힌 상에 의해 결정되지 않고 관찰자의 경험, 지식, 기대 등에 영향을 받는다(Feyerabend, Paul, 1984/ 1987, 354쪽). 그렇다면 남명에게 현장의 합리성은 자연의 '관찰'4)에서 충만한 콘텐츠를 제공했다.

한 구절을 인용해보자. 남명은 "자신의 마음을 이해해 줄 벗으로 단연 황강을 꼽았다. 남명은 왕도정치가 실현되지 못하는 현실이기에 나아갈 수 없었음에도 결코 현실을 잊지 않았다. '달려드는 허연 머리에 근심이 뒤얽히고, 슬피 우는 백성들 풍년에도 더 굶주리네, 배에 가득 답답한 생각 적을 수 없지만, 우직한 황강노인 그대는 응당 알리라.'"라고 했다(강정화, 2013, 51~52쪽).

자연을 벗 삼아 세상을 논한 그의 심학이 공개되었다. 신흠(申欽, 1566~1628)은 남명의 시를 평하면서 "남명 조식은 절개와 의리를 가졌고 이로, 천길 절벽과도 같은 기상을 가진 채 은둔하면서 벼슬길에 오르지 않았다. 문장 역시 훌륭하고 비범하기만 하다. 그 예로 '천석(天石) 들이 종(鐘)을 보게나, 크게 때리지 않으면 소리를 내지 않는 것을, 만고의 천왕봉, 하늘이 울어도 울지를 않아.'라는 구절을 들 수 있다. 시운(詩韻)의 호기롭고 씩씩함뿐만 아니라, 자부심도 대단하다."라고 했다(『청창연어(晴窓軟語)』225쪽; 옹예회, 2001, 271쪽).

---

4) 귀납주의자는 관찰에 대한 중요한 2가지의 가정을 가지고 있다. 그것은 "첫째, 관찰과 더불어 과학이 시작된다는 것이고, 둘째, 관찰이 지식이 유도될 수 있는 확고한 근거를 마련한다는 것이다. 이러한 순수한 관찰은 어떤 이론에도 물들지 않은 관찰언명을 통해 기술할 수 있다는 것이다."라고 했다(Feyerabend, Paul, 1984/1987, 361쪽).

그의 성격과 사물을 인식하는 수준으로 웅예회는 "남명의 시에는 성정(性情)을 그리고 날카로운 표현을 숨기지 않음으로 해서 준엄하고 힘찬 면이 있는가 하면 다른 한편으로는 완곡하고 포근한 정을 담은 면도 있는데, 전자를 위주로 하고 있다. 남명의 시풍은 확실히 송시(宋詩)의 영향을 받아 형성되었던 관계로 의론으로 시를 쓰고 산문으로 시를 쓰는데 능하다."라고 했다(웅예회, 2001, 275쪽).

남명은 4세가 되던 3월에 부친이 급제했다. 그 무렵 부친을 따라 상경하여, 26세까지 한성에서 생활을 했다. 감수성이 예민할 청소년기를 서울을 중심으로 생활을 했다(정우락, 2007, 9~10쪽). 그 추억은 좋은 것만은 아니었다. 당파성에 휩싸인 서울, 숙부가 화를 당하고, 아버지가 관직에서 물러났기에 한을 쌓기에 충분했다.

남명은 26세 때 부친을 잃게 되었고, 백성의 고달픔을 경험으로 알고 있었다. 그의 언어 감각과 직감은 그의 경험세계와 무관할 수 없다. 그는 "아버지가 세상을 뜨자 고향인 삼가에 장사지내고 3년 여막생활을 살았으며, 가난과 싸우면서 민생들의 고초가 어떤 것인가를 뼈저리게 체험했다. 남명이 항상 민생을 잊지 못하고 염려한 것은 이때 민생의 어려움을 실제로 겪어보았기 때문이다. 또한 심잠하여 깊은 사려를 하는 습관도 여막 생활에서 얻은 귀중한 것이었다."라고 했다(김충열, 2002, 51쪽).

남명의 생활에서 사회에 대한 비판정신이 싹트게 되었다. 뿐만 아니라, 그의 시와 산문에는 자연 현실과 한(恨)이 서린 현세와 항상 교차되었다. 즉, 그의 다양한 자연과 현실의 착상은 시와 산문의 스타일로 구현이 되었다. 그러나 남명은 강과 바다가 그렇듯 확 터이면서, 언제나 다른 변수를 개입시켰다. 그는 현실을 뛰어넘어 인간의 존중, 자연의 아름다움, 시와 예술의 아름다움을 표현할 줄 아는 낭만주의자였다.

남명의 시성(詩性)을 연구한 송재소는 낭만주의 정신자세를 언급했다. 그는 자연, 하늘 그리고 인간이 항상 소통하는 현실을 직시했다. 말하자면 자연 현상을 아름답게 보는 낭만주의의 기술(記述)은 자신의 삶 자체의 부딪치는 현실에 대한 무한한 애착을 표현하게 된다.

하백원(河百源, 1781~1844)은 남명의 하학(下學)과 인사(人事) 중시 사상을 이야기했다. 그는 "옛날의 학문이란 반드시 독서함을 가리킨 것이 아니었다. 농공상매(農工商買)가 다 학문이 아닌 것이 없었다. 그러므로 선비가 농사에 나서 토지를 키우면 우리 뛰어난 선비의 시(詩)를 훈훈하게 하며, 공장의 일에도 지극한 이치가 없을 수 없다(신병주, 2004; 신병주, 2007. 11, 48쪽).

남명학파는 중앙정계에 진출하여 선비의 평민화, 즉 군자소인론(君子小人論)을 주장한다(설규식, 2009, 270쪽). 이들은 당시로서는 급진적 개혁을 주장했다. 그는 선비도 천한 상행위를 할 필요가 있다고 역설했다.

또한 선비들을 향해 조롱하기를 "시장에 나가 종일토록 장바닥을 돌아다니며 가격만 흥정할 뿐, 자신이 갖고 있는 물건으로 가정에서 실제 필요로 하는 물품과 바꾸는 생각을 하지 못하는 것과 같다."(『南冥集』, 續集, 附錄)라고 했다(; 설석규, 2009, 275쪽).

한편 다른 풍자도 인간의 허위의식을 비판한다. 세상은 암흑기이고, 사림은 뜻을 이루지 못하고 기가 꺾여가고 있었다. 남명은 권력투쟁에 나선 기득권을 가진 사대부를 조롱하고, 풍자했다. 그는 "손으로 물 뿌리고 비질하는 정도도 모르면서 입으로는 천상의 이치를 말하는데, 그들의 행실을 공평히 살펴보면, 도리어 무지한 사람만도 못합니다."(한형조, 2001, 49쪽) 이들 비유와 풍자는 남명에게 학문 자체, 그리고 그 표현은 실용적이며, 경세적 속성을 함께 지니고 있다.

남명의 시와 산문은 권력과 권위의 비판자로서 현장의 목소리가 그대로 표출된다. 현장 중심의 처사(處士) 남명의 사고는 그 문하의 사림에게도 영향을 줬다. 정인홍은 협천(陜川)을 중심으로 하는 재지적 기반과 함께 남명의 수문이라는 학문적 기반, 의병활동 등으로 경상우도의 향권(鄕權)을 확실히 장악하였다(신병주, 2007. 11, 35쪽). 이는 향토색이 강한 남명 후학들의 삶의 현실을 읽을 수 있는 대목이다.

　남명은 실천에서 지혜를 얻고, 현장 중심의 시를 읊고 산문을 즐겨 쓰면서 그 예술성이 공감의 영역을 확장했다. 그는 결국 처사로써 죽음을 맞이함으로써 그의 진정성이 보이는 대목이다.

　남명은 또한 진주, 합천, 김해 등 향토색이 짙은 글을 선보였다. 유학의 고고한 사문(斯文)과는 거리가 있다. 남명의 빼족하고, 거친 표현들이 쉽게 읽힌다. 즉, 자연 인식이 웅장하고, 아름다움을 은유적으로 표현한 것이 쉽게 독자의 눈에 들어온다.

　대체적으로 남명의 시는 시간과 공간 안에서 자연친화적이고, 그 안에서 인간의 삶을 투영시킨다. 외부에서 오는 강한 인상을 시어로 표출한다. 그는 실천을 통해 감정을 실종시킨 것이 아니라, 이성을 작동시킨다. 승화한 감정은 내적 일관성(consistence)을 유지할 수 있고, 누구나 공감할 수 있는 영역으로 끌어올린다.

　이희안(李希顔, 1504~1559)의 황강정사(黃江亭舍)를 방문했을 때 지은 「제황강정사(題黃江亭舍)」에서 "길가의 풀은 이름 없이 죽고, 산의 구름은 멋대로 생겨난다. 강물은 끝없는 한을 안고 흐르지만, 바위와 다투지 않는다네(路草無名死, 山雲恣意生, 江流無限恨, 不與石頭爭)."라는 시를 남겼다(조식, 1995, 38쪽).

　물론 남명에 의하면 땅과 하늘 사이에 인간이 본성으로 존재한다. 그 인간은 하늘 그리고 땅과 엮이게 된다. 그의 표현을 보자 "천왕봉 밑에 '맨손으로 돌아와' 먹을 것 없이 가난하지만 그의 정신은 결코 가난하지 않다. 왜냐하면 '십리 길 은하'가 먹고도 남을 만큼 많이 있기 때문이다. 은하가 남명의 마음과 정신을 살찌웠다."라고 한다(송재소, 2011, 186쪽).

　자연의 아름다움과 웅대함에 닮아간다. 남명은 제 모습을 간직한 자연과는 달리, 탐욕과 허의의식으로 가득 찬 인간세계의 현실을 은유와 풍자를 통해 고발하곤 했다. 곧게 뻗어진 준봉의 모습에 대한 사랑은 도를 지나칠 정도이다. 남명은 인간의 신의를 산처럼 우뚝 솟았다고 은유적으로 표현하고 있다. 그는 「좌우명(座右銘)」에서 "언행(言行)을 신의 있게 하고 삼가며, 사악(邪惡)함을 막고 정성(精誠)을 보존하라. 산처럼 우뚝하고 못처럼 깊으면, 움 돋는 봄날처럼 빛나리라(庸信庸謹 閑邪存誠 岳立淵沖 燁燁春榮)"라고 했다(조식, 1995, 120쪽). 산을 오르는 수고가 곧 극기(克己)의 의미를 지닌다.

3) 극기를 통한 레토릭의 완성

다른 한편으로 그 자연 속에 인간이 살아갈 모습을 찾아 나선다. 송재소는 "지리산 밑에서 출생하여 우리나라에서 기개와 절조로써 가장 높은 위치를 차지하였다. 그 후계자들은 정신이 강하고 실천에 용감하고 정의를 사랑하고 생명을 가볍게 여기어 이익을 위해 뜻을 굽히지 아니하였으며 위험이 닥쳐 온다하여도 지조를 변치 않고 독립적 지조를 가졌다."라고 했다(李瀷, 『星湖僿說』; 송재소, 2011, 178쪽). 경상좌도의 퇴계는 인(仁)을 숭상했다면, 우도에서는 의(義)를 앞세웠다. 남명은 사화로 거칠어진 지식인 사회를 경의(敬義)로 엮었다.

경의는 "산에 대한 폭넓은 인식, 다시 말하면 자연(지리산)을 통해 인간의 자기 수양과 발전, 그리고 문화적 다양성 추구의 실재를 확인해 볼 수 있다."라고 했다(강구율, 2014, 134쪽). 물론 사람은 자연환경 안에서 살아간다. 통제할 수 없는 환경일수록 소중하게 여기고, 그 맥락을 인식한다. 남명의 착상은 항상 변화무상한 바다와 산에서 이뤄졌다. 그는 산에서 착상(invention)을 얻는다. 그는 "높은 산이 거대한 기둥과 같이, 하늘 한쪽을 버티고 섰는데. 잠시도 내려앉은 적이 없기에 자연스럽지 않음이 없다네."라고 했다(송재소, 2011, 183쪽).

물론 자연 환경을 나타내는 것 가운데 표상적인 상징으로 우리는 공간의 땅과 물을 거론한다. 남명은 「강정우음(江亭偶吟)」에서 "새로운 물은 푸른 구슬보다 맑디 맑은데 나는 제비가 물결 차 생긴 흔적 싫기만 하네(新水

淨於靑玉面 爲憎飛燕蹴生痕"라고 묘사한다. 이 상황의 풀이로 "옥 같이 맑고 깨끗한 수면'은 천리(天理)이고, '제비'는 인욕(人慾)이다."라고 했다(정우락, 2007. 12, 17쪽). 수기의 마음은 항상 세상 욕망으로 흐려진다. 남명은 과다한 미학적 주관성을 개입함으로써, 순수성의 현실 기술을 포기한다. 즉, 자신의 인간적 욕망이 강과 바다와 같이 언제나 간섭을 받고 움직인다.

물론 땅과 물 가운데 언제나 발을 붙이고 살아가는 곳은 말할 필요 없이 땅이다. 땅 위에 산이 우뚝 서 있다. 즉, 땅은 대체로 수직적 절벽의 높이를 가지는 산과 수평적 넓이를 갖는 들판으로 구성되어 있다.

수직적으로 솟은 '산을 오르면서(遊山)' 사심의 선비들은 호연지기(浩然之氣)를 느낄 수 있게 된다(강구율, 2014. 3, 133쪽). 남명의 열정(pathos)을 시나 산문 어디에서나 쉽게 찾을 수 있다. 그는 자신의 땅을 사랑하고 국토에 대한 향수로 가득 차 있다. 이로써 애국심, 공동체 유지, 개인의 절제 등 에토스(ethos) 측면이 동시에 충족될 수 있다. 남명은 시간과 공간에 대한 인간 삶을 사랑한다. 등반도 다름 아닌, 그 문화적 향유를 위한 한 방법이었다.

물론 산을 오르는 것은 여기에 멈추지 않는다. 인간의 삶과 연계시킬 수 있다. 산을 오르는 행위는 바로 인간의 자기 한계를 확인하고 새로운 세계에 대한 또 다른 동기, 도전을 시작한다(강구율, 2014. 3, 133쪽). 남명의 시대는 산의 최고봉 천왕봉을 찬미했다.

남명은 "덕산에 터를 잡고 봉산 어딘들 방초가 없으리요만 천왕봉이 제궁과 가까움을 사랑할 뿐 맨손으로 돌아와 무엇을 먹을 건가 십리길 은하를 먹고도 남겠네."라고 했다(송재소, 2011, 185쪽). 물론 남명은 "61세에 덕산으로 거처를 옮기면서 쓴 시이지만 남명이 아름다운 자연을 찾아온 것만 아니다. 그는 덕산에서 본 천왕봉이 제궁과 가까운 것을 정성스럽게 시로 옮겨놓았다."라고 했다(송재소, 2011, 185쪽).

제궁은 천제가 사는 곳이다. 남명은 하늘을 우러러보면서, 하늘의 뜻을 현실에 실현시키고자 한다. 그에게 하늘은 답답한 현실을 초월한 밝고 깨끗한 세계의 상징이자 남명이 상상하는 정신적 이상향이다(송재소, 2011, 185쪽).

남명에게 천왕봉은 敬의 수련[극기]을 실현하는 명산이다. 산을 오르는 옛 선현들의 정신자세가 표현된다. 강정화는 그 소회를 기록했는데 "지금과 달리 조선시대 선현들의 지리산 유람은 어느 코스로 등정을 하든 천왕봉에 오른 후 정상 주변에서 노숙하거나 법계사까지 하산해서 자고 이튿날 동틀 무렵 일출을 보기 위해 다시 천왕봉으로 오르는 것이 일반적이었다. 행여 일출의 그 장엄함을 놓칠까 노심초사한 선현들은 천왕봉 꼭대기에서의 험난한 노숙을 기꺼이 감내하였다.

바닥에서 올라와 뼛속까지 사무치는 냉기도, 하늘이 울부짖는 듯 음산하기 그지없는 그 매서운 바람소리도, 온 세상을 집어삼킬 듯한 세찬 비바람도 거뜬히 견뎌냈다. 그럼에도 천왕봉 일출을 맞이하기란 쉬운 일이 아니었다. 삼대(三代)가 공덕을 쌓아야만 볼 수 있다는 천왕봉 일출은 억세게 운 좋은 사람만이 볼 수 있는, 그런 것이었다."라고 했다(강정화, 2013, 147~148쪽).

천왕봉은 하늘의 뜻과 사람의 뜻이 만나는 곳이다. 그곳에 신명의 마음을 꿈꿔본다. 천상과 지상을 지어주는 준령이다. 높은 산의 준령은 세속의 더러움을 씻어줄 수 있는 힘을 가진 웅장함을 지니고 있다. 그 산은 사화로 얼룩진 조선사회를 깨끗하게 정화시켜줄 수 있는 기(氣)의 본산이다. 심신의 수련은 혹세무민(惑世誣民)의 기만행위를 잠재울 수 있었다.

한 발자국 한 발자국 '아래로부터'의 수련의 과정을 거쳐, 산 정상으로 오른다. 일상적 행위의 습관이 결국 도(道)를 획득하게 된다. 일상적 삶의 절박한 문제가 퍼즐을 풀게 한다. 형이상학(metaphysics)은 너머(meta)+ 물리학(physics)이다. 시간·공간이 한 단계씩 오름으로써 너머의 세상, 하늘의 세상을 보게 되고, 하늘의 움직임은 일상사를 더욱 풍요롭게 한다. 남명에게 경전은 "나의 삶의 도구 혹은 조언으로서만 의미를 지닌다. 경전은 외적 권위로서 나를 강제하는 것이 아니다."라고 했다(한형조, 2001, 60쪽). 진정한 자기는 발견하는 데 있다.

그는 필요할 때 이 경전 저 경전을 언급할 뿐이다. 그에게 형이상학은 일상생활에서 시작하고, 삶이 곧 도를 행하는 지름길이 된다. 지적 깊이가 관건이 아니라, 실천의 깊이가 곧 도를 완성시키게 한다. 그렇다면 수련을 통해 천왕봉에 오르는 행위야 말로 사림의 도를 완성시키게 된다. 벽립천인 정신은 천왕봉에서 완성을 보게 된다.

그렇다면 남명에게 항상 대두되는 "높은 산은 아마도 지리산일 터인데 높은 산의 의연한 기상, 곧 남명 자신의 기상이다. 그곳은 오랜 세월동안 그토록 크고 무거운 하늘을 떠받치고 있는데도 조금도 찌그러지지 않고 잠시도 내려앉은 적이 없이 자연 그대로의 모습을 지니고 있다고 한다."라고 했다(송재소, 2011, 185쪽).

지리산을 좋아한 남명은 실로 지리산의 시인이었다. 삼림의 선비가 가질 수 있는 최대의 수혜이다. 지리산의 자연은 인간에게 敬을 실험하게 하지만, 산에 즐비한 돌, 바위, 나무, 준령, 하늘 등은 스스로 다투지 않는다. 사화로 얼룩진 인간의 모습과는 전혀 다르다. 義가 자연적으로 이뤄진다. 인간은 敬을 통해 義를 경험하게 된다. 선비가 요산요수(樂山樂水)를 즐기는 것도 이런 이유이었을 것이다. 남명은 지리산을 관통하는 정신을 통해 하늘의 천기(天氣)로 나라의 앞일에 대한 혜안과 실천적인 정신을 찾고자 했다.

말하자면 산이 가지는 의미, 자연과 인간과의 관계, 산에 대한 폭넓은 인식, 다시 말하면 자연을 통해 인간의 자기 수양과 발전 그리고 문화적 다양성, 하늘과의 함께함을 경험할 수 있게 된다. 이런 분위기에서 싹튼 사림정신은 혼탁한 인간사회를 개혁할 장본이었다.

남명의 좌우명(座右銘)은 이 모든 것이 함께 엮임을 알 수 있다. 그는 "언행을 신의 있게 하고 삼가며(庸信庸謹) - 성찰(省察), 사악함을 막고 참된 마음을 보존하라(閑邪存誠) - 극치(克治), 산처럼 우뚝하고 못처럼 깊으면(岳立淵冲) - 함양(涵養), 움 돋는 봄날처럼 빛나고 빛나리라(燁燁春榮) - 공부결과"라고 했다(『남명집』「座右銘」; 안영석, 2010. 11, 51쪽).

남명에게 모든 종류 예술의 창조적 행위는 결국 인간과 자연의 만남이다. 그렇다면 낭만주의적 예술의 장은 서로 다른 심미적 가치들이 서로 갈등하고, 조화하면서 상호 경쟁하는 현장이 된다.

남명의 특이한 점은 하늘, 자연, 인간의 관계를 논하면서 항상 칼이 등장한다. 그는 "살아 있는 인간이 인격 완성으로 가는 도정(道程)을 인간의 일상으로부터 끌어낸 것으로서 시공을 초월하여 보편성을 지니는 것이었다. 남명은 스스로 그 길을 찾아내어 전쟁하듯이(血戰相似) 체험해 나갔던 것이다."라고 했다(박병련, 2001, 185쪽). 사림은 그 전쟁에 쓰일 칼이 필요했다. 남명의 선비정신을 칼로 표현하고 있다. 벽립천인의 정신이 날카로운 칼에 비유된다. 남명은 칼을 찬 삼림의 광활한 정신세계를 꿈꿨다. 그가 차고 다니는 칼에 다음과 같은 명(銘)을 새겼다. 즉, '안으로 마음을 밝히는 것은 경(經)이요. 밖으로 행동을 결단하는 것은 의(義)이다.' 유가(儒家)가 늘 칼을 차고 다닌다는 사실 자체가 이상스럽다. 그러나 불의와 타협하지 않는 의연한 기상, 칼로 자르는 듯한 결단력이 남명의 자산이었다.

경험세계의 직감은 언어의 선택, 실천의 행동에서 칼로 비유가 된다. 칼에 대한 시를 보자. 그는 "불 속에서 하얀 칼을 뽑아내니 서릿발 칼 빛이 달을 차고 흐르네. 견우성 북두성 넓디넓은 하늘에 정신은 놀아도 칼날은 놀지 않네."라고 했다(송재소, 2011, 180쪽).

남명이 본 것은 이 넓디넓은 우주공간에 칼날이 놀지 않고 정신이 논다고 했다. 그는 광활한 우주공간에서 자유롭게 노니는 정신이 곧 남명의 기상이고 이 기상이 여기서 신유(神遊)를 표현한 것이다(송재소, 2011, 180쪽). 칼은 현실에서 차고 놀지만 그가 본 현실은 좁았다. 그는 이 좁고 답답한 현실을 벗어나기 위하여 일종의 초월에의 의지를 관철하고자 했다. 칼은 자신을 현실세계에서 벗어나 우주와 함께 성(誠)의 세계로 진입케 했다. 즉, 남명은 칼을 차고 다님으로써 자유로운 영혼을 찾고 있었다. 칼은 신기(神器)가 되는 셈이다. 도구는 사변적으로 그치지 않고, 공동체에 복지를 가져다 줄 것 같았다.

남명에게 칼은 의를 완성시키고, 공동체의 복지와 더불어 하늘로 가는 부적(符籍)이다. 그는 노장(老壯) 사상의 섭취를 염원하고 있었다.

또한 남명에 칼은 여러 측면에서 쓰임새가 있었다. 즉, "①칼로 물건을 자르는 듯한 분명한 말로 정곡을 찌르고 있으며, 누구를 두둔한다거나 무엇을 완곡하게 빙 돌려서 말을 하지 않았다는 점이다. 조급해 하는 말로 주장을 다 펼치려다 보니 반복하여 형용하고 과장한 특징을 보인 점이다. ②정감(情感)이 강렬하다는 점이다."라고 했다(웅예회, 2001, 291쪽).

그는 시대의 절박함을 예견하고 있었다. 그는 "홀로 깊은 산중에 살면서 굽어서 '민정을' 살피고 우러러 '천상을' 보며, 탄식하고 울먹이다가 잇달아서 눈물을 흘린 적이 자주 있었다."라고 했다(「戊辰奉事」. 素居深山, 俯察仰觀, 噓唏掩抑, 繼之以泪者數矣); 웅예회, 2001, 291쪽).

남명은 시대의 절박함을 예측하고 있었다. 김해 중심으로 왜구는 끊임이 처 들어옴으로써 미래의 불길함을 예측하고 있었다. 그는 "우환의식과 위기의식이 강렬하였고, '화재와 홍수 속에 처한 사람을 구하듯이 다급한 마음을 가졌고,' 나라를 위해 '하늘의 새는 구멍을 막고자'하였던 관계로 가슴을 쪼개는 듯한 말과 격하고 딱딱한 말이 되기도 하였지만, 이 외에 그의 굽힘 없고 강직하며 신랄한 개성을 가진 것과도 관계가 있다. 직설적이고 강건함은 남명 산문의 주된 품격인데."라고 했다(웅예회, 2001, 291쪽).

조식의 「강정우음(江亭偶吟)」에서 보듯 그의 레토릭의 스타일, 즉 시와 산문은 심(心)에 기반한 수양론을 형상화함으로써 강한 이미지를 주게 마련이었다(정우락, 2007. 12, 8쪽). 남명 조식 레토릭 메시지 성격은 강직하며 신랄한 개성을 가졌음이 틀림없었다. 그는 대사간을 역임할 만큼 충분한 레토릭을 구사했다.

남명의 언어와 그 문법을 형성시키는 논리를 파울 파이어아벤트에서 찾아보자. 파울은 "외적인 자극이 남긴 내적 흔적에 대한 자연적인 반응이라기보다는 의식적 노력을 강조했다."라고 했다(Paul Feyerabend, 1984/1987, 264

쪽). 그 자세한 설명은 의식의 작동과 과학적 노력이 함께 함을 할 수 있다. 파울은 "양식의 생리학적 원인들을 조사하는 대신에, 우리들은 그것들의 구성요소들을 발견하고, 그 기능을 분석하고, 그것들은 같은 문화속의 다른 현상(문화상의 양식, 문장구성, 문법, 이데올로기)와 비교하려고 노력하며, 그렇게 함으로써 그 기반이 되는 세계관(world view)의 윤곽(outline)에 도달하게 된다(Paul Feyerabend, 1984/1987, 264쪽). 그 틀(framework)을 통해 자기 정체성, 자기 개념이 확고할 때 그 경향은 더욱 두드러지게 나타나기 마련이다.

남명의 시와 산문의 세계는 이런 확고한 틀을 갖고 있다. 그의 의식은 「신명사명(神明舍銘)」에서 경세학을 포함, 자연의 현상에 투영시켜, 시와 산문을 완성시킨 것이다. 물론 남명의 수제자로 자임한 대사헌 출신 정인홍은 남명의 사후, 그의 전통을 이어갔다. 그는 남명이 『성리대전(性理大全)』을 줄인 『학기유편(學記類編)』을 수사학(洙泗學) 교재로 사용했다. 그는 그 책을 1602년 편집했다. 여기서 '기(記)'는 주로 인용문(줄여서 서술함, 箚記)인데, 그는 그림, 즉 학기도(學記圖)를 함께 덧붙여 두었다. 記 앞에 그림(圖)을 붙였다(금창태, 2002, 205쪽). 그는 메시지로서 시, 산문, 인용문, 그림 등을 자유자재로 오가면서, 예술과 같은 차원에서 논의한 것이다. 수사학(洙泗學)의 영역을 더욱 팽창시킴으로써 메시지는 그 만큼 다양할 수밖에 없었다. 레토릭의 달인이라는 측면이 강조된다.

한편 남명의 뜻에 충실하면서 정인홍은 '산림의 원조'로 자처하고, 합천에 머물면서, 사간원 정언, 대사간을 지낸 이이첨(李爾瞻, 1560~1623)을 통해 중앙정치에 관여했다(한명기, 2010. 11, 61쪽). 그를 일컬어 요집정병(遙執政柄), 요집조권(遙集朝權)이라는 이름을 붙였다. 그는 끝까지 사대부로 일컫는 대신, 산림으로 불러지기를 원했다. 그는 향촌에서 상소정치를 계속하였고, 그러한 메시지를 남겼다.

5장.
경의성의 유산

1) 경험론의 근거 제공

　남명은 「무진년에 올리는 봉사(戊辰封事)」(1568년, 선조 1년)에 왕께 敬을 통한 수양의 중요성을 이야기했다. 남명은 敬義誠의 개념을 사용했다. 여기서 誠은 하늘의 뜻까지 포함하고 있어, 성리학에서 이야기하는 경세론(經世論)의 '경'과는 수준을 달리한다. 더욱이 『성리대전』 70권을 요약하여, 『학기유편』를 남겼다고 하지만, 이 책은 요약만으로 볼 수 없다. 그 원리에 따라 수기(修己)가 아닌, 극기(克己)로 敬義誠을 표현함으로써, 기존의 주자학의 경세론과는 차별을 둔다.

　여기서 필요한 논의는 본능적 필요(drive reduction needs)로 쉽게는 먹고사는 문제를 논한다. 조선 중기 사회는 과거 방식으로 먹고사는 문제가 해결되지 않아, 해체(entropy) 상태를 맞이했다. 당시 상소를 통해 어떻게 먹고사는 문제를 해결할까 하는 '당면한 문제(世)'를 논의했다. 시장사회에서 주로 논의하는 내용이 본격화되었다. 다른 한편으로 어떻게 인간답게 살 것(value needs)인가 문제를 논한다. 삶의 행복은 본능이 아닌, 본성에 충실한다. 신분사회에서 많이 논할 수 있는 내용이다.

　남명은 "조선 중기 당시의 많은 의혹과 비난 가운데서도 정치현실을 비판하고 개혁하고자 하였고, 유학적 정치사상에 더하여 노장의 궁극적 지식으로 대처하였다고 보인다."라고 했다(권인호, 1995, 238쪽). 남명은 노장(老莊)을 신봉함으로써, 經, 즉 경전이 주자학과는 달리, 宋나라 때 유행했던 현실에 맞는 주자학, 양명학, 노장사상, 불교, 이슬람교까지 혼합된 이론을 언급하곤 했다.

노장사상은 근본적으로 해체 사상이다. 남명은 상소를 통해, 현실을 직시하고 허명·미명의 명분세계를 부수고자 했다. 이는 기득권 세력에 대한 도전이지만, 백성들에게는 늘 살아가는 경험의 세계였다.

지금까지 정치는 이미 여러 왕조를 내려오면서 고착화된 신분의 인맥·학맥·정치이념 등에 얽매인 결과에서 벗어나지 못했다(김충열, 2008, 113쪽). 남명은 아버지 언형(彦亨)이 문서를 다루는 승문원 관리, 사간원(정언), 사헌부(집의, 장령) 등을 맡음으로써 제도권 언론의 역할 그리고 그에 따른 태도, 직업의 편견 등을 잘 알고 있었다. 남명은 서구의 신문화에 밝을 뿐 아니라, 글쓰기도 직업 상소꾼으로 봐야 한다. 그의 「을묘사직소」(1555)는 아버지가 익숙하게 했던 것을 그 아들이 30년 후에 한 것이다.

남명은 시대의 절박함을 어릴 때부터 배워옴으로써 누구보다 현실을 꿰뚫고 있었다.

선조에게 올린 남명의 마지막 상소에서도 백성들의 삶이 말이 아님을 언급했다. 또 다른 요법으로 탈해체(anti-entropy), 즉 질서를 필요로 했다. 그는 창의적 착상으로 현실을 해체시켰다.

그는 「무진상소」 "이제 헐벗고 굶주린 백성이 서로 작당하여 좀도적질을 하면 포졸에게 급히 잡아들일 것을 명하면서, 오히려 벼슬아치들이 도적질을 하여 국맥을 쇄진케 하는 것에 대해서는 언관도 이를 감히 말하지 못하고 사직(司直) 당국도 이를 추궁하지 않으며."라고 했다(김충열, 2008, 115쪽).

이를 고발하는 남명이 오히려 불이익을 받게 되었다. 결국 그는 신분집단으로 대우를 받지 못하고, 끝내 '문묘(文廟)에 배향(配享)'되지 못했다. 그러나 그의 수사학(洙泗學)의 영향을 받은 특수한 사림, 즉 내암의 제자 등에게만 전승되었다. 그렇더라도 남명과 내암의 경우는 레토릭의 상황, 즉 현실의 문제가 중요하게 부여될 수 있었다. 이는 남명과 조식을 성리학자가 아닌, 수사학자로 보는 논리가 설득력을 얻는다. 그들은 시·공간 안에서 이슈의 실천을 강조했다.

동「무진봉사」상소는 "주상께서는 상지[天性]의 자질을 타고나셔서 백성을 다스리고자 하시는 마음이 있으니 이것은 진실로 백성과 사직의 복입니다. 그런데 백성을 잘 다스리는 도는 다른 데에서 구할 것이 아니오라, 요점은 임금이 선을 밝히고 몸을 정성되게 하는 데에 있을 뿐입니다. 이른바 선을 밝힌다는 것은 이치를 궁구함을 이름이요, 몸을 정성되게 한다는 것은 몸을 닦는 것을 말합니다."라고 했다(조식, 1995, 249쪽).

그 현실 직시 마음이 내암에 전해졌다. 경연일기(經筵日記)는 "장령(掌令)인 정인홍이 근친(覲親)하기 위해 귀향하였다. 정인홍이 사헌부에 있으니 풍속과 정치가 정돈되고 규율은 엄숙하게 바로 잡혀지고 조정대신들은 두려워 떨며 삼가였으며 심지어는 시중의 상인들까지도 모두 나라에서 금하는 물건을 밖에 내놓지 못했다."라고 했다(『經筵日記』 선조 13년 4월 『율곡전서』 권30, 60~1쪽; 권인호, 1995, 215쪽).

내암은 선조 왕의 직책 남발하는 꼼수 정책에 경험론적 입장에서 직격탄 상소를 올렸다. 내암은 경험론을 이야기하며, 이성(reason)이 아닌, 구체적 시·공 안에서 성찰로 이뤄지는 합리성(rationality)을 이야기했다. 그가 말한 구체적 언급을 보자. 선조는 내암에서 군수물자도 주지 않고, 적당히 민간에게 수급하도록 하고, 의병장을 맡긴 것이다. 내암은 「의병장을 사직하는 봉사」(1593년 9월 20일, 선조 26년)에서 관군을 믿지 못한 선조는 정인홍에게 의병장의 직책을 주었다. 그 사임해야 한 상소에서 "육군도 병마절도사에게 귀속되어야 하는데 잡색군은 제위(諸衛)에 나뉘어 소속되어 주장(主將)의 결제를 받습니다. 이와 같다면 의병은 다시 관군으로 지정되니, 신의 수

하에는 다시 병사가 있지 않게 될 것입니다. 이미 먹을 양식도 없고 군졸도 없으니, 신은 밀가루도 없이 수제비를 만드는 일도 할 수 없으며, 왜적을 토벌하는 책무를 다시 맡을 수도 없습니다. 당초 의병을 일으킨 것은(그 정황이 앞에서 아뢴 것과 같지만) 지금은 중앙과 지방의 모든 관원이 적이 공격할 수 없음을 잘못 알고 각각 그 직책을 맡아서 성공하기를 기약하고 하고 있습니다. 그러니 노쇠한 제가 어찌 다시 씩씩하고 용맹한 장부들 사이에 용렬하게 조그마한 공을 바랄 수 있겠습니까. 엎드려 원컨대, 전하께서는 의병장의 임무를 파직하기를 명하시고, 제용감정(濟用監正, 정3품)의 직책도 다시 거두어 주십시오."라고 했다(정인홍, 2014①, 92쪽).

내암은 성리학이 갖고 있는 '경험을 해보기 이전에라도 논리적 사고를 통해 사리를 인식하자.'(조희환, 2014, 33쪽)라는 사고와는 전혀 다르다. 물론 성리학은 "인간의 근본이 선하다는 것을 탐구함으로써 유교적 교화정치의 이론적 근거를 찾아보려는 학문이었지만, 이를 위하여 우주만물의 근본을 구명해 보려는 형이상학적인 학문이기도 하였다."라고 했다(이기백, 1986, 258쪽). 이들 성리학자 퇴계 이황(李滉) 등 주리파(主理派)는 내향적 경향이 있으며 내적 경험을 중하게 여겼다.

한편 율곡(栗谷) 등 서경덕(徐敬德)에 영향을 받은 주기파(主氣派)는 우주의 근원적 존재를 신비적인 리(理)보다는 물질적 氣에 구하는 입장이다(이기백, 1986, 259쪽). 남명, 내암, 율곡은 경험론을 벌써 깊게 수용하고 있었다. 율곡은 사물의 법칙성을 객관적으로 파악하려는 입장에 서는 것이다. 한편 남명 자신도 경험적 사고가 더욱 중요한 것으로 간주했다. 그러나 선조 왕은 여전히 남명에게 상서원 옥쇄를 담당하는 판관(尙瑞院 判官, 종5품) 관직을 주어, 신분을 부여코자 했다. 남명의 사적(私的) 의견을 존중했으나, 선조는 사기업의 영역, 즉 시장 사회를 만들 생각은 전혀 없었다.

그 구체적 예로 민간 조보의 인쇄가 문제가 되었다. 『실록』은 "'조보(朝報)를 사적으로 인출하는 일을 금지하였다.'[5] 이에 앞서 서울에 사는 놀고먹는 식자들이 중국에서 「통보(通報)」를 모두 인출한다는 소문을 듣고 그것을 모방하여 조보를 인출해 판매하여 생계의 밑천으로 삼으려는 정부와 헌부에 정소(呈訴)하였는데 모두 허락했다. 그러자 기인(其人; 고려 초기에 서울 각 사(各司)에 뽑혀 와서 불모로 있던 향리(鄕吏)의 자제)들이 활자를 새겨 조보를 인쇄해서 각사(各司)에 판매를 하니 사대부들이 모두 편리하게 여겼다. 그런데 시행한 지 두어 달 만에 상이 우연히 보고 진노하기를, '조보를 간행하는 행위는 사국(史局)을 사설한 것과 무엇이 다른가. 만약 다른 나라에 유전(流傳)되기라도 한다면 이것은 국가의 나쁜 점을 폭로하는 행위가 될 것이다.' 하고, 대신에게 묻기를, '누가 이 일을 주장했는가?' 하자, 대신들이 황공하여 명백하지 않는다는 말로 아뢰었다. 그러자 기인을 금부에 내려 제일 먼저 주창한 사람을 찾아내서 극형에 처하고자 하였다. 그러나 기인 등이 여러 차례 형신을 받으면서 자복하지 않았다. 대신과 대간이 다시 그들을 위하여 변리(辨理)하니 비로소 형을 정지하고 먼 지방으로 유배하라고 명하였다."라고 했다(『선조수정실록』 12권, 선조 11년 2월 1일).

선조가 신분사회를 계속하려 한 나머지 개인의 사적 탐욕의 기(氣)의 발동을 허용하지 않았다. 선조는 서구 경험론의 싹을 잘라버린 것이다. 물론 율곡은 이기(理氣)에 별로 구애받지 않았다. 오히려 이론은 어느 것이든 현실의 필요에 따라 수용한다. 율곡은 당시 중국 송(宋) 이후 명나라에서 유행하는 경험적 학문의 수용에 적극적이었다.

한편 내암은 '앎과 실천이 동시적으로 이뤄져야 한다'는 논조이다. 이론은 열거한 여러 것 중에 맞는 것을 택하게 된다. 즉, 성리학은 '알고 난 뒤에 실천한다.'라는 선지후행설(先知後行說)이나, 남명과 내암은 오히려 지행

---

5) 壬午朔/禁私印朝報。先是, 京中識字游食之人, 聞中朝通報皆印行, 欲倣傚印出朝報, 賣以資生, 呈訴于政府、憲府,皆許之。其人等, 乃刻活字, 印朝報, 賣于各司及外方邸吏, 士大夫見者皆便之。行之數月, 上偶見之, 震怒曰: "刊行朝報, 與私設史局何異? 若流傳他國, 則是暴揚國惡也。" 問于大臣曰: "誰主張此事乎?" 大臣惶恐, 辭不明白以啓。乃下其人于禁府, 推究倡首, 欲加極刑, 其人等累受刑不服。大臣、臺諫復爲辨理, 始命停刑, 長流遠方。蓋大臣、臺臣, 初不歸罪於己, 而朦朧救解, 故有此失刑之擧, 識者恨之(『선조수정실록』 12권, 선조 11년 2월 1일).

합일(知行合一)에 더욱 관심을 갖게 되었다.

그렇다면 내암의 경세론적 상소문을 보자. 그에 따르면 "관군이 패한 원인이 적의 형세가 워낙 대병이었고 조총 등의 신무기를 휴대하였다는 것으로 이전과는 다른. 전략·전술상의 문제점이 있었다고 거론될 수 있으나, 그보다도 우리나라 군대의 기강이 장수나 병사들 모두 해이해져 초전부터 전쟁의 기세를 잡지 못하고 있었다. 그리고 무엇보다도 실질적인 전선의 장수역할을 하는 지방 수령들이 민중들에게 평소의 가렴주구로 인해 인심을 크게 잃고 있었던 관군을 도와 싸움을 더불어 하지 못한 데서 더 큰 원인이 있었다."라고 했다(권인호, 1995, 208쪽).

하급 군 지휘관의 평소 일하는 형태가 소개되었다. 관리가 敬의 실천의 훈련이 되어있지 않고, 義의 선비정신이 결하고 있었다. 그 실상을 상소문에 담고 있었다. 내암은 "곤수(閫帥, 지방군대의 지휘관)라는 자들은 백공(百工)을 불러 모아 사사로운 물건을 만들어 권세 있는 귀족들을 섬기고 변방을 지키는 병사(兵史)를 부려 벼슬아치들을 받드니 위급할 때 사용할 활과 화살이 전혀 없습니다. 스스로 교만하여 자신을 귀하게 생각하면서도 사졸(士卒)을 초개(草芥)와 같이 여기고, 군사를 위로하고 어루만지는 것은 무슨 일인지도 알지 못하고 마음 편하게 곯아떨어져 있습니다."라고 했다(『宣祖實錄』, 권148, 35년 3월 丁亥條; 권인호, 1995, 210쪽).

내암은 자칫 성리학자들에게 포퓰리즘이라는 평가를 받게 된다. 그들은 당시, 이단시 되어 있는 법가적(法家的) 사상에까지 논리적 정당성을 얻으려고 했다(권인호, 1995, 243쪽). 이념성향의 사회에 경험론이 득세하기는 쉽지 않았다.

왕의 계승문제로 왕실이 싸움에 내암은 그 와중에 있었다. 정인홍은 결국 인조반정의 '폐모살제[仁穆大妃 폐모, 永昌大君 살해]'라는 누명을 쓰기까지 이른다. 성리학에 개인주의 레토릭 학문은 철저히 거세를 당하는 계기가 되었다. 선조 전후 고개를 들기 시작했던, 경험론, 그리고 레토릭 학문은 철퇴를 맞고 후일 실학으로 그 자리를 연명할 처지에 놓이게 된다. 19세기 개화파가 등장하기까지 그 세력은 미약할 수밖에 없었다.

실학(實學)은 16세기 중엽 이후에는 주자학 자체가 현실 문제를 외면하고, 오히려 관념화(觀念化)·내성화(內省化)·허학화(虛學化)를 부추겼다고 비판했다. 이들이 바로 시무책(時務策)으로 유학의 경세사상(經世思想)이라고 했다(권인호, 1995, 268쪽).

남명 연구에서 실학적 근거를 찾고자 했다(조평래, 1988; 권인호, 1995, 268쪽). 더욱이 언론인(千寬宇, 1925~1991)은 실학의 경세론을 현대 언론의 시조로 실학을 잡았다(조맹기, 2015①, xiii쪽).

그 근원은 유학의 초심으로 돌아가자는 운동이다. 권인호 교수는 "실학파의 경세치용(經世致用), 이용후생(利用厚生)·실사구시(實事求是)의 정신이란 유학의 경전에서 출발한 유학사상의 본체이다. '실학의 수기치인의 인간학(이을호, 1984, 24쪽)'이라 하여, 다시 주자학의 우주론과 인간의 윤리적인 이기심성론으로 회귀하는 듯한 주장을 한다. 이것은 '치인'에 보다 중점을 두는 실학의 사상 경향에 더하여 수기적인 이기심성과 윤리·도덕 문제를 덮어씌움으로 해서, 외형은 실학으로 포장했으나 내용을 성리학의 이론이 되살아나려는 움직임이 엿보이는 것 같아 의혹이 생긴다."라고 했다(권인호, 1995, 272~273쪽).

물론 실학은 유학의 초심으로 돌아가는 의미를 지녔으나, 임진왜란·병자호란을 거치면서 사회는 변화하고 있었다. 시대의 역사성과 민족의 수난사에서 절박성을 감지하게 되었다. 이들은 교육을 통한 '신분집단(status group)'만으로 현실의 절박성을 풀 수 없었다.

사회정책을 통한 사회개혁으로 '계급의 이익(class interests)'을 도모코자했다. 전통 신분의 명예(status honor)와 경제력이 함께 했다. 이들은 라이프 스타일과 경제적 이익을 함께 추구했다. 아직 신분적 속성과 계급적 속성이 미분화된 상태였다. 현대 사회가 계급사회였다면, 여전히 이들은 신분사회의 속성을 갖고 있었다.

학문에도 변화가 일어났다. 물건, 자연 등에 대한 인식이 싹트기 시작한다. 물건의 유통원리, 직업의 창출, 자연의 운행원리 등에 관심을 가진다. 성리학자들은 완물상지(玩物喪志), 격물치지(格物致知) 등 서로 다른 뜻을 적극적으로 수용하고 한다. 이는 경험이 축적되고, 전문직이 형성되고, 사회 분화가 일어나고 있다는 소리가 된다. 그 원리는 자연과학과 사회과학이 발전될 때 가능하게 된다. 남명은 박학다식한 송(宋), 북송(北宋)의 소옹(邵雍, 1011~1077), 장재(張載, 1020~1077), 주돈이(周敦頤, 1017~1073) 등이 했던 자연 탐구를 수용했다(손영식, 1996, 84쪽).

이는 우리의 자연과학, 물리적 구조, 인간사의 현실적인 측면을 연구하기 시작했다. 원래 과학은 인문학에서 시작한다. 인문학을 분석적, 논리적으로 엮어 과학적으로 분석한다. 이는 사회과학의 형태로 나타난다. 한편 자연과학은 관찰, 실험, 조사, 분석 등을 통해 자연 현상의 법칙을 알아낸다.

여기서 주희(朱熹, 1130~1200)의 이론[태극해의(太極解義)]에는 인간 사회의 도덕률을 연구하는 격물치지의 측면(義理學)과 자연 현상을 물질적 법칙적으로 연구하는 측면(象數學)이 동시에 있다. 그에 따르면 "인간 사회의 도덕률을 설명할 때 동원되는 법칙 규칙이면, 음양오행은 자연의 물리적 변화를 설명하는 법칙이며 패턴이다. 주희는 자연과 인간이 동일한 구조를 가졌다(天人合一)고 보기 때문에 그것일 일치한다고 봤다. 그러나 주지하듯이 자연과학과 사회과학에서는 뛰어 넘을 수 없는 간격이 있으며, 자연 법칙이 그대로 인간의 사회의 법칙이 될 수 없다. 주희는 그것이 일치한다고 보아서 음양오행을 자연과 사회 인간에 적용하듯이 이(理)도 똑같이 적용된다. 그러나 음약오행을 자연 설명에 동원하면 성공적이나, 인간의 도덕성이나 사회의 도덕률을 설명할 때는 거의 효력을 발휘하지 못한다. 반면, 리(理)는 인간의 도덕성이나 사회의 도덕률을 설명할 때는 뛰어나게 유효한 개념이지만, 자연현상을 설명할 때는 그 속도가 거의 절름발이 수준이 되어 버린다."라고 했다(손영식, 1996, 83쪽).

물론 사회과학은 인간의 심리적 면이 부각되기 때문에, 자연현상과는 거리가 있다. 그러나 꽁트(Auguste Comte, 1798~1857)는 '사회물리학'으로 양자를 접합시키려고 했다. 한편 "인간을 표현하는 시(詩)는 서정시로 개인들의 내부세계를 주관적으로 드러내는 방법이고, 서사시는 인간의 외부 세계를 객관적으로 드러내는 수단이다. 그러나 극(極)은 주관과 객관의 합일이다(손영석 1999, 156쪽).

한편 기술(technology)은 '권력의 의지(the will to power)'로 자연과학과 사회과학 양자를 합시킨다. 『대학』에 격물치지(格物致知)라는 말은 '사물에 대하여 깊이 연구하여(격물) 지식을 넓히는 것(치지)'이라고 한다. 자극에서 일어나는 인식(perception)의 세계를 넓히고, 그 현상은 깊이 있게 분석한다. 지식의 욕구, 삶에 대한 의욕(motivation)이 생기게 된다. 사람과 사물을 객관적으로 대상화시키면, 추론(reasoning)이 가능하게 된다. 우주의 질서 안에 마음을 일치시키고, 자연의 법칙에 순응한다. 자연현상을 실험, 관찰, 예증, 분석 등으로 객관화시키고, 대상화시킨다.

이런 敬義誠을 통해 하늘의 뜻, 이성, 직감 등의 일관성을 유지한다. 남명은 낌새[기미(幾微)]를 이야기함으로써 경험주의자의 직감[육감(intuition)]을 강조한다. 육감[냄새]은 언론인에게 가장 많이 쓰는 중요한 용어 중에 하나이다. 아버지 언형(彦亨)에게 배운 제도권 언론의 직업적 속성일 것이다.

물론 하늘의 뜻, 이성, 직감 등이 아우러지지만 이런 노력은 내공이 없을 때, 신분사회의 틀에서 감금이 된다. 남명의 「신명사명」은 그 길로 가지 말 것을 경고하였다. 만약 고정관념에 사로잡히면 시장사회는 난망이고, 성리(性理)는 현실을 극복할 수 없게 된다. 격물치지(格物致知)의 과학정신이 필요한 시점이었다.

성리(性理), 즉 본능이 아닌 본성의 연구를 궁구하는 정신이 부족하고, 완물치지(玩物致知)의 정신을 결해 속빈강정이 되었다. 지식이 있으나, 실행이 부족하니, 일(事)의 성취가 부족하다. 또한 경험이 부족하니, 직관의 힘이 유약하다. 자신을 대상화시키고, 자연세계를 꿰뚫어보는 혜안이 결함으로써 과학정신이 결핍되어 있다.

이런 과학적 노력을 통해 미래의 예측이 가능하게 되고, 자신이 어떻게 살아야하는지 방향을 잡을 수 있다. 자연현상에 대한 분석은 자신에게 지식을 대상화시킴으로써 지적 확장을 가져온다. 한편 다른 사람과의 관계를 의리학(義理學)으로 명명한다. 리(理)는 원리를 말하는 것이고, 의(義)는 옳음을 뜻한다. 물론 격물치지에서는 '물'은 사건, 사물, 사람 등 같은 차원에서 표현한다. 사람(人)은 타인을 이야기한다. 다른 말로 타인을 대상화시킨다.

대상화는 실효성 있는 노동과 교환 가치, 교환경제를 가능케 한다. 자신의 노동을 은으로 환산할 수 있게 하고, 은이 많이 유통되면 현물을 멀리 운반할 필요가 없게 된다. 내암은 신분사회가 아닌, 교환경제를 구가하기를 원했다. 그는 「의병장을 사직하는 봉사」에서 "은(銀)을 캐는 이익을 널리 열어 백성이 채취하도록 허락하십시오. 의주(義州)에서 바닷가 구석에 이르기까지 길을 따라 시장을 열어 모든 도로에 이르게 하여 물품과 재화를 유통시킨다면, 남은 백성의 다 끊어져 가는 목숨을 살릴 수 있고, 먼 지방에서 짊어지고 가는 비용을 덜 수 있으며, 명나라 군대가 혹 오래 주둔하여도 군수물자가 모자라는 근심이 없게 될 것이며, 빈민은 또한 힘써 옮겨 갈 수 있어 농사짓는 생업에 바탕이 될 것입니다."라고 했다(정인홍, 2014①, 110쪽).

여기서 사람이든, 사물이든 대상화시키면 물건, 사건, 사람이 공히 의(義)의 원리를 찾을 수 있다는 말이다. 즉 사람과 사람 사이는 옳게 한다. 이는 학문의 옳은 것과 다를 바가 없다. 물론 정치는 다름 아닌 정(正)이다. 사물, 자연현상도 옳게 연구한다. 그게 바른 지식이고, 바른 교환관계, 사회관계이다. 격물치지는 사물, 사건, 사람 간에 관계를 바르게 규명한다. 요즘 검찰과 언론은 사물, 사건, 사람을 대상화시켜 볼 줄 모르고 항상 값싼 정파적 이익을 앞세우니, 옳음이 상실된다.

2) 실학의 근거 제공

한편 남명, 내암 등은 철학, 성리학이 아닌, 시·공간 안에서 일어나는 경험적 현상을 기술하기 시작했다. 완물상지, 격물치지 현상이 눈앞에 와 있다. 즉, 조선조 초기부터 성리학은 과거시험과 관련되어 성행한 학문이었으나, 중기 이후 경험의 과학화로 역사학을 태동시켰다.

남명의 제자들은 시공을 중시하는 경험 학문을 싹트게 했다. 학문의 르네상스기(期)를 맞이한 것이다. 동강(東岡) 김우옹(金宇顒, 1540~1603)은 "망우당(忘憂堂) 곽재우(郭再祐)와 함께 『속자치통감강목(續資治通鑑綱目)』 찬수(撰修)를 시작하여 6년만인 그의 나이 56세 되던 해 3월 말에 끝마쳤다. 이는 사마광(司馬光)의 『자치통감(資治通鑑)』에 이은 편년체 역사서로서 역사를 중시한 동강의 실학적 면목을 보여준다."라고 했다(권인호, 2002, 282쪽). 이 책은 영조(英祖) 47년(辛卯, 1771) 동궁(東宮, 正祖)에 규장각에서 활자로 인쇄되어, 간행되었다.

그 후 미수(眉叟) 허목[6](許穆, 1595~1682)은 『동사(東史)』를 지어 중국사 중심의 학문 풍토를 일신하고, 존명사대주의(尊明事大主義)에서 벗어나 주체적인 사상을 중시함으로써 후기 실학파가 성장하도록 중추적 역할을 했다(권인호, 2002, 290쪽).

더욱이 허목의 상고주의(尙古主義)와 감고계금적(鑑古戒今的)[왕건의 訓要十條에서 나오는 말로, 옛날의 잘못을 거울로 삼아 오늘날에 그런 잘못을 다시 하지 않도록 경계함] 역사철학은 중세에 대한 부정이자, 동시에 그것은 관념화된 당시 주사 성리학적 정신 풍토에 대한 부정이다(권인호, 2002, 290쪽).

역사학의 강화로 지성이 권력의 도구가 됨을 막았다. 이는 서구의 계몽주의(啓蒙主義) 비판정신과 일맥상통하며, 개인이 역사 주체가 됨을 암시했다. 역사학은 개인의 직감으로 사물과 사람을 인지하는 영역을 확장했다.

---

6) 허목은 스스로 '고문(古文)과 고서(古書)를 좋아한다.'고 한 기록이 도처에 보인다. 이는 '고문인 좌유문(左柳文)에 능통하였다는 남명과 상통하는 면이다(권인호, 2002, 290쪽).

더욱이 경험세계가 활성화되면서 실용성, 과학성, 고증성, 전문성의 영역이 활기를 띠었다. 그 만큼 사적 개인성이 역사의 전면에 나서면서, 서구의 수사학(修辭學), 즉 설득술이 설득력을 얻어갔다.

한편 성호(星湖) 이익(李瀷, 1681~1763)은 비판적·고증적 입장에서 역사를 다루어야 하며, 특히 작자(作者)에서는 더욱 그러하다고 했다. 정인보(鄭寅普, 1893~1950)는 1930년 중반 『성호사설』에서 '독립에 의존하고, 실용을 구하는 학문(依獨求實之學)'을 실학이라고 했다.

서구의 구텐베르크 인쇄술(1450년) 발명, 종교개혁 등으로 일어난 사조였다. 개인이 무장하고 있는 기술은 조선 중기 중인들에 의해 전승이 되었다. 남명은 '서리망국론(胥吏亡國論)'으로 그들의 개혁을 주장했다. 한양의 문화를 잘 알고 있는, 남명은 서리의 사유화를 언급한 것이다.

그 문화가 조선에 엄습하고 있었다. 이와 같은 역사관은 반계(磻溪) 유형원(柳馨遠, 1622~1673)의 역사관과도 일맥상통 통하며, 다산(茶山) 정약용(丁若鏞, 1762~1836)의 현실 비판과 주례적(周禮的) 인식(정치제도와 개혁정신) 태도에서도 그 일단을 찾아볼 수 있다(권인호, 2002, 283쪽).

정약용은 남명의 '서리망국론'을 받아 "수령(守令)이란 자는 서리(胥吏)와 더불어 장사치처럼 그 이익을 분배하고, 서리와 더불어 도둑처럼 그 장물(贓物)을 나눈다. 아전과 더불어 민중을 짓밟아 어육(魚肉)이 되고 흩어지는 태도로 그들에게 위세(威勢)를 부린다. 먼저 그 강령(綱領)이나 바로잡아야 한다는 것은 세상 사정(事情)을 모르고 하는 말이다."라고 했다(정약용, 『與猶堂全書』, 「향리론」; 권인호, 2002, 296쪽).

남명이든, 다산이든 레토릭 주창자, 혹은 경험론자는 성리학이 삶의 경세적 현실을 과거와 달리 설명했다. 즉, 조선 초기 성리학 자체를 역사학으로 풀이했다. 처음은 원시유학의 초심으로 돌아가는 운동이었으나, 그 영역을 확산시켜, 천문, 지리, 식물 등으로까지 확대시킨 역사서들이 출간되었다. 특히 『성호사설(星湖僿說)』은 천지, 만물, 인사, 경사, 시문 등 5개 부문으로 확장시켜, 서구의 백과전서학파를 방불케 했다. 그 끝은 성리학이 아닌, 자연과학과 사회과학으로 까지 확산시킨 것이다.

천관우는 실학이 "실제 유용성 실용성(utility)을 가진 학문, 실용적(pragmatic), 현실성(actual, real)을 가진 학문, 즉 실천적(practical), 실증적(positive) 학문이라는 뉘앙스를 갖고 있다"라고 했다(천관우, 1974, 183쪽).

실학자들은 "현실로부터 출발하였다고 하였지만, 우선 농촌을 토대로 한 이조의 현실을 개혁하려는 주장이 먼저 일어났다. 이들의 학문은 자영농민의 건전한 발전을 토대로 한 토지제도나 행정기구·군사조직과 같은 제도사의 개혁에 치중하는 이른바 경세치용(經世致用)의 학문이었다."라고 했다(이기백, 1986, 279쪽).

실학자는 시·공간 안에서 적합한 기존 학문을 해석했다. 천관우가 소개한 『청대학술개론(淸代學術槪論)』의 양계초(梁啓超, 1873~1929)는 '실(實)'의 의미로 실학은 자유가 강화되어 '실정(實正)'을 확보하기에 이르고, 자연과학적인 경험론·실증적·귀납적 사고로 '실증(實證)'이 보장되고, 현실성의 기본이 되는 '실용(實用)'을 추구하게 되었다(천관우, 1974, 104~105). 양계초는 정인보의 '의독구실지학(依獨求實之學)'과 같은 맥락으로 이야기했다.

개인의 자유와 독립이 확립되어 레토릭이 활성화되는 시기가 도래한 것이다. 그 안에서 시대의 절박성을 읽은 것이다. 과거와는 전혀 다른 양상이 전개되었다. 실용성, 과학성, 전문성이 레토릭 학문의 도구가 되었다.

물론 초기 이론적 근거를 제시한 것은 순암(順菴) 안정복(安鼎福, 1712~1791)이었다. 그는 청나라의 장학성(章學誠)이 '유교의 경전은 모두 역사일 따름이다(六經皆史也)'라고 경전의 속성을 탁월하게 짚어낸 바 있듯이 경학(經學)을 바탕으로 역사의식을 키운 안정복은 이를 바탕으로 하여 자국의 역사를 재편성하였던 것이다(권인호, 2002, 284쪽).

동강의 역사의식은 실학에 영향을 줄 뿐 아니라, 상고주의(尙古主義)적 역사의식은 태조(太祖) 이성계(李成桂)의 계비(繼妃)인 신덕왕후(神德王后) 강씨(康

氏)의 부묘(祔廟) 문제에서 그대로 나타난다고 했다(권인호, 2002, 284쪽). 그 후 역사적 정통성 문제가 강하게 대두되었다. 즉, 역사를 지성으로 파악하는 경향이다. 이는 역사를 성리학적으로 풀이하는 방식이다. 직관에 의한 경험의 계속성이 단절됨으로써 역사를 위한 역사가 되었고, 오히려 당쟁을 일으키는 동인이 되었다.

한편 동강의 역사의식은 실학자들의 역사철학에 계승되었는데, 미수(眉叟) 허목(許穆, 1595~1682)의 『동사(東史)』, 『거우록(居憂錄)』 등은 이익의 『성호사설』과 『곽우록(藿憂錄)』을 이어 안정복의 『동사강목(東史綱目)』으로 이어졌다고 했다(권인호, 2002, 285쪽). 이들은 임진왜란의 조서(詔書)들이 실증성, 과학성, 실용성 등으로 기술이 이어졌다.

물론 사회는 변화와 무관할 수 없다. 조선 후기의 실학은 "그 학문적 풍토와 실질적 내용을 보면, 벌열 정치의 출현과 상품 화폐 경제의 새로운 탐욕 등 정치경제 관계의 변화와 밀접한 관련을 갖지만, 사상사 자체의 내재적 전개를 간과해서는 안 된다."라고 했다(권인호, 2002, 289쪽).

동강(東岡) 김우옹이 역사관련 서적을 남겼다면 남명의 제자인 미수(眉叟) 허목(許穆, 1595~1682)은 한강(寒岡) 정구(鄭逑, 1543~162)의 말년 제자이다. 한강은 남명의 전통을 이어받고, 퇴계의 심학(心學)·예학(禮學) 등을 모두 아우르는 역사, 지지(地誌), 문학, 의학 등 실용학문에 관심을 가졌으며, 그 제자 허목은 사회정책, 천문, 지리, 동식물, 산천, 국학 등 학문 영역을 넓혀, 그 안에 실학적 면을 부각시켰다(권인호, 2002, 289~290쪽). 한편 허목은 내암과 마찬가지로 산림유일(山林遺逸) 출신으로서 정승(政丞) 대열에 올랐다(권인호, 2002, 287쪽).

허목은 고향이 후일 실학의 본고장이 된 근기(近畿) 지방인 경기도 연천이지만 그의 나이 16세 때(광해군 2년, 1610)에 고령현감이 된 부친 허교(許喬)를 따라 내려가 이때부터 경상우도의 남명학파 제현들과 교류하기 시작했다(권인호, 2002, 288쪽). 그 후 대사헌 출신 허목은 영·정조 때 대사헌, '영의정 번암(樊巖) 채제공(蔡濟恭, 1720~1799), 다산 정약용(1762~1836) 등'이 활동하도록 기초를 닦아줬다(조맹기, 2015b, 129쪽). 더욱이 남명의 실학적 학풍은 근기 지방으로 가져와서 조선 후기 근기실학파를 형성시켰다(권인호, 2002, 289쪽).

필자는 레토릭의 초심으로 돌아가 남명과 내암을 풀이했다. 그들의 경세론은 '經'의 부분에서 주자학의 경뿐 아니라, 양명학, 노장사상, 불교, 이슬람교까지 혼합된 이론을 혼합하여 쓰고 있다. 다른 말로 많은 이론을 도입하는 것은 이론을 원론에서 찾았을 뿐, 그들에게 시·공간 안에서 레토릭의 상황이 더욱 소중하게 생각했다. 실천이 그만큼 중요했다. 이들은 조선중기 북인(北人)들의 사고였는데, 이들은 정인홍의 참수, 인조반정(仁祖反正) 이후 그 자유정신이 골격만 남았을 뿐, 공론의 진수는 소멸했다. 실학에서 복원한 것은 주자학의 실천을 강조했을 뿐, 수사학(커뮤니케이션학자)들은 아니었다.

6장.
조식, 정인홍의 커뮤니케이션 사상

1) 「신명사명」의 실천

한편 남명의 사림으로서 결심, 敬의 사상이 義로 확산된다. 대상화시키면 물건, 사건, 사람이 공히 의(義)의 원리를 찾을 수 있다는 말이다. 즉 사람과 사람 사이는 옳게 한다. 윤리(ethos)가 강화되는 시점이다. 에토스는 학문의 옳은 것과 다를 바가 없다. 물론 정치는 인간의 본성을 깨우치게 하고, 그 수기를 통해 정(正)을 실현한다.

'바른 것(正)'에 대한 남명의 강직함은 '진주음부옥(晉州淫婦獄, 1568) 사건'[1]

---

1) '진주음부옥(晉州淫婦獄, 1568) 사건'은 선조 2년에 일어난 사건인데, 『선조수정실록(宣祖修正實錄)』에 기록되어 있다(강정화, 2013, 54~55쪽). 남명이 세상을 떠나기 4년 전에 일어난 사건으로 하종악(河宗嶽)의 후처가 음행을 저질렀다는 추문이 있었다. 하종악은 남명의 형인 조랍(曺拉)의 딸과 혼인하였는데, 남명의 질녀는 딸 하나를 낳고 죽었다. 이후 하종악이 후처를 들였고, 하종악이 세상을 떠나자 그 후처가 여종의 남편 등과 음행을 저질렀다는 것이다. 남명은 분을 참지 못했고, 그의 바른 마음을 작동시켰다. 현실을 적극적으로 풀어가는 남명의 기질을 읽을 수 있는 대목이었다. 남명은 그 진상을 나름대로 판단하여 관아에 고발했는데, 구암의 첩이 그 후처와 인척 관계에 있는지라, 현실적 이슈가 남명에게는 삶의 중요한 의제가 되었다. 그 결과를 보면 구암이 이 사건을 엄폐하기 위해 세 차례나 말을 바꿔가며 변론하였다. 결국 그 후처는 무혐의 처리되었다. 남명의 제자들이 그 후처와 사내의 집을 부숴버리고 이들을 마을에서 내쫓은 훼가출향(毁家黜鄕)을 감행하였다. 문제가 전국적인 사건으로 커져버리고 또한 여론이 좋지 못하게 되자, 남명은 구암이 번복한 말 바꿈이 자신의 명예에 오점을 남겼다고 생각하였고, 결국 구암과 절교를 선언하기에 이르렀다.

에서 구암(龜巖) 이정(李楨, 1512~1571)과의 단교사건에서 잘 나타난다(강정화, 2013, 54~56쪽). 물론 열한 살 아래인 구암은 남명의 「신명사명(神明舍銘)」을 지었을 때 「신명사부(神明舍賦)」를 지어, 후학임을 자임하고 나섰다. 또한 구암정사(龜巖精舍)를 지어 동재(東齋)를 '거경(居敬)' 서재(西齋)를 '명의(明義)'라고 이름을 지었다. 구암은 남명과 뜻을 같이한다는 의미를 담았다. 그러나 남명은 여성의 무절제한 성의식, 즉 진주음부옥사건을 관아에 고발하여, 구암과의 사이에 관계는 절교를 선언하게 된다. 사림의 '말 바꿈'에 대한 남명의 분노를 알 수 있는 대목이다. 개인에게 敬의 극기가 부족한 것이다. 이는 남명의 '절제 정의관'을 알 수 있는 대목이다.

진주음부옥사건은 가치합리성(value rationality) 혼란으로 여겨진다. 물론 가치는 일정부분 안정된 변화를 가져오는 믿음인데, 이는 행위의 구체적 행태가 개인적, 혹은 사회적 선호로 작동한다는 것이다. 이는 '프로테스탄트 윤리' 부분이다. 목적합리성은 가치합리성에 도움을 받지 못하면 천민자본주의가 된다. 더욱이 신분사회, 공동체 사회에는 이 부분이 강조된다. 위에 글을 좀 더 확대해서 보자. 남명의 글 「자강(吳健의 자)·자정(鄭琢의 자)에게 줌(與子强子精書)」에서 한 사건으로 나라의 기강이 흔들릴 수 있다는 구체적 사실을 지목하고 있다. 시·공간 안의 구체적 레토릭 상황이 벌어진 것이다. 남명은 敬義誠을 함께 묶어 이야기하고 있었다.

성리학적 풀이와는 전혀 다른 현실적 문제가 발생했고, 공론의 엉뚱한 잣대로 일어난 재앙일 수 있다. 남명은 이 글에서 "진산(晉山; 晉州)에 음부(淫婦)의 옥사(獄事)가 크게 일어났습니다. 그 사건을 일으킨 사람은 중도의 입장에 있었는데, 옥사가 일어났을 때 나를 배후로 지목한 자는 음부의 남편이 되는 하종악(河宗岳)입니다. 그의 전처가 바로 나의 죽은 형의 딸로, 집안끼리 연줄이 닿아 나를 들어 말을 하는 것입니다. 신임 감사(監司; 鄭惟吉)가 부임해 와서 그들을 풀어 줬습니다. 죄인 서너 명이 옥에 갇혀 거의 죽게 되었다가 다시 살아났으니, 그들이 원한을 품고 독심을 부리는 데 못하는 짓이 없을 것입니다. 몰래 흉계를 품고 반드시 쏘아 죽이려 한다고 하니, 병정년(丙丁年)의 우려뿐만이 아닙니다. 하루아침에 앙화(殃禍)가 일어나 온 집안사람들이 해를 입게 되었으니, 하늘의 재앙이 인사의 밖에서 갑자기 일어날 줄을 어찌 알았겠습니까? 바닷가로 가면 온 가족이 통곡을 하고, 산으로 가면 온 집안 식구들이 근심에 잠겨 있습니다. 죽을 날이 멀지 않은 이 늙은이가 자신을 돌이켜 보고 싶지만 그럴 만한 곳도 없습니다. 오직 하늘의 명만 기다릴 뿐입니다."라고 했다(조식, 1995, 150쪽).

남명은 지금까지 갖고 있는 기대, 신념, 이론, 패러다임 등에서 가치판단을 투영해서 현실을 직시한 것이다. 개인 사림의 도가 현실화 된다. 여기서 결국 남명의 바른 마음은 사물을 옳게 보게 하고, 그게 바른 윤리관이고, 바른 사회관계이고, 하늘에 축복을 받는 관계라는 것을 남명은 분명히 했다.

이는 그의 수양론으로 풀어갈 필요가 있다. 「신명사도(神明舍圖)」'칼날 같은 수양론'에서 남명은 "사십년 동안 더렵혀진 온몸. 천 섬 되는 맑은 물에 싹 씻어 버린다. 만약 티끌이 오장에서 생긴다면. 지금 당장 배를 갈라 흐르는 물에 부쳐 보내리다."라고 했다(한형조, 2001, 17쪽).

남명에게 탐욕은 칼로 베어내듯 절제로 막아낸다. 또한 내암은 몸이 원하는 대로 절제 없는 행동에 일침을 가했다. 내암은 「대사헌 때 다섯 가지 출사할 수 없는 것으로 사직하는 차자 두 번째 소」에서 "신은 듣건대, 임금은 한 국가의 주인이 되고, 마음은 한 몸의 주인이 되니, 나라에 임금이 없으면 만백성의 마음을 모을 수 없고, 몸에 주인이 없으면 사물의 마땅함을 제어할 수 없다고 합니다. 그러므로 사마승정(司馬承禎 노자의 『도덕경』 정본을 만든 학자)은 임금에게 아뢰기를 '국가는 몸과 같습니다.'"라고 했다「대사헌 사직」 두 번째 소, 1602년 3월 15일, 선조 35; 정인홍, 2014,①, 143쪽].

정인홍 개인에게 한 마음, 국가에는 임금의 한 마음, 하늘에는 태일진군의 한마음 등과 등치의 논리가 가능하다. 무절제한 한 마음은 도려내는 아픔을 다짐했다. 직분을 수행하는 태도에서도 같은 원리가 나타난다. 내암은 "지난번 신이 윤승훈(尹承勳, 1549~1611, 사간원 정언, 대사헌, 이조판서 등을 지냄)을 논박한 것에 대해, 사간원에서 중도를 얻지 못하였다고 배척하며 윤승훈이 탑전에서 한 말을 우연한 말실수라고 하였습니다. 그리고 옥당이 양사(兩司)를 처치할 때에도 논의가 일치되지 않아 회피하고 흩어져버려 관청을 텅 비게까지 하였습니다."「대사헌 사직」두 번째 차자, 1602년 3월 15일, 선조 35; 정인홍, 2014①, 159쪽).

내암은 대사헌을 사임할 것을 건의한 대목에서 敬義를 결한, 절제 없는 상소에 대한 비판을 했다. 그는 조선 중기 사림에 대한 음해와 제도권 언론의 실상을 이야기한 것이다. '풍문추탄', 즉, 탄핵을 위한 탄핵이 빈번한 이유가 설명되었다. 이는 남명의 경의검(敬義劍), 벽립천인(壁立千仞) 정신이 강조되는 이유가 밝혀진다. 시대의 절박함은 당연히 더 많은 갈등을 초래하게 되어있었다.

그 내용을 보면 내암은 "물러난 뒤 전 군수 이귀(李貴, 1557~1633)의 상소를 삼가 보니, 신의 죄를 따진 것이 한 가지가 아니었습니다. 진실로 그의 말과 같다면 신의 한 몸에는 온갖 악이 모두 갖추어져 있고 인간의 도리는 다시는 없는 것이니, 사적(仕籍)에서 삭제하여 벼슬의 반열에 낄 수 없게 하는 것이 합당합니다."라고 했다(「대사헌 사직」두 번째 차자, 1602년 3월 15일, 선조 35; 정인홍, 2014①, 160쪽).

한편 같은 맥락에서 남명의 삶은 "일상의 실용성과 실천성의 맥락에서 의미를 획득할 수 있는 것만이 유효하다."라고 했다(박병련, 2001, 195쪽). 또한 내암은 농사일의 공동체 노동과 다른 형태의 노동, 그 시장에 관심을 가졌다. 실학자들은 이들이 상상할 수 없는 정도의 경세론을 폈다. 먹고 사는 문제가 더욱 관심거리로 등장한 것이다.

남명은 생각과 행동을 효율성으로 일치시킨다. 그 자유로운 영혼의 실천성은 탐욕이 끼게 마련이다. 이를 바르게 정립시킬 필요가 있다. 남명의 격물치지는 사물, 사건, 사람 간에 관계를 엄격하고, 바르게 규명하도록 했다.

남명의 도(道)는 목적론적 시학(詩學)에 내면세계를 깊숙이 파고 들어간다. 파울 파이어아벤트는 원시인들과 현대의 시인을 비교했다. 그는 "고대 세계는 우리를 둘러싸고 있는 세계보다 훨씬 치밀하지 못하여, 또한 덜 치밀한 것으로 경험된다. 고대인은 육체적 통일성을 결여하고 있으며, 그의 육체는 수많은 부분들, 팔다리, 표면, 연결부들로 이루러져 있다. 또한 그는 심적인 통일성도 결여하고 있는데, 그의 마음은 다양한 사건들로 구성 요소로서 곁들어서 있거나, 외부로부터 주어지는 것이다."라고 했다(Paul Feyerabend, 1984/1987, 279쪽).

한편 내적 커뮤니케이션, 즉 심학이 강한 남명은 외부가 아니라, 심적인 통일성을 누구보다 강조했다. 지식은 있으나, 직감이 결한 현대인을 보자. 현대 대중은 "깊이 사고하기를 바라지 않는다. 대중은 간단하고 소박한 OX만 바랄 뿐이다. 대중의 열풍의식은 피 끓는 추상적 격정의 구호에 집착하기에 쉽게 군중심리의 최면에 걸린다. 그것에 걸리면 적은 구체적 얼굴을 지니지 않고, 다만 정답과 오답을 지닌 추상일 뿐이다. 적을 제거하는 것은 오답을 지우는 것이지, 구체적 인간의 얼굴을 한 사람을 죽이는 것이 아니다. 그래서 추상의 정신은 죄의식이 없어 그 토록 피 끓는 격정의 선동을 할 수 있다."라고 했다(김형효, 2007, 162쪽).

현대 물질세계에 마음이 빼앗긴 것이다. 남명은 성의정심(誠意正心)으로 격물치지(格物致知)를 생각했다. 신명의 마음으로 실천궁행의 학문 태도를 연구 대상으로 삼음으로써 박학광의(博學廣義)를 시도했다. 전문직 학문에는 문제가 있으나, 실천에서 콘텍스트를 강조함으로써, 그 범위를 좁히고, 안을 깊게 탐구할 수 있다.

그러나 남명은 마음을 수양한 후에 이미 알고 있는 바를 힘껏 행하는 것이 학문의 요점이라고 보았다. '敬이란 글로써 익히는 것이 아니며, 일상의 작은 일부터 실천해 나감으로써 사물에 통달한 이후 점차적으로 형이상학적인 상달 처를 구할 수 있다고 보았다.'(손승남, 2005, 1~17쪽). 따라서 "학문의 순서는 청소와 같은 자그마한 일과 가까운 곳의 일부부터 시작하여 그것을 기반으로 먼 학문으로 나아가야 한다고 보았다."라고 했다(사재명, 2005, 11쪽; 이수진, 2016, 83쪽).

남명은 인식하는 주체와 그 상황적 요소가 중요하다. 그렇다면 남명은 외부에서 들어오는 심적 사건들(mental events)을 그냥 수용하는 것이 아니라, 그 사건들을 敬을 통해 체화(體化)하여, 밖으로 분출한다. 이는 외부 자극에 무방비 상태로 노출시켜, 그 노예가 되는 완물상지의 현대인들과는 차별화가 된다.

남명은 수동적 수용으로 감각의 혼돈 상태를 사전에 차단시켰다. 그는 선비정신을 실현시켰는데, 여기서 선비는 3가지 오늘의 지성인, 첫째는 학문이고, 둘째는 인격이요, 셋째는 경륜이다. 즉, "선비가 학문이 부족하면 우주와 인생을 관감(觀感)하고 사물을 판별하며 시비를 가리는 모든 이치를 갖추어서 밖에서 일어나는 모든 변화에 대응해 나가는 선비의 본령을 갖출 수 없고, 선비가 인격이 없으면 자아의 주체가 확립되지 않고 확립되었다 손 치더라도 향상 변화하는 상황 속에서 중심을 잡을 수 없으며, 외침으로부터 자기의 지조를 지킬 수가 없다. 또한 선비가 경륜이 없다면 장차 천하 경영의 커다란 임무를 맡았을 때 위대한 창조를 해낼 수 없다."라고 했다(김충열, 2008, 79쪽).

남명은 개인의 경험이 중요한 것을 언급했다. 그는 사회적 행위(societal action)를 가정하는데, 여기서 이 행위는 "합리적으로 동기화된 이해의 조정에서 유래된다."라고 했다(H.H. Gerth and C.Wright Mills, 1946, p.183).

남명은 선비정신에 바탕을 한 상소를 시도했다. 그는 조정의 혼란에 대한 「을묘년(명종 10년) 사직 상소문(乙卯辭職疏)」에서 표현했다. 남명은 "천 가지 백 가지의 천재(天災)와 억만 갈래의 인심(人心)을 무엇으로 수습하시겠습니까? 냇물이 마르고, 좁쌀비가 내리니, 그 조짐이 그 무엇이겠습니까? 노랫가락이 구슬프고, 입은 옷이 흰색이니, '나라가 어지러울' 형상이 이미 나타났습니다."라고 했다.

　남명은 명종이든, 문정왕후이든 정상적, 합리적 노동행위를 할 수 없는 존재들로 묘사했다. 즉 그들은 생산 활동에 전혀 도움이 되지 않는 과부(文定王后)가 설친다는 이야기이다. 남명은 시대의 절박성의 위기의식을 항상 지녀왔다. 그는 레토릭의 상황을 감지한 것이다. 신분의 상황으로는 계급의 상황을 풀 수 없었다.

　남명은 왜구, 북쪽의 오랑캐의 날뛰는 모습을 위기의식으로 간주했다. 문치로 약화된 나라의 나태한 모습을 폄하하고 있었다. 그는 "대마도 왜노(倭奴)가 향도(向導)와 남몰래 짜고 만고에 끝없이 치욕스러운 짓을 하였건만, 왕의 신령한 위엄은 마치 한 모퉁이가 무너지듯 떨치지 못했습니다. 이는 옛 신하를 대우하는 의리가 혹 주(周)나라 예법보다도 엄하여서 원수를 총애하는 은덕이 도리어 재앙으로 송(宋)나라에 더해진 꼴이 아니겠습니까? 세종께서 남쪽 오랑캐를 정벌하시고 성종께서 북벌하신 일을 보아도 어디에 오늘날과 같은 일이 있었습니까?"라고 했다(조식, 1995, 245쪽).

　그 결과는 참혹했고, 어느 것 하나 성한 것이 없었다. 체계의 해체(entropy) 상태이었다. 어떤 원리도 이런 상황을 풀어 갈 수 없는 삶의 연속이었다. 이런 레토릭의 상황을 풀어가는 것이 남명의 소명의식이었다. 기존의 성리학은 본체(體)와 용(用)을 분리하지만, 본체는 과거, 현재, 미래에 걸쳐서 보편적인 법칙이다(손영식, 1999, 168쪽). 하늘의 뜻, 이성, 직관이 함께 한다. 성리학에서는 용은 움직이지만 어떤 기준이 없어, 본체의 속성에 따라야하는 논리이다.

　따라서 그들은 변화하는 현재를 부정하고, 개인의 경험세계를 도외시하고, 시간을 묶어두었다. 그러나 조식은 과거 성리학자와 전혀 다른 세계관을 가졌다. 그는 "자아는 '치열한 비판 의식'과 현실 문제를 유연하게 해결하는 힘, 이 두 측면에서 설명하였다. 이런 자아는 리(理)라는 보편 법칙에 의한 추상적 규정이 아니라 그것은 언제나 '현재' 속에 있는 '살아 있는' 자아이다."라고 했다(손영식, 1999, 167~168쪽).

남명이 이야기한 대로 현실은 참담했다. 그는 "당대를 '기강(紀綱)이 없어지고, 원기(元氣)가 풀렸으며, 형정(刑政)이 어지러운' 난세라고 진단했다. '기근이 겹치고, 창고는 고갈되고, 제사도 얼룩졌으며, 세금과 공물이 규율을 잃고, 변경의 방비가 비었으며, 뇌물이 일상화되었고, 비방과 모함이 극에 달했고, 억울한 일이 만연하며, 사치 또한 성한 그런 시대'로 보았다."라고 했다(한형조, 2001, 21쪽).

그의 논조는 적의에 가득 차 있어서 논조를 펼칠 때면 마치 강골 장수처럼 보였다. 조정의 신하가 비겁하고 용렬한 대체에 울분을 토하고 있었다. 남명은 국방 문제에 대해서도 '괜히 변방의 오랑캐를 자극하지 말자.'라는 나약한 논리에 강한 반발심을 가졌다. 그 사고의 영역은 그 때까지 내려온 인(仁)의 성리학 영역이 아닌, 새로운 세계관을 형성하여, 그걸 표출함으로써 새로운 교환의 언어를 창출한 것이다.

기존 사대부는 너무 안일한 생활을 했다. 새롭고, 알지 못한 세계에 대한 언어를 가르치고, 배우고, 구성하는 것은 외부세계의 물질에 오염을 피해야하는 것은 상식이다(Paul Feyerabend, 1985, p.281). 물론 우리가 '복잡한 콘텍스트(Complex contextual definitions)'의 개념을 사용한다고 하더라도 완전한 번역은 불가능하게 마련이다. 이런 이유에서 참여관찰(field works)이 중요한 이유 하나가 여기에 있다. 남명의 언어는 현장에서 느낀 체험을 바탕으로 향토적이면서, 강한 어법으로 상소 및 시와 서사적 산문을 쓰고 있었다.

남명의 시와 명은 현장의 합리성을 포함하고 있었다. 남명은 현장, 현실뿐만 아니라, 하늘의 뜻을 알아내는 성(誠)을 사용하고 있었다. 물론 남명뿐 아니라, 조선시대에 새로 등장한 제도권 언론 사림의 사대부는 수사학자들로서 매일 수많은 사고와 사건에 대한 경세적 판단을 해야 했다. 그 판단은 도덕적 판단의 是/非이고, 실학적 판단의 利/害이다. 둘이 합치하는 선에서 사대부들은 상황에 따른 합리성(rationality)을 찾으려 했다.

물론 당시 제도 언론에선 논리(logos, reason)의 부분이 되지만, 현대 언론에선 공정성의 잣대가 요구된다. 이를 위해 당시 남명파의 북인(北人)은 '敬이 당위성의 논리 義와 만들 때 공정성을 요구할 수 있었다.

율곡은 "때에 따라 중도를 얻는 것을 권(權)이라고 하고, 일을 처리함에 있어서 적의함을 얻는 것을 의라고 합니다. 權으로써 변고에 대응하고 義로써 처리한다면 나라를 다스리기가 무엇이 어렵겠습니까?"라고 했다.[2] 율곡(栗谷)은 「시폐칠조책(時弊七條策)」에서 "때에 따라 중도를 얻는 것을 권(權)이라 하고, 일을 처리함에 있어서 적의함을 얻는 것을 의라고 한다. 권으로써 변고에 대응하고 의로써 일을 처리한다면 나라를 다스리기가 무엇이 어렵겠습니까?(隨時得中之謂權 處事合宜之謂義 權以應變 義以制事 則於爲國乎何有)."라고 했다(國譯 栗谷全書(Ⅳ), 권14; 김형효, 1995.6, 52쪽).

한편 조식의 道 관점을 敬, 義, 誠 등의 말로 풀이한다. 오연(傲然), 천리(天理)의 세계를 경의 실천으로 삶을 영위한다. 그 구체적 방법으로 남명은 경을 언급했는데, 경은 인간과 자연 사이에 숨김없는 소통으로 간주했다(정순우, 2001, 124쪽). 소통이 이뤄질 때에만 자연의 뜻을 하게 된다. 이는 인간이 사심과 사욕을 버리고 직(直)하게 될 때 그는 자연의 본질과 대면하게 된다.

경, 의, 성을 통해 남명과 더불어 내암은 조선 중기 제도권 언론의 사상적 맥락이었던 사림의 도(道)를 완성시켰다. 사림은 경건함[敬]으로 마음을 키우고, 의로움[義]으로 이 세상을 바로 잡기를 원했다. 절대적 자아로서 개인의 경험세계를 확장시키고, 자유를 누리게 했다. '남쪽의 어두운 바다'를 동경하는 붕새가 되어 날아간다.

---

[2] 율곡은 상황논리적인 '권(權, 저울질)'과 당위론적인 '의(義)'와의 이중성을 정치철학의 요체로서 역설하고 있다. 권이 상황논리이기에 실학적 관점에서 변화에 대응하는 가변적 氣의 측면이며, 의가 당위 논리이기에 현실적으로 일을 처리함에 요청되는 理의 기준이 된다(『栗谷全書』下, 拾遺, 권5, 「時弊七條策」, 560쪽; 김형효, 1995.6, 53쪽).

2) 낌새로 하늘의 뜻, 이성, 직감이 공존

사림의 이론은 '활수(活水)', '활학(活學)', '활물(活物)', '활경(活敬)' 등으로 활동의 영역을 확대시킨다. 즉, 남명은 인간의 마음을 우주의 마음과 같은 선상에 두고 논의했다. 이를 바탕으로 이승철은 전술했듯이, "'낌새[幾微]'로 풀이한다. '낌새[幾]' 관은 그의 철학적 사유의 깊이를 반영한다.

'낌새'는 『주역』의 이야기로 과거, 현재 그리고 미래를 연계를 시킬 때 사용한다. 하늘의 뜻, 이성의 힘, 직관의 경험이 한데 어우러진다. 물론 현재의 상황에서 '낌새'를 판단하는 것도 중요하지만, 미래의 상황을 이야기할 때, 誠, 혹은 기미, 낌새라는 말을 한다.

율곡은 선조 15년(1582년) 임진왜란 일어나기 10년 전 「시폐(時弊)」에 대한 진달한 상소」를 왕께 올렸다. 그는 낌새, 기미를 상지(上智)에 두었다. 동 상소는 "신은 듣건대, 상지(上智)의 사람은 미연에 환히 읽고 있으므로 난이 일어나기 전에 미리 다스리고 나라가 위태롭기 전에 미리 보전하며, 중지(中智)의 사람은 사태가 발생한 뒤에 깨닫게 되므로 난인 줄 알고 다스릴 것을 도모하고 위태로움을 알고 안정시킬 것을 도모한다고 하였습니다. 그런데 난이 닥쳤는데도 다스릴 것을 생각하지 않고 위태로움을 보고도 안정시킬 방도를 강구하지 않는다면 이는 하지(下智)의 사람이 될 것입니다."라고 했다(이이, 1582, 1쪽).

선조의 조선은 하지(下智)로 방황하고 있어, 레토릭 상황이었다. 동 상소는 "전하께서 위망의 상태를 모르고 계산다고 한다면 지금 국세가 위급하다는 것은 어린아이들도 알고 있는 터인데 성명(聖明)께서 어찌 모르실 리가 있겠습니까. 전하께서 이미 알고 계신다고 한다면 무엇을 믿고 정사를 잘 다스려 나라를 보전할 수 있는 계책을 마련하지 않고 계십니까. 아, 매우 위태롭습니다."라고 했다(이이, 1582, 1쪽).

율곡은 레토릭 상황으로부터 탈출하는 방법을 「간원(諫院)이 시사(時事)를 진언(陳言)하는 상소」에서 질서의 중요성을 논의 했다. 그는 사간원, 사헌부 등이 원하는 레토릭 상황을 타개하는 방법을 언급했다. 동 상소는 "전하의 일은 전진하지 않으면 후퇴하고 국가의 형세는 다스려지지 않으면 어지러워지는 것입니다. 전진하고 후퇴하는 것과 다스려지고 어지러워지는 것은 진실로 그 운수가 있지만, 그 전진하고 후퇴하거나 다스려지고 어지러워지는 까닭은 사실상 사람에게 달려 있습니다. 그러므로 임금은 마땅히 다스려지고 어지러워지는 기미를 살피어 그 다스려지는 요인은 힘쓰고, 어지러워지는 요인은 없앰으로써 반드시 다스리기를 기약한 뒤에 그만둘 것이요, 조금 성취된 것을 편안하게 여기고 일반적인 규칙에 얽매여 그럭저럭 되는 대로 그 성패(成敗)를 맡겨 두어서는 안 됩니다."라고 했다(율곡, 1566, 1쪽).

또한 율곡은 사대부의 도(道)를 통해 레토릭 상황을 탈출하도록 경세론을 폈다. 경세론은 이용후생, 실사구시 등의 정신으로 분석, 관찰, 시험, 예증이 가능한 영역이다. 성리학은 대상화를 시키는데 난점이 따르지만, 실학은 얼마든지 대상화가 가능하다. 경세학의 국가정책론, 언론학의 사건·사고 기사는 사실을 중심으로 객관보도, 사실보도가 가능한 영역이다.

율곡의 상소는 공동체 사회에 필요한 바른 도(道)의 적용, 사대부의 인사정책 등 경세론을 폈다. 동 상소는 "전하께서는 하늘과 땅 같은 지극히 공정한 도량을 넓히시고 해와 달 같은 지극히 환한 안목을 밝히시어, 그들이 말하는 것을 듣고 그들이 행하는 것을 보아서, 반드시 시비(是非)와 사정(邪正)이 성명(聖明)의 통촉(洞燭)하시는 아래에서 도망할 길이 없게 하시어, 그가 군자인 줄 알게 되면 반드시 이끌어 친근히 하며 그로 하여금 반드시 그 도를 행하게 하시고, 그가 소인인 줄 알게 되면 반드시 물리쳐 멀리하며 그로 하여금 반드시 그 그릇된 뿌리를 없애도록 해야 합니다."라고 했다(율곡, 1566, 4쪽).

한편 율곡의 성리학 일반 이론에 충실한 경세학에 비해, 남명은 시·공간 안에서 실천 레토릭 상황의 탈출을 폈다. 양자는 지성과 직관의 차이가 분명 존재한다. 직관에 관심을 가진 조식은 '낌새'관을 통해 형이상학적인 원리와 현실적인 실천 논리의 유기적 결합을 시도했다. 敬, 義, 誠, 즉 개인의 질서, 공동체의 질서, 우주 안의 질서에 문제가 생겨 레토릭 상황으로 몰입하고 있었다. 사회 현실에 질서를 주는 레토릭이 필요한 시점이었다.

남명은 "하늘의 길인 성(誠)이 인간의 마음속에서 성(性)으로 간직되고 있음을 인정하고, 이 성(誠)이로서의 性이 순수하게 발현되어 현실사회에서 제대로 구현되는 것을 중시한다. 그는 이러한 이상적인 삶을 성인의 삶으로 여기고, 평생을 그렇게 살기 위해 노력했다."라고 했다(이승철, 2015, 201쪽).

내암은 『학기유편』에서 "성실은 하늘의 도리이며, 공경한 인간이 하는 모든 일들의 근본이 된다. 공경하는 도리가 갖추어진다면 성실해져서 곧 하늘의 도리를 얻게 된다(誠者天之道, 敬者人事之本. 敬道之成, 則誠而天矣; 이상형, 2017, 46쪽). 이를 하늘의 운행원리의 주역으로 풀이하면 "역(易)은 생각함도 없고, 인과적으로 함도 없으며, 고요하여 움직이지 않고, 감(感)하여 마침내 세상의 일에 통한다. 세상의 지극한 신묘함이 아니라면 그 누가 여기에 참여할 수 있겠는가? 역은 성인이 깊은 것을 지극히 하고 '낌새'를 연구하는 것이다. 오직 깊이 때문에 세상의 뜻을 통할 수 있고, 오직 '낌새'이기 때문에 세상의 임무를 이룰 수 있으며, 오직 신묘하기 때문에 서두르지 않아도 빠르고, 가지 않아도 이른다."라고 했다(『周易』 「繫辭上」 10장; 이승철 2015. 11, 202~203쪽).

'낌새'는 어느 곳에서도 느낄 수 있는 선비 정신으로 승화된다. 모든 사물 현상에는 조짐과 '기미'3)라는 것이 감춰져 있다. 기미는 레토릭에서 가장 중요한 착상(invention)이다. 착상이 중요하게 작동하는 한, 부르주아 민주주의[demokratia= demos(people) + kratos(political power)]가 가능하다.

물론 모든 인간사와 사물 현상에는 조짐과 기미라는 것이 존재하게 마련인데 이를 파악하려면 세상을 바로 볼 수 있는 위기지학(爲己之學)이 갖춰

---

3) 주역(周易)은 "모든 사물 현상에서는 조짐과 기미라는 것이 감춰져 있다. 이를 파악하는 방편 중 하나가 그해의 간지(干支)를 주역으로 풀어보는 것이다. 천간과 지지의 순서대로 상·하 괘(卦)를 정하고, 그 수를 합해 효(爻)를 정한다…"(이응문, ≪조선일보≫, 2017.1.8.).

져 있어야 한다. 그 정신이 바로 선비정신이다.

물론 '순간, 낌새(幾)'는 어려운 일은 그 쉬울 때 도모하고, 큰일은 그 미세할 때 한다. 천하에 어려운 일은 반드시 쉬운 데에서부터 일어나고, 천하의 큰일은 반드시 작은 데에서부터 생겨나기 때문이다(『노자』, 63장; 손영식, 1999, 205쪽).

남명에게 현재의 상황이 그만큼 중요하다. 직감에서 사건, 사고를 감지한다. 아퀴나스가 이야기하듯 이는 이성의 힘과 다르지 않다. 낌새를 으뜸으로 여기는 남명 정신은 지리산 불임암을 오를 때나, 하동 옥종역에 딸린 좁은 주막에서 투숙할 때도 같은 정도로 느꼈다(강정화, 2013, 122쪽). 뼛속까지 선비정신이 투영된다. 속세에 좁은 방 신세를 잘지라도 이상을 갖는다. 그는 "사람의 습관이란 잠깐 사이에도 낮은 데로 치닫는 것을 알 수 있다. 앞서도 그 사람이고 뒤에도 같은 사람인데, 전날 청학동에 들어가서는 마치 낭풍산(閬風山)에 올라 신선이 된 듯하였지만 오히려 부족하다 여겼었다. 또한 신응동에 들어가서는 바야흐로 요지(瑤池)에 올라 신선이 된 것 같았지만 도리어 부족하다 생각했었다. 그리고 은하수에 걸터앉아 하늘로 들어가거나 학을 부여잡고 공중으로 솟구치려고만 하였고, 다시는 인간세상으로 내려오지 않으려 하였다. 그러나 뒤에는 이렇게 좁은 방에서 구부리고 자면서도 그것을 자신의 분수로 달게 받아들었다."라고 했다(강정화, 2013, 124쪽).

선비의 신비감 '낌새'는 습관으로 형성된다. 마음의 정성스러움은 하늘을 움직이게 마련이다. 그는 "사람이 선하게 되는 것도 습관으로 말미암고, 악하게 되는 것도 습관으로 인한 것을 알 수 있다. 위로 향하는 것도 이 사람이 하는 것이고, 아래로 치닫는 것도 같은 이 사람이 하는 것이니, 단지 한 번 발을 들어 어디로 향하느냐에 달려 있을 따름이다."라고 했다(강정화, 2013, 125쪽).

남명에게 지극한 誠은 "신묘함과 같고(중용 제24장, 至誠如神), 고요하여 움직이지 않는 것은 誠이고, '강하여 마침내 통하는 것은 신묘함이며, 움직였으나 아직 드러나지 않아 있음과 없음 사이인 것이 낌새이다.'"라고 했다(寂然不動者 誠也 感而遂通者 神也 動而未形 有無之間者 幾也; 周敦頤, 『通書』「聖」; 이승철, 2015. 11, 203쪽). 결국 誠을 잘 구현할 수 있을 때에만 하늘의 이치를 알게 되고, 공정성이 확보되고, 정의로운 사회가 건설된다는 말이다. 이는 주자학에서 이야기하는 '내성외왕 수기안인(內聖外王, 修己安人)', 남명에게 '내명자경(內明者敬)'이 된다. 사림의 도는 여기에 크게 벗어나지 않는다. 즉, 마음이 誠 할 때(道心) 우리는 성인(聖人)이 될 수 있다(이상형, 2017, 42쪽).

물론 이는 是/非는 수용할 수 있으나, 利/害의 공정성 판단에 문제가 생길 수 있다. 그 양자의 합리성에도 정확한 척도가 아닐 수 있다.

결국 남명은 도의 완성에 관심을 가짐으로써 결심(結心)에 더욱 집중한다. 즉, 남명은 마음은 '높고 밝아야 한다(高明)'[4]라고 했다(손영식·조남호, 2002, 70쪽). 이는 도학자들이 주장하는 수기(修己)로도 해석이 가능하다.

그렇더라도 남명은 달랐다. 그는 현실의 절박함을 내적 경험과 외적 경험, 즉 시간과 공간 안에서 敬의 철학으로 풀고자 했다. 낌새를 알았다면, 남명은 레토리션이 주로 사용하는 절박한 상황을 충격적 언어로 풀어간다.

조선 중기 제도권 언론의 사상적 맥락이었던 사림의 도(道), 선비정신이 완성될 수 있는 형국이다. 그러나 율곡은 "남명의 정책발상이 공허하였다."라고 했다(김형효, 1995. 6, 52쪽). 남명은 분명 레토리션임에 틀림이 없었으나, 인식론에 대상화시켜, 객관적 측면을 보이지 못한 약점이 존재한다. 설령 남명이 열정(pathos)과 윤리(ethos)에 철저했다고 하더라도 논리(logos) 처리에 문제가 생긴다.

---

[4] 고명은 사량좌(謝良佐)가 말했던 '지각(知覺)'을 주희는 '지식(知識; 앎)'이라고 했다. 사랑하는 인(仁; 사랑하는 마음, 완벽한 인격)이란 바로 '항상 깨어 있는 마음, 살아 있는 마음(常惺惺)이며, 모든 것에 대해 아파하는 민감한' 예민한 마음이라 했다. 그처럼 이 세상에 대해서 열려 있는 마음을 사량좌 '앎(知識)'이라 한다. 이 마음은 '높고 밝아야 한다(高明)'고 한다. 깨어 있는 마음은 우선 이 세상의 꼭대기에서 보는 넓은 시야를 말한다(손영식·조남호, 2002, 70쪽). 물론 멀리 보기는 하지만 자세히 보지는 못한다. 서양의 레토릭은 아주 구체적이고, 현실적이고, 심지어 과학적이다.

한편 율곡은 서구의 경험세계, 즉 'cogito'를 적극 수용하고, 기발이승일도설(氣發理承一途說 '기가 나와 이를 탄다')라는 감각 기관에서 오는 경험적 인식을 적극적으로 수용한다. 욕심이 자본주의를 융성하게 할 수 있고, '먹을 것을 풍족케 할 수 있다.'라는 논리를 폈다.

남명은 敬에 치우진 나머지 인식세계에서 오는 사고의 틀을 제공하지 못했다. 돌발적 레토릭의 언어를 툭툭 던지면서, 독자가 은유법으로 엮는 것을 기대한다. 그는 자연, 인간, 예술의 위대한 '낭만주의'적 메시지를 담았다. 그럴지라도 내적 커뮤니케이션에서 '인지(perception), 동기(motivation), 추론(reasoning)'(Philip Emmert and William C. Donaghy, 1982, p.53) 등 인식론의 약점을 보인 것이다. 남명의 敬의 틀은 '엄밀', '정확', '형식화' 등 로고스, 즉 과학적 개념을 필요로 한다. 이들 개념 없이는 당위의 논리, 즉 義가 사변적으로 흐를 수 있다. 남명에게 경험론, 실증주의, 객관주의 정신이 부족하다는 것이다.

결국 남명과 내홍의 敬, 義, 誠은 위기관리에 알맞은 레토릭 학문을 강화했다. 절박한 현실의 문제를 카리스마가 해답을 찾아낸다. 수사학(洙泗學)에서 '통치자는 교육자이며, 통치는 교육이다'이다. 같은 맥락에서 서구의 레토릭은 통제할 수 없는 환경을 통제하기 위한 설득의 학문이다. 해체(entropy) 상태를 탈해체(anti-entropy)로 갖고 가는 학문이다. 카리스마가 약할 때 포퓰리즘적 시각에서 해결책을 제시한다. 물론 위기관리의 학문은 객관화, 구체화, 제도화를 할 때 문제가 생긴다.

구조가 견고한 현대사회에서 경, 의, 성의 개념은 주관성이 과다하게 노출시킨다. 내적 커뮤니케이션에서 '자기에게 진실하라!'는 자아개념(self concept)의 완성일 수 있으나, 수많은 사람이 접하는 매스 커뮤니케이션에는 공정성, 정확성, 객관화, 형식화가 요구된다. 내암의 『학기유편』은 "경은 거울이고 의는 이 거울을 통하여 비추는 것이다"(『학기유편(學記類編)』「爲學之要」, "朱子 日 敬比如鏡, 義便是能照底", 신창호, 2017, 155쪽). 좀더 풀이하면 현대 대중 사회에서 같은 교육을 받는다고 치더라도, 사람, 구체적 상황에 따라 거울에 비치는 모습이 다르고, 그 거울을 통해 비치는 빛도 다를 수밖에 없다. 이는 문화 상대주의자들이 하는 소리이고, 타인이 입장에서 보면 무슨 소리를 하는 것인지, 혼돈될 때가 허다하다. 커뮤니케이션 실패가 빈번히 일어난다.

같은 맥락에서 남명을 비판한 17세기 노론학자 김창협(金昌協, 1651~1708)은 "'남명의 시와 문장은 말이 되지 않는다. 비록 기이한 것을 숭상한 것이 뛰어난다 하더라도 요컨대 또한 도리가 불분명하고 필시 마음의 바탕이 안정되어 있지 못하다'고 하거나, '남명은 실상 학문을 알지 못하고 단지 처사로서 기개와 절조가 있는 사람일 따름이다.'"라고 했다[농암집(農巖集) 권 12, 「잡식(雜識)」].

설령 그렇더라도 남명의 논리는 베버(Max Weber)의 『청교도 윤리와 자본주의 정신(The Protestant Ethic and the Spirit of Capitalism)』로 얼마든지 해석할 수 있는 영역이다. 베버는 시간과 기업 부기로 어느 정도 객관성을 확보하고, 독립변수로 '청교도 윤리'를 제시한다. 같은 맥락에서 상소에서 문제성을 부각시키고, 논리적 정당을 확보하기 위해 여러 가지 이론을 끌고 온다.

한편 '청교도 윤리'는 가치 합리성(value rationality)에 속하는 영역이다. 신분사회에서 쉽게 볼 수 있다. 그러나 베버는 청교도인이 자신의 가치, 즉 '선택된 민족의 존엄성(the chosen people's dignity)'을 갖고, 항상 자신의 마음을 종교에 충실하고, 그리고 사실에 대한 열정을 갖는다고 봤다.

베버는 열정을 갖는 마음 자세를 기술합리성, 목적합리성(technical, instrumental rationality)이라고 했다. 여기서 목적 합리성은 시·공 안에서 이슈에 대한 최고의 효율성을 갖는 행위를 말한다. 목적 합리성에 따라 기업은 계산 가능한 영역으로 분리해서 생각했다. 즉, 자신은 계속 구원의 확실성을 갖고, 그 소명(召命) 의식으로 살아가는데 몰두하고, 자본의 축적은 논리에 맞게 굴러가게 한다. 청교도인은 항상 마음을 변하지 않는 이성에 둔다.

남명도 같은 논리이다. 완물상지(玩物喪志)는 물질, 혹은 물욕은 사람의 마음을 빼앗아 간다. 서리(胥吏) 신분의 권리를 이용하여, 상인을 억압하고, 착취를 일삼게 된다. 상생이 아니라, 상극의 동물세계를 연출하게 된다. 신분이 곧 영속적 경제력을 보존할 수 있게 한다.

신분사회가 현대 사회에도 여전히 작동하고 있다. 신문의 한 칼럼에서 "일본 학자 오구라 기조 교토대 교수는 한국을 '도덕 지향성 국가'로 규정한다. 실제 삶이 도덕적이라는 게 아니라 모든 사람의 언동을 도덕으로 환원해 평가한다는 뜻이다. 오구라 교수는 최근 번역된 책 『한국은 하나의 철학이다』에서 '조선 시대에는 도덕을 쟁취하는 순간 권력과 부(富)도 저절로 굴러 들어온다고 믿고 있었다.'며 '(지금도) 한국 사회는 도덕 쟁탈전을 벌이는 하나의 극장'이라고 썼다."라고 했다(이한수, 2018.1.10.).

일[事]이 신분에 비해 별로 중요하지 않았다. 일이 중요하지 않는 신분사회는 반드시 재앙이 따른다. 시장사회가 요구되는 시점이다. 동 칼럼은 "도덕적 준거를 일[事]에 두지 않고 도덕 우위를 내세워 권력을 차지하려 할 때 공동체는 몰락한다. 그릇 만드는 장인(匠人)의 도덕은 그릇을 잘 만드는 일일 뿐이다."라고 했다(이한수, 2018.1.10.).

남명은 이를 비판하면서 중인 서리(胥吏)들의 물욕이 결국 나라를 망치게 한다는 논리이다. 남명에 따른 신명(神明)의 마음, 즉 「신명사명」의 마음의 절대성 논리 뿐 아니라, 전장(戰場)을 방불케 하는 정신은 서리의 신분사회 정신과 차별성이 있다.

남명은 敬義의 훈련과 더불어 도구적 합리성을 주장함으로써, 개인성을 확보하도록 했다. 서구에서 공론장이 형성되는 시기에 "자기 내부의 권역에서 움직이는 공적 논의 연습장이 존재했다. 이는 사적 개인들이 그들의 새로운 프라이버시에 대한 진정한 경험을 통해 자기 계몽되는 과정이다. 정치경제학 이외에 심리학이야말로 18세기에 발생한 또 다른 고유한 부르주아 학문이다."라고 했다(Juergen Habermas, 2001/ 2004, 97~98쪽). 남명에게 부르주아 개인성을 발견할 수 있게 된다.

더욱이 남명은 가치 합리성과 목적합리성을「김 숙부에게 줌 우(又)」에서 논하고 있다. 가치 합리성의 부분에서 이성적 판단을 이야기 하고 있다. 남명은 "지난번 며칠 동안 오붓한 자리를 갖기는 했지만, 우스갯소리가 뒤섞여 도무지 정밀한 얘기를 하지 못했습니다. 그런데 그대는 문득 그것을 취해 규범으로 삼았으나, 이를 두고 선과 악이 모두 나의 스승이 되기에 충분하다고 하는 것이구려, 남에게서 잘 취하는 점을 그대는 가지고 있습니다."라고 했다(조식, 1995, 176쪽). 이는 성리학자가 주요하게 이야기하는 도덕적 정당성을 이야기했다.

그러나 남명은 가치합리성 못지않게, 목적합리성, 즉 실용성에서 일[事]과 그 정밀성을 논의했다.「신명사명(神明舍銘)」의 敬義誠 훈련논리와 안보를 위한 전쟁의 논리가 함께 한다. 더욱이 후자는 개인성을 확연히 나타내는 것이고, 전자는 공동체 유지를 위해 필요하다. 베버는 양자를 이야기하고 있었다.

남명의 말을 계속하면 "내가 그대에게 걱정스러운 것은 하루 햇볕을 쬐이고 열흘을 춥게 하는 것(『맹자』의「告子」에게 하는 말로 게으른 선비에게 하는 말)과 같을 뿐만이 아닙니다. 근본이 확립되지 않아 행동을 절제하는 데 재능이 없으며, 학문을 강구한 데 정밀하긴 하지만 치용(致用)에 졸렬하고 자유자재로 운용해 쓸 수 있는 수단이 짧으니, 이 점이 가장 시급히 갖추어야 할 일입니다. 일찍이 살펴보건대, 자(尺度)는 집집마다 모두 가지고 있습니다. 집집마다 가지고 있을 뿐만 아니라, 하찮은 사람들까지도 모두 가지고 있습니다. 그리고 푼(分) … 촌(寸)의 눈금도 매우 명백합니다. 그런데 이 자를 이용하여 구장복(九章服; 천자가 입는 아홉 가지 무늬의 의복)을 마름질하는 사람도 있고, 한 자밖에 안 되는 버선도 만들지 못하는 사람이 있습니다. 스스로 헤아려 보건대, 그대의 자로 처음 모양의 물건을 마름질할 수 있겠습니까? 그대가 잘 알 것입니다. 다 갖추지 못합니다."라고 했다(조식, 1995, 176쪽).

남명은 일에 대한 애착과 함께, 이성의 도덕적 잣대를 지니고 있었다. 더욱이 남명은 모든 인간에게 공통적으로 갖고 있는 이성의 중요성을 이야기함으로써, 소피스트와 같이 생각하는 상대적 진리 입장도 아니었다.
　　설령 상대적 진리를 주장하더라도, 레토리션은 많은 사람에 의한 공통적인 것을 공유한다(Sharon Crowley and Debra Hawhee, 2004, p.26). 또한 민본주의도 따지고 보면, 전 백성이 같은 신분집단을 유지하자는 의도이다. 그러나 실제 소유욕에 집착한, 즉 완물상지(玩物喪志) 뜻을 가지며, 천한, 사소한 재산의 증식에 관심을 갖는다. 서리들은 상인들에게 신분을 팔고, 신분을 이용하여 왜국과의 부당한 거래를 했다.
　　남명은 「서리(胥吏) 망국론」의 연장으로 「대책(對策 문제; 策問題)」에서 "오늘날 역관(譯官)이 임금의 명령을 전달하는 것은 옛날 사신이 타국에 가서 왕명을 완수해야 하는 임무와도 같은 것이다. 지금 왜인들이 우리 조정의 의도를 염탐하고자 온갖 재물을 뿌려대어 금과 은과 무소뿔과 구슬 같은 값진 재물이 쌓이게 되었다. 이윽고 (뇌물을 받은) 역관과 관리들이 그 뇌물을 왕지(王旨)를 전달하는 승전빗 내시(內侍)들에게 나누어 주니, 바야흐로 임금의 앞에서 조정이 취할 방책을 한창 논의하고 있는데 이미 그 방책이 새나가서 왜인들의 귀에 들어가는 형편이다. 나라 안으로 한낱 남의 심부름이나 하는 역관이나 내시 같은 무리의 비행도 다스리지 못하면서, 어찌 나라 밖으로 온갖 교활한 짓을 행하는 흉악무도한 무리를 제압할 수 있겠는가?"라고 했다(조직, 1995, 272쪽).
　　마음과 물욕이 함께 하니, 완물상지를 일으킬 수밖에 없다. 자본가에게 자본이 있으면 투자가 되지만 하급 관리가 돈을 가지면 사치만 할 뿐이고, 자본가가 자본을 축적 하는 것을 신분사회에서는 끝까지 방해한다.
　　사림정치로 새로운 세력이 등장한 변화가 일어났음에도, 서리와 훈척(勳戚) 세력은 구태의연한 행동을 계속하고 있었다. 서리는 국민의 신뢰까지 버리게 하니, 망국론이라는 소리가 나올만하다.

한편 박병련 교수는 『한국 정치·행정의 역사』(2017.12; 태학총서 48)를 출간했다. ≪조선일보≫ 이선민 선임기자는 이 책을 서평하면서 "조선 사림파, 이념에 사로잡혀 행정엔 무능했다."라고 했다.

16세기 이후 사림파가 집권하면서 "이상적 관료형은 실무 능력이 아니라 추상적인 이념으로 변화됐다. 정책에 관심이 없는 관료들은 권력과 이념 투쟁에 몰두하면서 백성의 삶과 직결된 행정은 아전과 서리의 손에 맡겼다. 도(道)와 이(理)에 대한 해석권을 장악한 산림(山林)은 군주권을 제한할 정도로 막강해졌다."라고 했다(이선민, 2018.2.14.).

조선 초기 사대부는 닫친 체제를 운영했다. 그들은 신분사회를 지키는데 관심을 가졌는데, 중기부터 열린 체제 요구가 심해졌다. 신분사회가 아니라, 이들은 시장사회로 가기 위한 길목에 서 있었다. 산림(山林)의 조식 및 내암은 이를 직시하고,「서리 망국론」을 폈다. 남명의 처사(處士)로 생활한 것도 이런 논리와 무관할 수 없었다.

남명이 레토릭 전공자라면 착상(invention)이 중요하지, 체제의 유지에 관심을 가진 것이 아니었다. 대부분 삼림이 맡은 직책은 제도권 언론, 탄핵을 담당하는 곳이었다. 남명은 시종일관 일[事]에 관심을 두었다. 그렇다면 박교수의 '이념에 사로잡힌 사림파'와 산림(山林)은 조심스럽게 접근을 해야 한다. 사림파(士林派)는 동인(東人), 북인(北人)이 득세했으나, 여전히 서인(西人)들이 주도권을 잡고 있었다. 인조반정(仁祖反正) 이후는 그들의 원대로 북인을 숙청하는 역사가 일어났다.

필자는 '이념에 사로잡힌' 논리는 서인 기득권자의 논리이고, 그들은 시장사회를 준비할 생각이 전혀 없는 보수자의 논리를 폈다고 본다. 구체적 시·공에서의 이슈, 즉 레토릭의 상황을 읽지 못하면, 많은 오류를 발생케 한다. 당시 이슈는 사대부들 신뢰의 문제였다. 서인들은 경제, 안보, 신뢰 아무것도 챙기지 못했다.

같은 맥락에서 공자는 정치의 요체로 "족식(足食; 경제적 풍족), 족병(足兵;

전쟁 억지력), 민신지(民信之; 국민의 신뢰)'라고 언급했다. 이에 제자 자공(子貢)이 우선순위를 묻자 먼저 국방을 버리고, 그 다음 경제를 버리고, 마지막에 남는 것은 국민의 신뢰다."라고 했다(김형효, 2007, 211쪽).

더욱이 서리들은 부르주아 세력의 등장을 제도적으로 막았던 것이다. 창의적 사고를 질식시키고, 부정적 사고를 확산시켰다. 이것은 이렇게 해서 안 되고, 저것은 저래서 안 된다는 논리를 반복한다. 부르주아 공론은 벌써 개방되었으나, 여전히 신분사회로 시장사회는 여전히 발아하지 못했다.

그 상황을 보면 당시 "지방통치를 어떻게 파악하는가의 문제는 민의 형편에 대한 이해에서 출발하여 국역(國役)의 운영과정을 어떻게 평가하느냐의 문제였다. 사림은 민의 상황이 어려운 이유를 역(役)과 과세(課稅)의 과다한 부과, 역과 부세의 운영과정에서 나타나는 부정으로 파악하였다. 이에 사림은 민의 부담을 줄여주어야 한다고 생각했으며, 군역(軍役)과 공물(貢物) 운영상에서 가장 큰 문제는 훈척세력에 의한 권력형 비리에 기인한다고 보았다."라고 했다(김강식, 2017, 95쪽).

자본주의가 발아할 곳에서 서리가 그 길목을 막아서고 있었다. 국가는 재정이 궁핍하고, 민은 생활이 어렵고, 사회의 윤리는 땅에 떨어져있었다. 아나키즘 상황에서 질서가 필요했다. 한편 16세기의 민에게 직접적인 영향을 미치는 사회경제적인 측면에서는 "지주제의 발달과 농장제의 확대, 사무역(私貿易)을 통한 사상(私商)과 훈척계열의 치부 등으로 국가의 재정이 극도로 악화되고 있었다."라고 했다(김강식, 2017, 104쪽).

조선 중기는 레토릭 상황을 맞은 것이다. 아나키즘 상황에서 질서를 주는 레토릭의 행위가 필요했다. 그 해결책을 남명(南冥)은 깊고 음침함 바다, 즉 백성의 구출에 집중시켰다. '백성은 물과 같다.'라는 명제를 주요 이슈로 잡았다. 그들이 고통을 당한 15세기에 당면한 문제는 공물(貢物)이 신역(身役), 군영(軍役), 요역(徭役) 등과 관련이 있었으나, 16세기는 노동력의 징발이 줄어드는 대신 공물이 현물(現物) 부과로 바뀌었다. 공납제(貢納制)의 현물납

화는 본래의 취지와 달리 방납가(防納價)의 상승을 가져와서 민의 부담을 가중시켰으며, 향촌사회의 동요를 촉진하였다(김강식, 2017, 104쪽). 그 과정에서 서리가 농단을 부린 것이다.

서리는 신분사회의 관리로서, 전문성도 없었고, 상황을 파악하려는 노력도 없었고, 진정성도 없었다. 아나키즘적 상황을 탈출할 수 있는 상황을 전혀 갖고 있지 못한 것이다. 백성의 원성이 높아지고, 왕조 사회에 대한 불만이 고조되었다. 레토릭은 원래 시·공간 안에서 쉴 틈 없이 끼어들어오는 변수를 체계(system)로 들여온다. 개방체제가 요구되어, 과거 폐쇄된 체제로서는 해체의 상황을 처리할 수 없었다.

그 이유로 물리학에서 사용하는 합리성(rationality)의 용어를 쓰게 된다. 낌새, 즉 직감이 필요한 시점이다. 시장사회의 합리성은 최대의 이익창출이 곧 명증성이고, 합리성이다. 같은 맥락에서 공론장에서 의견이 수렴되는 과정도 합리성이 담보됨으로써 더 이상 논쟁은 필요치 않았다.

한편 조선시대 상황은 중앙정치는 신분사회에서 시장사회로 이전할 생각을 결하고 있었다. 남명은 「무진봉사(戊辰奉事)」로 선조가 등극하면서 구언(求言) 형식의 '보자기를 싼' 상소로 세상에 공포한 것이다. 그 상소를 즐겨 볼 사람도 없었다. 사대부는 자신이 갖고 있는 전지와 노비를 내어놓을 생각이 있었을지 의문이다. 공물의 현물수납은 자신들에게 부가 계속 늘어났다. 사대부는 수사학(修辭學) 대신, 수사학(洙泗學)을 했다. 도구적 합리성이 작동을 멈춘 것이다. 그렇다고 신뢰가 무너져 가치적 합리성을 결한 상태에서 이성, 추론이 작동할 수 없었다.

명증성(reasoning)을 확보할 과학적 방법이 필요한 시점이었다. 현대 사회는 사실(facts)의 객관성, 공정성, 균형성을 기초로 명증성을 확보한다. 그 콘텐츠는 기술을 매개로 증폭시켜 대중에게 전한다. 대중은 수 없이 많은 객관적 정보를 마치 상품을 소비하듯 한다. 여기서 사실은 두 가지로 나눠진다. 하이데거(Martin Heidegger, 1889~1976)는 『존재와 시간』에서 "'인위적 시간

(arte-fact)'과 '자연적 시간(fact)'를 구분했다. 전자는 어떤 데이터를 얻기 위하여 제한된 시공의 범위 안에서 일어난 일과 행위의 결과를 제3자 입장에서 검토하는 것이다. 후자는 어떤 사건을 인위적으로 제한시키지 않고 자연스럽게 그 사건을 일체 세상사와 연관된 구조에서 함께 읽는 태도를 말한다."라고 했다(김형효, 2007, 287쪽). 분석 방법에서 자연적 시간(fact)을 쓰는 방법으로 인위적 시간을 사용할 수 있다.

3) 조식, 정인홍의 레토릭 사상

레토릭은 전자의 시간, 즉 kairos(인위적 시간)을 사용한다. 그러나 그 방법론은 자연적 시간에서 사용하는 방법을 쓸 수 있다. 이는 사변론적 사고에 젖어 있는 사람에게 설득을 얻을 수 있다. 더욱이 남명의 레토릭은 수용자를 백성까지 확대함으로써 부르주아 개인주의를 불러들였다. 즉, 남명은 왕과 사대부, 더불어 민을 같은 차원에서 두고 상소정치를 시도했다. 물론 사회는 '먹고 사는 문제'가 우선이 되어야 백성, 노비 등이 수용자로서 존재한다. 여전히 노동 생산성은 낮았고, 백성들은 시장에서 상품과 서비스를 제공할 수가 없었다. 그들은 신분사회의 낮은 신분의 한 구성원일 뿐이었다.

아리스토텔레스의 레토릭은 화자(speaker), 청자(audience) 그리고 수용자(audience)가 존재한다. 물론 문제는 있었다. 위민, 애민, 보민, 휼민 등 평민의 개념이 있으나, 남명은 백성과 노비 등에 대한 정확한 분석을 놓치고 있었다. 이들의 설득은 열정(pathos)이 작동한다. 전 백성을 함께 묶는 행위는 열정이 없을 때 불가능하다. 남명은 이점이 부각되지 않았다.

물론 남명은 고려시대와 달리, 조선시대의 전통인 칼 대신 말로 상소를 했으나, 그는 여전히 신분의 명예(honor)를 중시했고, 신분을 지키기 위한 효도와 충성심을 강조했고, 결혼 관계에 의해 얽힌 연줄 중심의 삶을 살았다. 그러나 남명은 문무(文武)를 강조함으로써, 일정한 부분 육체노동의 중요성을 인정했다. 그는 누구보다 천왕봉을 오르는 일을 즐거이 택했다. 그러나 백성은 여가(leisure)가 아닌, 전적으로 육체노동으로 먹고 사는 문제를 해결한다. 마르크스의 노동가치도 노동의 시간과 강도를 따진다. 시장에선 육체노동이 가치로서 교환이 된다. 조선 지식인의 신분 집단의 형태와는 전혀 다르다. 그렇다면 남명은 사대부 신분을 가진 사람들의 레토릭 수용자로 선호하고 있었다.

서구에서의 개인은 "보통사람(common man)으로 사적 인간(private man)이 된다. '공공적'이라 해석되는 명령권과 같은 특수한 것을 갖지 않고, 계급이 없는 평민으로서 사병(私兵)이라는 의미에서 공병(公兵, common soldier)이라는 말을 사용하는 것이 이러한 상황을 상기시켜 준다. 중세의 문헌들에서는 '지체 높은 영주에 속하는(herrschaflich)'이라는 말과 '푸플리쿠스(publicus)'가 동의어로 사용되었다."라고 했다(Juergan Habermas, 2001/2004, 67쪽). 영주나, 사대부가 공인이라는 말이 된다. 서구의 시장사회에서는 기업인은 부르주아 개인이다. 이는 사적이지만, 클럽을 조직하여 정치에 참여하여, 공인으로 행세를 한다. 더욱이 민주공화주의는 누구나 평등한 시민이다. 남명은 귀족과 사대부 같이 공인으로 백성을 고려하지는 못했다. 그는 여전히 신분사회에 감금되어 있었다.

남명은 운명론적 신분사회를 개혁하고자 한 것은 틀림이 없다. 그는 '백성은 배(왕)를 떠받치는 물과 같다.'라고 했다. 그러나 포퓰리즘 관점에서 백성을 이야기하고 있었다. 서구의 자본주의를 논할 때에도 남명은 베버의 자본주의 정신에 따른 경제적 이익, 합리적 동기, 부기(簿記)가 갖는 객관성을 간과하고 있었다. 즉, 남명은 '자본주의 정신' 부분에서 여전히 객관성, 계산 가능성, 합리성 등에 여전히 문제점을 노출시켰다.

개인의 경험세계가 중요하게 되면, 합리성이 따라온다. 그 때 명증성(evidence, reasoning)이 확보된다. 내암은 임진왜란의 참혹함을 겪으면서 「의병장을 사직하는 봉사」에서 현실을 직시하고 그에 맞는 대안을 제시했다. 사고(thinking)가 명증성을 갖고 올 수 있다. 남명의 신명(神明)한 마음은 또 다른 명증성을 확보할 수 있다.

한편 하이데거는 합리성의 규명형태로 teche라는 말을 사용했다. 그는 『강연과 논문집』에서 근대 기술의 본질을 '도발로서의 탈은폐(disconcealment as provocation)'라고 정의했다. "기술이란 낱말인 '테크닉(technique)'은 고대 그리스어 '테크네(techne)'에서 파생된 것이다. 테크네는 '현상으로서의 탈은적(disconcealment as bearing fruit)'이란 뜻이다."라고 했다(김형효, 2007, 305쪽). 현대는 techne를 통해 '탈은폐' 현실을 규명한다.

현대 레토리션은 사실의 질서에 더욱 관심을 갖는다. 법의 지배 하에서 파일(files), 사실(facts) 등의 객관성은 '자본주의 정신'과 무관하지 않았다. 언어의 질서가 아니라, 사실의 질서를 우선시하는 사회가 도래한다. 시장사회가 눈앞에 펼쳐진 것이다. 남명은 경험론, 인상의 중요성 그리고 추동(drive), 도구 혹은 기술 합리성을 신명의 마음까지 끌어올리려고 했다.

추동의 동기[도구적 합리성]가 충만하더라도 이성, 추론의 힘을 놓치면, 그 욕망은 탐욕으로 변한다. 이성의 잣대와 도덕률이 필요하다. 물론 경험론자의 이성(reason)은 그에 따른 기술(artifice)에만 유용한 것이 아니라, 시·공간 안에서 실천이 강조될 필요를 갖게 된다. 아무리 좋은 이성에 의한 판단을 하더라도, 그 실천적 이성적으로 될 수 없을 때 문제가 된다.

과학자들은 항상 사례연구자들은 현실의 실천이 중요하게 부각된다. 설령 보편타당한 이성적 판단을 모색한다고 하더라도, 그 실천하는 방법이 반드시 이성적, 논리적일 수 없다. 모든 이성적 방법론은 구체적 현실에서 오류가 생기게 마련이다. 착상이 뿌리를 내리지 못하고 있다. 레토릭은 이런 이유에서 확률적 학문으로 간주할 수 있다. 그 바탕으로 본다면 '커뮤니케이션의 예술(arts of communication)'이라야 정확한 표현이 된다.

조정에서는 인사를 중요시 하는 성리학 규율에 따라, 군(軍)의 요직 임명과 관리를 으뜸으로 여겼지만, 임진왜란이 터진 이듬해 내암의 「의병장을 사직하는 봉사(辭義將奉事)」(1593년, 선조 26년 9월 20일)에서 "병사들은 곤궁하고 무기는 모자라며 군수품은 고갈된 상황입니다. 식량이 다하고 병사들이 흩어지면 다시는 수습할 수가 없을 것입니다. 처음은 있으나 끝이 없어서 적을 토벌하는 장사(將士)의 반열에 함부로 처하게 되는 것이 합당하지 않은 줄 신은 스스로 압니다."라고 했다(정인홍, 2014①, 91쪽).

군 하급 장교제도라고 다를 바가 없었다. 군 행정의 경세학이 전혀 작동하지 않았다. 그 기술을 보면 "대소의 장교들은 모두 당령(當領)·응령(應領)의 군정(軍丁)인데, 신이 처음 의병을 모집할 적에는 별도로 한 군대가 있었던 것이 아닙니다. 이들은 모두 관군이 무너져 흩어지고 도망가 숨어서 통솔자에게 귀의할 곳이 없었던 자들입니다."라고 했다(정인홍, 2014①. 91쪽). 설령 의견을 줄이고 사실을 직시한다고 하더라도 신분계급의 이익에 관심을 가졌다. 즉, 여전히 남명에게 '고아', '과부'의 사실을 직시했으나, 여전히 사실의 질서에 익숙하지 않았다. 즉, 그는 신분사회에서 계급사회로 이전 과정에서 일어나는 현상을 직시하지 못한 것이다. 이들은 신분적 속성(status honor)을 갖고 계급적 이익(class interests)을 찾고자 했다. 후자는 경제적 이익에 관심을 갖는다면, '전자는 공동체 유지에 관심을 갖는다.'(H.H. Gerth and C. Wright Mills, 1946, p.186). 프로테스탄트 신봉자는 계급(시장)사회의 특징을 신분적 속성으로 간주했다.

남명은 프로테스탄트에서 말한 '소명(召命)'의식에 접근했다. 한편 내암도 같은 수준에서 왕이 심지가 굳건하지 못하니, 붕당이 일어난다고 광해군에게 나무란다. 「사이상차(辭二相箚)」(1608년 7월 24일)에서 내암은 "광해군 초반은 당쟁이 격화된 시기였다. 붕당의 제거는 극히 어려운 일이지만 군주가 위무(威武)의 정책을 써서 강력히 대처하면 해결될 것이다."라고 주장하였다(정인홍, 2014①, 21쪽).

내암도 남명 못지않게 소명의식에 가득 차 있었던 것이다. 심지어 왕과 뜻이 달라도 직선적으로 자신의 소신을 밝혔다. 경세론자의 기본적 성향을 알 수 있는 대목이다. 광해군(光海君)은 수용하지 않았지만, 내암은 뜻을 굽히지 않았다. 그 결과 인조 14(1636년) 청나라는 조선을 침략했고, 삼전도(三田渡) 굴욕을 당하게 되었다

그 19년 전 내암은 "1617년(광해군 9)에 올린 차자에서는 후금과 교류할 수 없음을 밝히고 후금의 사신을 참할 것을 주장하였다. 후금의 5, 6만 정도의 병력은 충분히 대적할 수 있으며, 오랑캐의 운수가 다했다는 낙관론을 제시하고 있다. 후금에 대한 인식에서 정인홍과 광해군의 입장 차이가 드러나 있다."라고 했다(정인홍, 2014, 24쪽).

한편 남명은 기독교 정신을 태일진군의 정신[마음, 이성]과 일부분 일치시켰다. 그는 새로운 사회에 새로운 언어로 사회를 개혁하려고 했으나, 사회는 벌써 종교적 특성이 있었고, 교육적 교과서와 관행이 존재했다. 그럴지라도 남명 실용정신의 착상은 하나씩 뿌리를 내렸다. 이들 정신은 정약용(丁若鏞)에서 더욱 선명했다. 하늘을 움직이는 성(誠)의 개념을 찾아왔다. 그 출발점은 독특한 극기(克己)의 교육 방법을 사용하여, 개인의 자유, 독립, 시장사회의 원류(源流)를 제시했다. 이는 자유주의, 시장경제의 초석을 놓았으며, 실학파, 개화파, 독립신문, '열린 민족주의' 등 제헌헌법 정신까지 영향을 줬다.

개인의 극기 훈련은 부의(浮議)와 풍문탄핵에 의해 무너진 경연(經筵), 즉 공론장을 복원시킬 수 있다. 과거, 현재, 미래를 기미, 낌새로 연계시킬 수 있다. 아니면 객관적 정보로 경세적 판단을 할 수 있다. 물론 남명은 전자로, 신(神)에 대한 소명의식이라고 보다, 거시적 차원에서 조국, 민족에 대한 의무정신, 즉 선비정신을 가졌다. 그는 義에 대한 절대정신을 갖고 있었다.

개인으로 본다면 "서경덕(徐敬德, 1489~1546)이 조식보다 편히 그리고 가치 있고 의의 있는 삶을 영위한 것이 사실이다. (이렇게 보면 같은 처사(處士)의 삶을 살았지만) 조식의 심회는 방일광막(放逸曠漠)하기보다는 늘 사명 의식에 사로잡혀 착실성행(着實誠行)하는 비교적 규격적인 것이라 하겠다."라고 했다

(김충열, 2008, 362쪽).

남명의 국가에 대한 충성심을 광해군이 말한, 내암 정신에서 엿볼 수 있다. 남명과 내암은 탁월한 경세론자이었으며, 레토리션이었다. 신분집단의 내세 서클, 즉, 커뮤니티에서 벗어나 개인성(individuality)을 구가했다. 이들은 인문학(a liberal arts) 전공자라고 할 만큼, 성리학, 양명학, 도학, 실학 등의 경향을 갖고 있었다. 이들 학문은 다양하고, 예측 불가능한 레토릭의 상황을 극복할 수 있었다. 설득은 체계(system)에 풀어가지만, 설득을 할 가능성은 확률에 불과했다. 그들은 시대의 절박성을 풀기위해, 전투성을 발휘했고, 논리(logos; reason), 윤리(ethos; ethics), 열정(Pathos; emotion) 등을 통해 설득에 나선다.

한편 광해군은 내암이 흩어진 민심을 바로 잡과 무너진 '기강(질서)'을 바로잡을 적임자라고 생각했다. 즉, 『일기』는 "대사헌 정인홍이 상소하여 사직하다. 대사헌 정인홍이 상소하여 사직하니, 답하기를 '경이 올라온다는 말을 듣고 이제는 나랏일이 제대로 되리라고 여겼었다. 심혈을 기울여 보필하는 임무와 무너진 기강을 일으켜 세우는 계책을 오로지 경에게 맡기려 하였는데, 경은 어째서 도성에 들어오지 않고 바로 사직하는 소장을 오렸는가? 나는 매우 서운하여 마음을 가눌 길이 없다.'"라고 했다(『광해군일기(중초본)』 5권, 광해 즉위년 6월 4일 1번째 기사).

그럴지라도 남명이든, 내암이든 '자본주의 정신'에서 부기(簿記)를 통한 객관화 정신에 둔했다. 자연과학의 사실(facts)에 익숙하지 않은 것이다. 그들은 완물치지(玩物喪志), 격물치지(格物致知)를 야야기하지만, 남명은 완물상지를 주창했다. 그 정신은 물건을 대하는 것이나, 시를 짓는 행위, 즉 마음을 가두는 행위와는 다를 바가 없다.

남명은 마음을 가두는 일을 삼가기 위해 책을 읽고, 끝임 없이 마음을 닦고 수양했다. 소피스트가 경험으로부터 도출하는 지식에 전적으로 의존하는 사고와는 거리를 둔다. 책을 다양하게 읽는 것 뿐 아니라, 경험 양자가 필요하다. 지식과 직관이 어우러져야 한다. 더욱이 남명은 이 차원을 넘어서 신명의 마음을 강조했다. 그는 쓰 두는 것이 아니라, 마음에 항상 간직하는 것을 선호했다. 플라톤은 '글을 쓰는 것은 기억력을 상실하게 한다.'라는 논리를 폈다.

조식은 "마음은 죽고 육체만 걸어 다닌다면 금수(禽獸)가 아니고 무엇이겠는가? 그렇다면 내가 이준경(李浚慶, 1499~1572)을 저버린 것이 아니라 바로 이 책을 저버린 것이며, 이 책을 저버린 것이 아니라 바로 내 마음을 저버린 것이다. '내 마음을 저버리면 마음이 죽은 것이니' 슬프기로는 마음이 죽은 것보다 더 큰 것이 없다."라고 했다(『장자』「전자방(田子方)」; 조식, 1995, 199쪽).

남명은 "『서경』에 이르기를 '완물상지(玩物喪志)'한다고 했는데, 작문도 '완물'하는 것이다(近思錄 권2)라고 한 것이 그것이다. 이 같은 논리는 정인홍의 스승인 조식 역시 마찬가지로 갖고 있었다."라고 했다(정우락, 2008, 213쪽). 말하자면 자문화중심주의(문화상대주의자)들, 레토리션 등이 일반적으로 그렇듯 남명은 인식론에서 사물을 객관화, 대상화, 정형화시키는 것을 못마땅하게 생각했다.

법과 질서의 개념을 도외시한 채, 인본주의적 접근을 시도했다. 자유를 극대화하고, 관리의 지금까지 부정적 통제가 아닌, 창의적 행위를 도모했다. 신분집단에서 시장사회로 갈 때 필요한 덕목이었다. 현대적 관점에서 보면 敬의 훈련이 부족한 현대 언론인들에게는 조심스럽게 적용할 수 있다. 그들은 빈번히 '비합리적 정서(irrational sentiments)'에 의존한다. 설령 장점이 있다고 하더라도, 율곡은 당시 사림을 가리켜, "시대의 성격을 바꾸는 경장이나 변법이 현실적으로 성공하지 못한 까닭은 관료들의 사리사욕에서 그 원인이 있지만, 재야 선비들의 상황논리적인 권도를 무시하는 외골수의 교조성에도 그 원인이 적지 않다."라고 했다(김형효, 1995. 6, 24쪽).

한편 퇴계는 남명에 대해 "상대에게 오만하고 세상을 경멸하고 뻣뻣한 선비는 중도를 구하기가 어렵고, 노장을 숭상한다(傲物輕世, 難要以中道 老壯爲 崇)라는 비판을 하였다."라고 했다(신병주, 2007. 11, 36~37쪽). 선조 이후 서구 경험론의 백과전서학파, 계몽주의, 귀납주의 등 문화가 유입할 때 남명의 논리는 현실감 없는 소리로 들린다.

율곡은 그들의 보편적 논리에 따라 "「만언봉사」에서 '옛날 차례로(또는 두루) 보옵건대'라는 표현이 나온다. 이는 상소문에서 인용하는 고사나 경전의 내용이 보편적인 것임을 나타내는 것이다. 즉, 상소에서 인용되는 고사는 상소의 쟁점과 관련되는 일을 상고시대부터 최근까지 차례로 살펴보았을 때 발견할 수 있는 보편적 원리를 담고 있는 것이라고 할 수 있다."라고 했다(오인환·이규환, 2003. 6, 21쪽).

이런 논리라면 남명의 사상은 인본주의적 성향에는 문제가 없으나, 법과 질서의 개념을 적용시킬 때 문제가 생긴다. 더욱이 경험론에서 필요한 관찰과 실험 정신에 충실하지 못한 점이 문제점으로 제기된다. 물론 철학자로 실패했지만, 남명은 '기개와 절조'로 레토리션으로 성공을 거둔 것은 사실이다. 남명은 레토릭의 상황을 잘 읽고, 대안을 제시했다. 그는 강한 인상(impression)을 통해 추동(drive)을 작동시켜, '신명(神明)의 마음'까지 끌어올렸다. 당시 난세의 레토릭적 상황은 남명의 대쪽 같은 선비정신이 필요했던 시점이었다.

정인홍은 서거정(徐居正)의 『동문선(東文選)』에서 "항내정 도부월 이불사(抗雷霆 刀斧鉞 而不辭)"를 실천했다. 내암은 대사헌을 할 수 있는 자질을 갖고 성장했다. 그 후 남인 출신 허목(許穆, 1595~1682)은 후일 대사헌을 지녔으며, 실학자 이익[李瀷, 1681~1763]이 남명의 학맥을 이어갔다. 이들은 경세학을 한 레토리션들이다.

이들은 정통한 주자학자라고 보기 어렵다. 남명의 학문적 경향을 봐도, 그는 '천인합일설', 즉 인간과 자연을 함께 봄으로써, 자연현상, 물건을 인식하는데, 우주 질서의 관점에서 본다. 현재 기독교적 세계관과 별로 다를 바가 없다. 남명의 태일진군도 적극적이다. 이는 조선 중기의 '천재지변(天災地變)'과 같은 수동적 하늘의 뜻과는 다르다. 남명은 전투하듯 하늘의 마음을 사로잡는다.

한편 남명의 사고는 시·공 콘텍스트 안에서 시작한다. 이는 경험론에서 신명의 마음까지 끌고 간다. 물론 일단 사회가 경험론을 수용하면, 그 역동성은 엄청나게 불어난다. 최근 인터넷의 발달로 개인의 내적 사회 영역은 사회 내로 표출된다. 컴퓨터와 모바일은 이진법의 세계로 전이시켜준다. 여기서 끝나는 것이 아니라, 지구촌(global village)까지 확장시켜준다. 그 복잡한 역동성을 양자이론(量子, quantum theory)으로 풀 수 있을 만큼 복잡하다.

남명은 경의성으로 그 역동성을 처음 도입시켰다. 그에게 실천과 현실, 현실의 궁리, 시대의 절박성 등 경험세계가 으뜸 요소로 등장한다. 같은 맥락에서 율곡은 "이(理)를 무형(無形), 무위(無爲)라 하여 실질적인 기능을 부정하고, 인간과 세계를 주로 기(氣)로써 설명한다. 그것은 성리학(性理學)이 아니라, 성기학(性氣學)이라 하면 딱 맞는 이론이다. 이이의 철학은 성리학이 아니라 순자 계열의 지각성(知覺說)이다."라고 했다(정원재, 2001; 손영식, 2003. 6, 296쪽). 율곡은 내적 커뮤니케이션의 인지(認知) 부분을 강조한다. 그는 경험주의를 이야기하는 것이다. 남명과 율곡은 현대 언론이 주 무기로 하는 경험론을 벌써 펴고 있었다.

전술했듯 커뮤니케이션은 '의식적, 무의식적, 의도적, 비의대적 과정인데, 그것은 느낌과 아이디어를 비문자, 문자로 보내지고, 받고, 이해하는 과정이다.'라고 했다. 그 만큼 경험론을 수용한 커뮤니케이션 학문은 역동성을 지니고 있다. 경세학, 즉 사회정책학도 융합적 사고가 아니면 풀어가기 힘든 시대의 콘텍스트가 존재한다. 남명은 이런 가능성을 제외시키지 않고 현실을 정확하게 읽고 있었다. 물론 그 과정에서 생리적 시각으로 볼 수 있으니, 남명은 강력히 인욕을 제거한다. 그는 사욕과 탐욕의 끊임없는 현실의 '간섭'을 증(憎)이란 개념으로 제거시킨다. 과거, 현재, 미래를 경험론적 관점에서 일관적으로 문제 풀이를 하려고 했다.

더욱이 현실적으로 공간의 개념은 지구촌으로 확장되었고, 시간의 개념은 전 세계가 같은 시간대를 사용한 기계적 시간을 사용하고, 기술, '권력에의 의지'는 하늘을 찌른다. 인욕을 제거만 한다면 무질서의 자유를 오히려 질서로 순치시킬 수 있다. 「신명사명」에서 조식은 "마음을 지키는 것을 전투적 상황에 비유하여 적을 막고 나라를 지키듯이 인욕을 막고 천리를 보존해야 한다고 했다. 이에 의하면 인간의 몸에 있는 아홉 개 구멍의 사특함은 입과 눈, 그리고 귀에서 처음 생기는 것이라고 하면서 인욕이 미세하게 움직여도 바로 나아가 반드시 섬멸해야 한다."라고 했다(曹植, 남명집 1권, 480쪽; 정우락, 2007. 12, 34쪽).

물론 현재 레토릭 상황을 주역(周易)으로 풀 수 없지만, 남명의 하늘의 운행원리까지 확장된 시·공간의 관점에서 볼 때 그의 세계관에 대해 비판만 할 수도 없다. 전술했듯 레토릭은 어떤 상황이든 혼돈의 상태로부터 탈출하여, 질서의 개념으로 이전시킨다.

물론 내암은 절대적 주관성, 자유를 강조함으로써 그의 글쓰기는 퇴계(退溪)[5]의 객관 세계의 객관적 법칙[理]에 관심을 둔 것, 즉 대상을 객관화시

---

[5] 퇴계(退溪)가 설명하려 했던 이 세계는 객관적 법칙이 지배하는 세계여서 시간적이라기보다 공간적이다(손영식·조남호, 2002, 56쪽). 그 세계는 공간 속에서 논리적으로 연결되어 있다. 물론 퇴계에게도 인식 기관의 기(氣)를 수용함으로써 시간을 어느 정도 수용한다. 그러나 사변적 논리는 시간의 영역 수용에 으뜸의 요소로 간주하지 못한다. 즉, 퇴계는 '지식, 지성(knowledge about)'에 관심을 두었다. 이는 격물치지(格物致知), 즉 사물을 조사하여 객관적 지식으로 삼는다. 이 구석 저 구석을 하나하나 설명해 나간다. 그러나 남명은 '직감, 공감(acquaintance with)'에 관심을 가졌다. 지성과는 거리가 있다. 더욱이 그는 양명학(陽明學)의 용(用) 개념을 수용한다(손영식·조남호, 2002, 66쪽). 공간과 시간을 동일하게 수용한다는 말이다. 남명은 직감에 관심을 가진 것이다. 즉, '낌새[幾]'를 수용함으로 시간과 공간을 함께 수용한다. 설령 그럴지라도 남명에게 "살아있는 생생한 것으로서 자아는 시간 속에 있다. 살아 있다는 것은 시간 속에 있다는 말이다. 그 살아 있는 것을 흘러간다. 그 흐름을 직관하고 통찰해야 한다. 그 살아 있는 것은 개념으로 논리적으로 설명하기는 쉽지 않다."라고 했다(손영식·조남호, 2002, 56쪽). 특수한 상황 속에 이론을 전개시킨다. 그것도 은유와 낭만주의로 상상력을 동원하기까지 한다. 물론 이는 레토릭을 하는 정치가, 언론인에게 알맞으나, 대중 매체에 글을 쓰는 사람과는 차별화를 둔다. 레토릭은 시대의 절박성을 갖고, 그 상황 하에서 청중과 공감을 하게 된다. 설령 남명이 레토릭

켜 상징[詩]을 쓰기를 시도하는 것이 아니라, 상징을 직관적으로 사용한다 (손영식·조남호, 2002, 55쪽). 남명의 시는 '살이 있는 생생한 것[生龍活虎]' 개념을 즐겨 사용했다. 물론 직관도 마음을 다스릴 때 시·공간 콘텍스 안에서 현실을 바로 볼 수 있다. 또한 敬의 철학이 '지구촌'에서 질적인 삶, 인간행복의 방향을 잃은 현대인에게 더욱 설득력이 있다.

이는 그 시대를 살아간 레토리션은 누구나 갖고 있는 공통적 생각이었다. 율곡은 『성학집요(聖學輯要)』(국역 『栗谷全書』(v), 권 22; 성학집요(Ⅳ), 184쪽)에서 "도학적 수행을 위하여 마음을 지성으로 하여 공부하면 드디어 마음의 덕이 천지와 함께 일체가 되는 성인의 경지에 이르게 된다."라고 했다(김형효, 1995.6, 39쪽). 남명이든, 율곡이든 레토리션으로서 구체적 시·공 하에서 절박한 문제를 풀기 위해, '정심(正心, authenticity)'을 강조했다. 그들은 개인주의 사회를 열기 위해 노력했다. 처사(處士)로서 고독한 개인의 삶을 택한 남명은 현재인들이 교감이 될 수 있다. 한 개인의 마음이 극기(克己)를 가능케 하고, 이웃을 보살피고, 국가를 움직이고, 하늘을 감동하게 한다.

레토리션으로서 남명을 평가하는 실록의 대목이 있다. 조식은 "도량이 청고(淸高)하고 두 눈에서는 빛이 나 바라보면 세속 사람이 아님을 알 수 있었다. 언론은 재기(才氣)가 번쩍여 뇌풍(雷風)이 일어나듯 하여 다른 사람으로 하여금 자기도 모르게 이욕(利慾)의 마음이 사라지도록 하였다. 평상시에는 종일토록 단정히 앉아 게으른 용모를 하지 않았는데 나이가 칠십이 넘도록 언제나 한결같았다."라고 했다(『선조실록』 권6, 5년 2월 8일; 김강식, 2017, 122쪽). 남명은 조선 중기 명종 아나키즘 상황에 질서를 주도록 노력했다.

아나키즘적 사고가 지배하는 지금 남명, 내암 정신이 필요한 시점이다. 제도적 언론 교육과 현대 과학교육의 접목은 남명과 내암의 정신으로 찾을 필요가 있다. 현대사회는 자신을 대상화시키고, 과학화시키고, 객관화시키는 노력과 더불어 敬, 義, 誠 등 정심(正心)이 요구된다.

에 충실한다고 해도, 은둔함으로써 경세론[사회정책론]을 펴기에는 여전히 문제점을 안고 있었다. 대사헌을 지낸 내암이 남명의 이론을 바탕으로 더욱 경세학을 발전시켰다.

남명의 말하는 경의성이 함께 하는 세상은 무엇일까? 하늘의 뜻, 이성, 직감이 어울러 지는 세상이다. 그 논리에서 인간의 행복을 찾을 수 있을 터이니 말이다. 김형효 교수는 하이데거의 본성에 의한 삶을 소개했다. 하이데거는 "'진리의 본질(the essence of truth)'을 '본성의 진리(the truth of essence)'와 유사한 의미로 읽어야 한다고 그의 논문「진리의 본질에 관하여」에서 강조한다. 이제 진리의 본질을 과학적이거나 도덕적이라고 여기지 말고, cogito를 인정하지만 본성의 진리로 깨달을 것을 종용한다. 그렇다면 무엇이 본성인가? 그가 말한 본성을 인간 본성만을 지칭하지 않고, 이 우주의 자연상과 일치하는 그런 차원을 뜻한다."라고 했다(김형효, 2007, 388쪽). 남명 경의성의 세계는 본성을 근본으로 할 때 현재, 과거, 미래가 함께 어우러진다고 본 것이 틀림이 없다. 게으름 없이 신명의 마음으로 직분에 충실하고, 그 안에서 순간순간의 행복을 누린다. 남명은 혼란된, 즉 해체의 레토릭 상황에서 敬義誠으로 질서를 주길 바랐다. 그의 삶 일정 부분 수사학(修辭學), 즉 경세론 전공자이었음을 상소, 시, 명, 부, 묘갈문 등에서 보여줬다.

♣ 참고문헌

강구율(2014.3), "남명학파의 한시와 지리산", ≪남명학≫ 제19편.
강정화(2013), 『남명과 지리산 유람』, 경인문화사.
권인호(1995), 『조선중기 사림파의 사회정치사상』, 한길사.
_____(2001), 주자·남명·퇴계의 성리학과 경세사상 연구(Ⅱ)-「戊申封事」, 「戊辰封事」, 「戊辰六條疏」를 중심으로, 남명학연구논총 제9집.
_____(2002), "남명학파의 실학사상 연구", 『남명 조식』, 예문서원.
공자, 『논어』 「子路」 및 「泰伯」.
금장태(2002), "남명 조식의 『학기도』와 도학 체계, 『21세기 위기의 한국사회와 남명학적 대응』, 남명학연구원.
김강식(2017), "남명 조식의 치국론과 의미-상소문을 중심으로", 『21세기 위기의 한국사회와 남명학적 대응』, 남명학연구원.
김낙진(2012), "남명 조식 철학 사상에 대한 회고와 전망", ≪남명학연구≫제35집, 경상대 남명학연구소.
김성우(1993), "16~17세기 사회경제사 연구현황", ≪역사와 현실≫ 9, 역사비평사.
김영주(1993), 고려전기 언론양식으로서의 재이고, 『언론사상과 언론사』, 최정호 교수화갑 기념논문집간행위원회, 서울; 나남.
_____(2017), "조선시대와 여론정치-조선의 봉건군주들은 과연 여론정치를 수행하였는가?", 『미디어와 휴먼 그리고 포스트 휴먼』, 한국언론정보학회.
김익재(1983), "내암 정인홍의 현실대응과 그 문인집단의 사승의식", 경상대학교 박사논문집.
김진선(2012), "소크라테스의 교육론", ≪교육연구≫ 제20권.
김창협, 『농암집(聾巖集)』 권 12, 「잡식(雜識)」.
김충열(1988), "남명학의 요체-敬義", ≪남명학연구논총≫ 제1집, 남명학연구원.
_____(2002), "남명 조식 선생의 생애와 학문정신", 『남명 조식』, 예문서원.
_____(2007), "기축옥사의 시말과 그 교훈", 『남명 조식의 학문과 선비정신』, 예문서원.
김현(2010.10.23.), ⟨'이소크라테스'는 왜 철학자의 반열에서 제외됐나⟩, ≪한겨레신문≫ 10. 23.

김충열(2008), 『남명 조식의 학문과 선비정신』, 예문서원.
김형효(1995.6) "栗谷的 思惟의 이중성과 현상학적 비전", 『栗谷의 사상과 그 현대적 의미』, 한국정신문화연구원.
김형효(2007), 『마음의 혁명』, 살림.
당서(唐書)』 권 223 「李林甫傳」
맹자, 『맹자』, 「梁惠王」(上).
박병련(2001), "남명 사상에서의 도학과 정치", 『남명조식』, 청계.
사재명(2005), "남명 조식 교육의 계승·실천성의 강조", ≪남명학연구≫ 제19권.
서거정(徐居正), 『東文選』
설석규(2009), "남명 조식의 도학적 세계관과 선비정신", ≪남명학≫ 제14집.
손병욱(2002), "남명 '경의' 사상의 기저로서의 정좌수행", 『남명조식』, 예문서원.
손승남(2005), "남명 조식의 '敬義' 교육사상과 클라프키(Klafki)의 '도치(陶冶) 사상' 비교 연구", ≪교육사상≫ 제15권.
손영식(1996). "남명 조식의 주체성 확립 이론과 사림의 정신(Ⅰ)", ≪남명학연구논총≫ 4권, 남명학회.
_____(1999). "남명 조식의 주체성 확립 이론과 사림의 정신(Ⅱ)", ≪남명학연구논총≫ 7권, 남명학회.
_____(2003.6), "조식 철학으로 들어가는 두 개의 통로-좁은 문으로 들어가라", ≪남명학 연구≫ 15집, 283쪽.
손영식·조남호(2002), 『남명 조식의 철학사상연구』, 서울대학교 출판부.
송재소(2011), 『한국한시작가열전』, 한길사.
신병주(2004), "19세기 학자 하백원의 학문와 사상", ≪남명학보≫ 4권.
_____(2007.11). "남명 조식에 대한 당대 및 후대의 인식", ≪남명학보≫ 6권.
신창호(2017), "남명의 교육관에서 찾아본 평천하", 『21세기 위기의 한국사회와 남명학적 대응』, 남명학연구원.
안영석(2010.11), "남명 조식 사상의 심학적 특성", ≪남명학보≫ 제9권.
오인환·이규환(2003.6). "상소의 설득구조에 관한 연구-시무상소문을 중심으로", ≪한국언론학보≫ 47(3).
옹예회·한상덕(2001), "南冥 산문 예술론", ≪남명학연구논총≫ 제9집.
이선민(2018.2.14.), 〈조선 士林派, 이념에 사로잡혀 행정엔 무능했다〉, ≪조선일보≫

이수건(2002), "남명조식과 남명학파", 『한국의 사상가 10인-남명 조식』, 예문서원.
이승철(2015.11). "남명 조식철학에 나타난 '낌새[幾]'관의 논리 구조와 의의", ≪유학연구≫ 33집.
이이(1973), 「만언봉사」, 이준호 편, 『율곡의 사상』, 현암사.
이상원(2001), "남명 한시의 미학", ≪남명 한시의 미학≫ 제9집.
이기백(1986), 『한국사신론』.(개정판), 일조각.
이상필(2002), "남명 사상의 특징-神明舍圖·銘을 중심으로", 『한국의 사상가 10인-남명 조식』, 예문서원.
이상형(2017), "자기진실성(authenticity)과 남명 조식의 敬義思想", 『21세기 위기의 한국사회와 남명학적 대응, 남명학연구원.
이성규(2014), "역사서술의 권력, 권력의 서술", 『국가권력과 역사서술』, 역사학회.
이수정(2016), "남명 상소문의 담론분석-체계기능언어학 기법(SFL)을 중심으로-", 『남명사상과 교육 2』, 남명학회.
이수진(2016), "남명의 교육사상과 소크라테스의 교육사상 비교연구", 『남명사상과 교육(2), 남명학회.
이응문(2017.1.8.), ⟪⟪주역의 대가 이용문 선생⟫ '陰은 陽으로 변하고, 陽은 다시 陰으로. 주역은 '易地思之' 가르쳐⟫, ⟨최보식이 만난 사람⟩, ≪조선일보≫.
이을호(1984), 『한국의 실학사상』, 삼성출판사.
이이(李珥, 2008), 『성학집요(聖學輯要)』. 동서문화사.
____(李珥), 『율곡전서』 제6권 / 소(疏), 권오돈 외 옮김, 「대사간을 사직하는 상소」, 한국고전번역원.
____, 『經筵日記』 선조 13년 4월; 『율곡전서』 권30, 60~61쪽
____(李珥, 1582), 『율곡전서』 제 7권 / 소(疏), 권오돈 외 옮김, 「시폐(時弊)에 대해 진달한 상소」, 한국고전번역원.
____, 『石潭日記』 선조 14년 8월조.
____(1611). 『栗谷全書』 上, 권9, 書 1, 答成浩原, 186쪽.
____(1611), 『栗谷全書』 下, 拾遺, 권5, 「時弊七條策」.
이이, 『栗谷全書』 권29, 「경연일기」 2
____(李珥, 1574), 『율곡전서』 제5권 /소(疏), 권오돈 외 옮김, 「만언봉사(萬言封事)」, 한국 고전번역원.

____(李珥), 『율곡전서』 제5권/소(疏), 권오돈 외 옮김, 「해서(海西)의 민폐(民弊)를 진달한 상소」, 한고전번역원.

____(李珥, 1566, 명종 21), 『율곡전서』 제6권/소(疏), 권오돈 외 옮김, 「간원이 시사를 진언한 상소」, 한국고전번역원.

이종묵(2001), "남명 조식의 삶과 문학", 『남명 조식』, 청계.

이한수(2018.1.10.), 〈"너희보다 우리가 도덕적으로 우월하다"〉, 《조선일보》.

장익(2005), 『성경』, 주교회의 성서위원회,

전병철(2016), 『남명의 심학』, 경상대학교 출판부.

정순우(2001), "남명의 공부론과 '처사'의 성격", 『남명 조식』, 청계.

정약용, 『與猶堂全書』, 「향리론」

정우락(2006), "정인홍의 비평정신과 창작의 실제", 《퇴계학과 한국문화》 제39호.

_____(2007), "이황과 조식의 문학적 상상력, 그 同異의 문제", 《한국사상과 문화》, 제40집.

정우락(2017), "21세기 활학으로서의 남명학", 『21세기 위기의 한국사회와 남명학적 대응』, 남명연구원.

정원재(2001), 지각설에 입각한 이이 철학의 해석, 서울대학교 박사학위논문.

정인홍(2014①), 『내암집①』a, 양기석·정현섭·김익재 옮김. 경상대학교.

_____(2014②), 『내암집②』b, 양기석·정현섭·김익재 옮김. 경상대학교.

_____, 『來庵集』 권 2, 「사의장봉사」.아本 상권, 68~69쪽.

정진석(2011), "언론인, 사학자, 민주화 투쟁의 거목", 천관우 선생 추모문집간행위원회, 『巨人 천관우』, 일조각.

조맹기(2011), 『한국언론사의 이해』, 서강대학교 출판부.

_____(2011), 『레토릭의 사상가들』, 나남.

_____(2015a), 『천관우의 언론 사상』, 커뮤니케이션북스.

_____(2015b), 『한국근대언론사상과 실학자들』, 커뮤니케이션북스.

조식(1995), 『교감국역 남명집』, 경상대 남영학연구소 편역, 이론과 실천.

조식, 『南冥先生文集』, 「言行錄」 별책 1권.

조식 엮음(2001), 남명학연구소 역, 『사람의 길 배움의 길, 학기유편』, 한길사.

조식(1995), 『국역 남명집』, 「정묘년에 사직하면서 승정원에 올린 상소문」, 경상대학교 남명학연구소.

조식, 「神明舍銘」, 『南冥集』卷1, 『韓國文集叢刊』 31.

조식, 『南冥集』, 권 2, 書.

조식, 『南冥集』, 續集, 附錄.

조창섭(2017), "남명 조식의 천인합일 사상과 유학적 가치 체계 고찰", 『南冥 思想과 교육(3), 남명학회.

조평래(1988), 『남명사상의 실학적 성격』, 경상대 대학원.

조회환(2014), 『유학자 조식의 수양방법과 이상정치론』, 비움과 채움.

『당서(唐書)』, 권 233 「李林甫傳」

『맹자』, 「梁惠王」(上)

『周易』, 「繫辭上」.

周敦頤, 『通書』 「聖」.

『중용(中庸)』 제24장, 「지성여신(至誠如神)」

천관우(1974), 『한국사의 재발견』, 일조각.

최승희(崔承熙), "집현전연구(集賢殿研究)(上)", ≪역사학보(歷史學報)≫, 31, 1966. 12

최우영(2002), "조선중기 사림정치의 공공성-이념·구조·변화", 연세대대학원 박사학위논문.

한명기(2010.11), "남명 문하로서의 대북정권의 성격에 대한 일고", ≪남명학보≫ 제9권.

한형조(2001), "남명, 칼을 찬 유학자", 『남명 조식』, 청계.

허권수(2017), "우리나라의 대표적 선비 남명의 선비정신", 『2017추계학술회의』, 남명학회.

后山 許愈(1833~1904), 神明舍圖銘或問 『后山集』 12卷 2張.

Almolonga, Guatemala(2017 November 4th), Protestantism shaped the Development of the Modern Liberal West, The Economist.

Auinatis S. Thomae(1967), "Commentary of the Ethics", Medieval Political Philosophy Ralph Lerner and Mushin Mahdi Trans.

Berko, Roy M., Andrew D. Wolvin and Darlyn R. Wolvin(2007), Communicating-A Social and Career Focus, 10ed. New York: Houghton Mifflin Company.

Crowley, Sharon and Debra Hawhee(2004), Ancient Rhetorics, Pearson.

Emmert, Philip and William C. Donaghy(1982), Human Communication-Elements and

Contexts, London: Addison-Wesley Publishing Company.

Engleberg, Isa N. and Dianna R. Wynn(2015). Think Communication. New York: Pearson.

Feyerabend, Paul(1984), Against Method, Verso Edition, 정병훈(1987) 옮김, 『방법에의 도전』, 한겨레출판사.

Gerth, H.H. and C. Wright Mills(1946), From Max Weber, New York: Oxford University Press.

Goleman, Daniel(1998), Working with Emotional Intelligence, New Work: Bantam Books, 1998.

Habermas, Juergen, (1962), Strukturwandel der Oeffentlichkeit: Untersuchungen zu einer Katergorie der buergerlichen Gesellschaft, Suhrkamp Verlag Frankfurt, 한승완 옮김, 2001, 『공론장의 구조변동』, 나남출판사.

Herrick, James(2009), The History and Theory of Rhetoric, 4th ed., New York: Pearson.

Isocrates(1966), Isocrates volume1, George Norlin trans., Massachusetts: Harvard Press

Johannesen, Richard L.(2002), Ethics in Human Communication, 5th ed.; Prospect Heights Ⅱ, Waveland Press.

Kant, Immanuel((1966), Critique of Pure Reason, Max Mueller, trans, New York: Anchor Books.

Kant, Immanuel(2004), The Critique of Judgement, Amazon.

Lazarsfeld Paul F. and Robert Merton, "Mass Communication, Popular Taste and Organized Social Action," in Bryson(1964), The Communication, of Ideas.

Russel, Bertrand(1945), A History of Western Philosophy, Simon and Schuster, 김민홍 옮김, 『서양철학사』, 1973, 집문당.

Smith, Craig R.(1998), Rhetoric and Human Consciousness, Illinois: Waveland Press Inc.

Weber, Max(2001), The Protestant Ethic and the Spirit of Capitalism, Routledge Classics.

Whorff(1956), Language, Thought and Reality, MIT Press.

Wright, Charles R.(1985), Mass Communication 3ed, New York: Random House.

https://ko.wikipedia.org/wiki/%EC%A0%95%EC%9D%B8%ED%99%8D.
http://terms.naver.com/entry.nhn?docId=551502&cid=46622&categoryId
http://blog.daum.net/truthonly/10572900).
http://cafe.naver.com/geochips/4052.

http://blog.naver.com/PostView.nhn?blogId=withha75&logNo=220919672884
http://terms.naver.com/entry.nhn?docId=551502&cid=46622&categoryId=46622

『성종실록』 성종 23년 2월 임술조
『명종실록』 13권, 명종 7년 7월 11일 신묘 2번째 기사
『명종실록』 14건, 명종 10년 10월 11일 임신 2번째 기사
『명종실록』 19권, 명종 10년 11월 20 신해 1번째 기사
『명종실록』 20권, 명종 11년 3월 7일 2번째 기사
『명종실록』 22권, 명종 12년 1월 30일 1번째 기사
『명총실록』 27권, 명종 16년 4월 10일 1번째 기사
『명종실록』 29권, 명종 18년 12월 26일 2번째 기사
『명종실록』 33권, 명종 21년 7월 19일 4번째 기사
『명종실록』 33권, 명종 21년 8월 4일 2번째 기사
『명종실록』 33권, 명종 21년 10월 7일 1번째 기사
『선조실록』 2권, 선조 원년 5월 乙亥條
『선조실록』 2권, 선조 1년 1월 27일.
『선조실록』 2권, 선조 원년 5월 乙亥條
『선조실록』 2권, 선조 1년 5월 26일
『선조실록』 6권, 선조 5년 2월 8일 2번째 기사
『선조실록』 7권, 선조 6년 11월 30일 1번째 기사
『선조실록』 7권, 선조 6년 11월 30일 1번째 기사
『선조실록』 15권, 선조 14년 1월 26일 4번째 기사
『선조실록』 27권, 선조 25년 6월 28일 병진 4번째 기사
『선조실록』 60권, 선조 28년 2월 8일 6번째 기사
『선조실록』 74권, 선조 29년 4월 16일 6번째 기사
『선조실록』 142권, 선조 34년 10월 25일 1번째 기사
『선조실록』 148권, 萬曆 30년 3월 17일 기묘 2번째 기사.
『선조실록』 150권, 선조 35년 5월 13일 2번째 기사
『선조실록』 154권, 선조 35년 9월 25일 3번째 기사
『선조실록』 211권, 선조 40년 5월 15일 2번째 기사
『선조실록』 220권, 선조 41년 1월 21일 7번째 기사

『선조실록』 220권, 선조 41년 1월 28일 6번째 기사
『선조수정실록』 7권, 선조 6년 5월 1일 4번째 기사
『선조수정실록』 12권, 선조 11년 2월 1일 임오 1번째 기사
『선조수정실록』 15권, 선조 14년 7월 壬戌條
『선조수정실록』 17권, 선조 16년 7월 1일 11번째 기사
『선조수정실록』 37권, 36년 5월 1일 4번째 기사
『광해군일기(중초본)』 1권 광해 즉위년 2월 19일 12번째 기사
『광해군일기(중초본)』 66권, 광해 5년 5월 4일 10번째 기사
『광해군일기(중초본)』 44권, 광해 3년 8월 4일 1번째 기사

▣ 찾아보기

【ㄱ】

가면군자(假面君子) 80
가압일세(駕壓一世) 145
가치 합리성(value rationality) 38, 184, 198
강력한 인상(impression) 58
강정우음(江亭偶吟) 161
강학(講學) 134
개방적 체제(an open system) 41
개인성(individuality) 210
거경궁리(居敬窮理) 91, 120
거우록(居憂錄) 181
건괘(乾卦) 90
건주위(建州衛) 102
격물치지(格物致知) 132, 187
경상우도(慶尙右道) 74
경상좌도(慶尙左道) 74
경세가(經世家) 21
경세제민(經世濟民) 17
경연(經筵) 42
경연일기(經筵日記) 80, 170
경의(敬義) 교육 51
경의검(敬義劍) 53
경체의용(敬體義用) 123
경학(經學) 180
경험주의자의 직감[육감(intuition)] 176
계견상문(鷄犬相聞) 38
계급의 이익(class interests) 174, 208
고항지사(高抗之士) 64
곤수(閫帥) 173
곤지기 135
공개장(commonplace) 45
공공장소(topic) 142
공공적 206
공도(公道) 101
공물(貢物) 203
공심(公心) 24
곽우록(藿憂錄) 181

관감(觀感) 188
관념화(觀念化) 174
관여적(關與的) 122
관학파(官學派) 121
광해군(光海君) 64, 105
구암(龜巖) 이정(李楨) 184
구암정사(龜巖精舍) 184
구양수(歐陽修) 78
구장복(九章服) 200
국군사사직(國君死社稷) 85
국맥(國脈) 111
국시(國是) 46
국역(國役) 203
군역(軍役) 203
군자소인론(君子小人論) 159
군정(軍丁) 208
궤변론(詭辯論) 45
귀장(歸葬) 41
규찰탄핵 110
기강(紀綱) 190, 210
기개와 절조 212
기미(幾微) 89
기발이승일도설(氣發理承一途說) 197
기북(冀北) 65
김성일 107
김창협(金昌協) 198
꽁트(Auguste Comte) 176
낌새[기미(幾微)] 50

【ㄴ】

남명의 글쓰기 144
남명집서문(南冥集序文) 146
낭풍산(閬風山) 195
내명자경(內明者敬) 120, 196
내성즉외왕(內聖卽外王) 130
내성화(內省化) 174
내암(來庵) 정인홍(鄭仁弘) 33, 52

내적 일관성(consistence) 160
내적 커뮤니케이션(intrapersonal
　　communication) 30
냇물에 목욕하며(直今刹腹付歸流) 147
노동가치 206
노장(老壯) 153
뇌풍(雷風) 215
누항기(陋巷記) 140

【ㄷ】
닫힌 체제(a closed system) 17, 42
답성청송서(答成聽松書) 146
대간(臺諫)제도 42
대명률(大明律) 104
대사구(大司寇) 88
대사헌(大司憲) 105
대장기(大壯旂) 89
덕천서원(德川書院) 105
데카르트(Rene Descartes) 26, 129
도덕지사(道德之士) 118
돌격장(突擊將) 125
동강(東岡) 김우옹(金宇顒) 178
동기(motivation) 31, 115
동문선(東文選) 103
동사(東史) 181
동사강목(東史綱目) 181

【ㄹ】
레토릭(泝洄學) 43
레토릭의 발전사 76
레토릭의 상황 45
루터(l.Martin Luther) 83
루항기(陋巷記) 150

【ㅁ】
만언봉사(萬言封事) 46
망세적(忘世的) 122
망우당(忘憂堂) 곽재우(郭再祐) 178
면천법(免賤法) 106
명증성(evidence, reasoning) 206
명환지사(名宦之士) 118

모로코 복음서 84
목적 합리성(formal; instrumental rationality)
　　37, 198
묘당(廟堂) 62
묘당유(廟堂儒) 124
무인적(武人的) 131
문묘(文廟) 169
문무(文武) 102
문순(文純) 131
문장지사(文章之士) 118
문재(文才) 102
문제(issues) 54
미수(眉叟) 허목(許穆) 178
미학(美學) 140
민신지(民信之) 203
민암부(民巖賦) 37

【ㅂ】
박순(朴淳) 63
박학광의(博學廣義) 187
방납(防納) 37
방납가(防納價) 204
배움과 실용(學以致用) 58
백규(百揆) 88
법가적(法家的) 173
법정의 연설(forensic speech) 119
베버(Max Weber) 198
벽립천인(壁立千仞) 103, 186
보민제산(保民制産) 37
보통사람(common man) 206
복잡한 콘텍스트(Complex contextual
　　definitions) 190
본능적 필요(drive reduction needs) 168
본성의 진리(the truth of essence) 216
부음정기(孚飮亭記) 144
부의(浮議) 110
부호군(副護軍) 61
부휴자담론(浮休子談論) 150
북송(北宋) 175
북인(北人) 34
비판적 지식인 25

비합리적 정서(irrational sentiments) 211

【ㅅ】
사간원(司諫院) 99
사당(私黨) 62
사동지차(辭同知箚) 118
사류(士類) 112
사림(士林) 109
사림유(士林儒) 103
사림파(士林派) 17, 202
사마광(司馬光) 178
사마승정(司馬承禎) 185
사무역(私貿易) 203
사문(私門) 101
사상(私商) 203
사서(四書) 33
사액서원(賜額書院) 105
사이상차(辭二相箚) 208
사적 인간(private man) 206
사정(邪正) 112, 193
사조(寫照) 145
사존관비(士尊官卑) 20
사학(私學) 134
사화(士禍) 134
사회적 행위(societal action) 188
산림유(山林儒) 93, 134
산림정승(山林政丞) 53, 132
살아 있는 생생한 것(生龍活虎) 147
삼고초려(三顧草廬) 79
삼전도(三田渡) 209
삼품(三品) 27
상대성이론(general theory of relativity) 40
상대적 진리 201
상도(常道) 48
상서원 판관 60
상서원판관(尙瑞院判官) 80
상소(上疏)제도 42
상소 17
서거정(徐居正) 103
서경(書經) 17
서경덕(徐敬德) 171

서령부원군(瑞寧府院君) 35
서리 망국론 202
서리(胥吏) 69
서합괘(噬嗑卦) 149
선악과(善惡果) 38
선조(宣祖) 66
선지후행설(先知後行說) 172
선택된 민족의 존엄성(the chosen people's dignity) 198
선험성(先驗性, a priori) 83
성기학(性氣學) 213
성리대전(性理大全) 33, 126
성성자(惺惺子) 150
성운(成運) 71
성의정심(誠意正心) 187
성찰(reflection) 16
성찰적 감정 139
성학집요(聖學輯要) 215
성호사설(星湖僿說) 179, 181
세도(世道) 47
소명(召命) 의식 198
소옹(邵雍) 175
소피스트(sophists) 45, 54
속고내(束古乃) 102
속자치통감강목(續資治通鑑綱目) 178
손영식(孫英植) 29
송사(宋史) 77
수사학(rhetoric, 修辭學) 25, 29
수사학(洙泗學) 19, 25
숙유(宿儒) 142
순암(順菴) 안정복(安鼎福) 180
승문원 정자 27
시(詩) 134
시·공 콘텍스트 213
시동(尸童) 22
시무육조(時務六條) 104
시비(是非) 193
시장사회(market society) 51, 138, 202
시폐(時弊) 110
식토지민(食土之民) 99
신명(神明)의 마음 115

신명사(神明舍) 87
신명사도명혹문(神明舍圖銘或問) 122
신명사명(神明舍銘) 137
신명사부(神明舍賦) 184
신문고(申聞鼓)제도 42
신분(status) 58
신분의 명예(status honor) 174
신분적 속성(status honor) 208
신분집단(status group) 51
신산서원(新山書院) 105
신흠(申欽) 157
실용(實)일 113
실천궁행(實踐躬行) 101
실학(實學) 174
실학의 수기치인 174
심기(審幾) 89
심의겸(沈義謙) 63
심적 사건들(mental events) 84
심통성정도(心統性情圖) 82
십만양병설 104

【ㅇ】
아리스토텔레스(Aristotle) 56
애수 증거(pathetic proofs) 142
약식삼단논법(enthymemes) 142
양계초(梁啓超) 180
양명학(陽明學) 28, 60, 135
양자이론(quantum theory) 31
양홍주(梁弘澍) 63
억부음정(憶孚飮亭) 72
언설문자(言說文字) 91
연화만리(煙火萬里) 38
열린 체제(an open system) 17
열정(pathos) 36, 205, 210
영남 '의병대장' 53
영종본기(英宗本紀) 77
영창대군 35
예기(禮記) 149
예술(arts) 139
예술, 술[art, techne of rhetoric] 50
오구라 기조 199

오여온(吳汝穩) 52
완물상지(玩物喪志) 132, 198
완물치지(玩物致知) 176
왕사(王事) 62
왕수인(王守仁) 135
요지(瑤池) 195
용암서원(龍岩書院) 105
우공기주(禹貢冀州) 17
우언(寓言) 150
원천부(原泉賦) 41
위기지학(爲己之學) 194
유두류록(流頭流錄) 21
유성룡, 107
유영경(柳永慶) 35
유용성(實) 144
육경(六經) 33
윤리 증거(ethical proofs) 142
윤리(ethos; ethics) 210
융합적 사고 25
은거자수(隱居自修) 145
은유법(상상력) 135
은일지사(隱逸之士) 121
의견지도자(opinion leaders) 92
의독구실지학(依獨求實之學) 180
의미 없는 말(empty words) 56
의인왕후(懿仁王后) 62
의장마(儀仗馬) 66
이귀(李貴) 111
이덕형 107
이론적 혼재 75
이목구(耳目口) 122
이발(李潑) 107
이산해(李山海) 35
이소크라테스(Isocrates) 55
이윤경(李潤慶) 32
이이첨(李爾瞻) 24
이정(李楨) 118
이정원(李挺元) 62
이준경(李浚慶) 32
이탁(李鐸) 74
이항(李恒) 32

이항복(李恒福) 107
이해산(李山海) 107
이희안(李希顔) 78, 160
인간 커뮤니케이션 콘텍스트 30
인간의 가치와 존엄(human worth and dignity) 116
인심(人心) 188
인위적 시간(arte-fact) 204
인조반정(仁祖反正) 15
인지(perception) 31
일용지간(日用之間) 113
임진왜란(1592) 106

【ㅈ】
자기 성실성(self concept, authenticity) 43
자문화중심주의(문화상대주의자) 211
자본주의 정신 206
자신을 아는 것(know thy self) 116
자연적 시간(fact) 205
자유로운 내밀성(Innerlichkeit) 42
자치통감(資治通鑑) 178
작문해도론(作文害道論) 144
잡다한 지식(knowledge about) 31
장재(張載) 33, 175
장학성(章學誠) 180
재이(災異) 46
전난(戰亂) 113
전습록 135
전장(戰場) 85
정론(正論) 24
정보사회 138
정심(正心, authenticity) 215
정여립난(鄭汝立亂) 106
정이천(程伊川) 117
정일(精一) 118
정자(程子) 48
정주학파(程朱學派) 114
정철(鄭澈) 107
정치의 요체 202
제용감정(濟用監正) 171
제주목사(濟州牧使) 28

조광조(趙光祖) 102
조식(曺植) 29
조식학파(曺植學派) 34
조언형(曺彦亨) 27
조정립(曺挺立) 24
존양성찰(存養省察) 91
존재와 시간 204
좌류문(左柳文) 144
좌씨춘추 144
주경과의(主敬果義) 20
주관적 실천지(實踐知) 75
주기파(主氣派) 171
주돈이(周敦頤) 33, 175
주역(周易) 48, 149
주일무적(主一無適) 114
주일자(主一者) 117
주희(朱熹) 175
준마(駿馬) 65
증삼(曾參) 140
지각설(知覺說) 213
지구촌(global village) 213
지성여신(至誠如神) 22
지주석(砥柱石) 142
지치주의(至治主義) 102
직감(acquaintance with) 32
진덕수(眞德秀) 54
진리의 본질(the essence of truth) 216
진신지사(縉紳之士) 110
진주음부옥(晉州淫婦獄) 183
집의(集義) 116
집현전(集賢殿) 99

【ㅊ】
착상(invention) 202
착실성행(着實誠行) 209
처사(處士) 15, 113
천왕봉 160
천인감응설(天人感應說) 87
천인합일설 212
천재(天災) 188
천재지변(天災地變) 213

청고(清高) 215
청교도 윤리와 자본주의 정신(The Protestant Ethic and the Spirit of Capitalism) 198
청대학술개론(清代學術槪論) 180
체계의 해체(entropy) 189
최영경(崔永慶) 52, 107
추동(drive) 207
추론(reasoning) 31
출육(出六) 74
치찰(致察) 89
치화(治化) 46

【ㅋ】
카이로스(kairos) 143
커뮤니케이션의 예술(arts of communication) 140, 207
콘텍스트적(contextual) 44

【ㅌ】
타고난 재능(natural gifts) 55
탈은폐 207
탈해체(anti entropy) 154
태극해의(太極解義) 175
태백성(太白星) 47
태일진군(太一眞君) 86
테크닉(technique) 207

【ㅍ】
판관(尙瑞院 判官) 171
평생경앙(平生景仰) 121
폐모살제 173
푸플리쿠스(publicus) 206
풍문탄핵(風聞彈劾) 65, 110
풍원부원군 107
피세은일(避世隱逸) 20

【ㅎ】
하이데거 204
학기도 146
학자불필요저술(學者不必要著述) 152
한비(韓非) 153
한원청핍(寒遠淸逼) 145
합리성(rationality) 16
항단기(杏壇記) 150
향권(鄕權) 159
허목(許穆) 181
허학화(虛學化) 174
혁대명(革帶銘) 41
현요(眩耀) 145
형정(刑政) 190
호연지기(浩然之氣) 162
화려한 것(華) 144
확률적 학문 207
환상적 언어(fancy language) 56
황강정사(黃江亭舍) 160
훈척세력 203

■ 저자 소개

조맹기 趙猛基
서강대학교 언론대학원 명예교수이다. 서강대학교 신문방송학과와 연세대학교 행정대학원을 졸업했다. 그 후 미국 뉴욕 시립대학교에서 사회학으로 석·박사학위(1988)를 받았다. 중앙대학교, 성균관대학교, 고려대학교 등에서 강의를 했고, 서강대학교 언론대학원 교수 및 신문방송학과 교수와 언론대학원 신문출판주임, 언론대학원장을 지냈다.

단독 저서로는 『한국언론사의 이해』(2011), 『현대커뮤니케이션사상사』(2009), 『커뮤니케이션의 역사』(언론학회 희관저술상 수상작, 2004), 『커뮤니케이션 사상사』(2001), 『한국언론인물사상사』(2006), 『레토릭의 사상사들』(2011), 『민주공화주의와 언론』(2012), 『한국언론사상 사와 실학자들』(2015), 『천관우의 언론사상』(2015), 『한국 방송과 규제법령』(2015), 『제헌헌법의 정신과 공영방송』(2017), 『과학기술과 언론보도』(2017) 등이 있다.

공저로는 『정, 채면, 연줄 그리고 한국인의 인간관계』(임태섭 편, 1995), 『민족에서 세계로-민세 안재홍의 신민족주의론』(2002), 『조선시대 커뮤니케이션 연구』(1995), 『언론학원론』(1994), 『박정희 시대와 한국현대사』(2007), 『한국 언론 100년사』(2006), 『안재홍 언론사상 심층연구』(2013), 『한국사 시민강좌: 대한민국을 세운 사람들』(2008) 등이 있다. 그 외 27편의 논문이 있다.

조은숙 曺銀淑
남명조식 선생의 후손.
극동방송 음악 진행자.
고려대학교 언론대학원 학위과정.

초판인쇄	2019년 2월 20일
초판발행	2019년 2월 25일
저　　자	조맹기·조은숙
발 행 인	권호순
발 행 처	시간의물레
주　　소	서울시 마포구 마포대로 4다길, 1층
전　　화	02-3273-3867
팩　　스	02-3273-3868
전자우편	timeofr@naver.com
정　　가	15,000원
I S B N	978-89-6511-245-7 (93300)

이 도서의 국립중앙도서관 출판예정도서목록(CIP)은 서지정보유통지원시스템 홈페이지(http://seoji.nl.go.kr)와 국가자료종합목록시스템(http://www.nl.go.kr/kolisnet)에서 이용하실 수 있습니다. (CIP제어번호 : CIP2018031747)